Der sozialräumliche Blick der Jugendarbeit

Ulrich Deinet · Richard Krisch

Der sozialräumliche Blick der Jugendarbeit

Methoden und Bausteine zur Konzeptentwicklung und Qualifizierung

Mit Beiträgen von
Christoph Berse
Lotte Rose
Albert Scherr

Leske + Budrich, Opladen 2002

Gedruckt auf säurefreiem und alterungsbeständigem Papier.

Die Deutsche Bibliothek – CIP-Einheitsaufnahme
Ein Titeldatensatz für die Publikation ist bei
Der Deutschen Bibliothek erhältlich

ISBN 3-8100-3502-5

Satz: Verlag Leske + Budrich, Opladen
Druck: DruckPartner Rübelmann, Hemsbach
Printed in Germany

Inhaltsverzeichnis

Vorwort

Wir haben lange nach einem aussagekräftigen und gleichzeitig griffigen Titel für dieses Buch gesucht! „Der sozialräumliche Blick der Jugendarbeit" beschreibt Bausteine und Methoden, mit denen auf der Grundlage einer sozialräumlichen Lebensweltanalyse Konzepte der Jugendarbeit entwickelt und qualifiziert werden können. In zahlreichen Projekten haben wir dieses Verfahren in den letzten Jahren in der Praxis der Offenen Kinder- und Jugendarbeit erprobt und verändert.

Wir müssen aber einem Missverständnis vorbeugen: Die hier vorgeschlagenen Methoden beteiligen Kinder und Jugendliche aktiv an der konzeptionellen Weiterentwicklung der Kinder- und Jugendarbeit. Die Beantwortung der Frage, welche konzeptionellen Ansätze und Methoden sich aus einer sozialräumlichen Konzeptentwicklung für die pädagogische Arbeit mit Kindern und Jugendlichen ergeben ist nicht Hauptthema dieses Buches – es geht um die Wege dorthin! Konzeptionelle Beispiele sind in dem Buch „Sozialräumliche Jugendarbeit (Deinet 1999) beschrieben worden.

Auf ein weiteres Missverständnis müssen wir noch hinweisen: Das zentrale Kapitel dieses Buches stellt Methoden einer sozialräumlichen Lebensweltanalyse dar. An vielen Stellen unseres Buches sprechen wir auch einfach nur von einer Lebensweltanalyse. Der Begriff der Lebensweltanalyse geht aber ursprünglich auf Alfred Schütz zurück, der sich bemühte, Soziologie am Sinnverstehen zu orientieren. Wir haben uns trotz dieses eindeutigen Quellenbezuges dafür entschieden, den Begriff Lebensweltanalyse als synonymen Begriff für eine qualitative Sozialraumanalyse zu verwenden, nicht nur weil er kürzer ist, sondern weil „Lebensweltanalyse" sozusagen als „Kampfbegriff" gegen eine in vielen Bereichen rein formal und quantitativ verstandene Sozialraumorientierung genutzt wird.

Wir meinen, dass der Begriff der sozialräumlichen Lebensweltanalyse diesen qualitativen Ansatz sehr gut bezeichnet, obwohl seine Benutzung nicht ganz korrekt ist.

Wir wollen mit diesem Buch auch einen Beitrag dazu leisten, qualitative Methoden (teilweise auch ethnografische Methoden) der Sozialforschung in vereinfachter Form zur Erkundung der Lebenswelten von Kindern und Jugendlichen in die Praxis der Jugendarbeit einzuführen.

Wir sprechen im Folgenden meistens von Einrichtungen und Projekten. Der Begriff der Einrichtung bezieht sich relativ klar auf Jugendzentren, Häuser der Offenen Tür – oder wie kommunale bzw. Jugendfreizeitstätten in freier Trägerschaft auch immer heißen! Einrichtungen können aber auch Abenteuer- und Bauspielplätze sein sowie weitere Institutionen der Jugendarbeit, etwa Jugendbildungsstätten u.a.m.

Der etwas schwammige Begriff Projekte bezieht sich einerseits auf „ambulante" und nicht „stationäre" Formen der Kinder- und Jugendarbeit, die oft auch zeitlich befristet sind. Präventionsprojekte, Runde Tische etc. sind meist mit einem deutlichen Sozialraumbezug angelegt, haben aber oft eine schwache konzeptionelle Grundlage. Insofern haben wir diese schwer zu beschreibenden, aber deutlich nicht einrichtungsbezogenen Arbeitsformen ebenfalls im Blick und meinen, dass sozialräumliche Konzeptentwicklung hier eine Grundlage für die Arbeit bieten könnte.

Unser Erfahrungsfeld ist die Offene Kinder- und Jugendarbeit, wir sind aber der Meinung, dass die Methoden und Schritte sozialräumlicher Konzeptentwicklung auch für andere Institutionen und Bereiche interessant sein können.

Das Buch benennt in seinem zentralen Teil fachliche Zugänge, Verfahren, Vorgangsweisen und Problemstellungen in der Erarbeitung und Weiterentwicklung der Einrichtungskonzeption. Diese Ausschnitte wurden möglichst praxisnahe und gebrauchswertorientiert verfasst, immer wieder mit Beispielen angereichert und sollen so den konkreten Anfragen der Fachkräfte der Jugendarbeit in der Durchführung der Konzeptentwicklung Rechnung tragen.

Hier wäre auch einem weiteren Missverständnis vorzubeugen, dass oft mit dem Begriff einer sozialräumlichen Konzeptentwicklung verbunden wird: es geht nicht unbedingt um den Umbau von einrichtungsfixierten Strukturen hin zu offeneren mobileren Ansätzen. Vielmehr zeigt sich, dass das wachsene Verständnis über die Chancen und Barrieren von Kindern und Jugendlichen im sozialräumlichen Zusammenhang des Stadtteils zu vielen Anregungen für die Angebote in der Einrichtung führten. Neue Angebote in Einrichtungen erschließen sich durch den Blick auf konkrete Bedarfe der Kinder und Jugendlichen, die sich aus der Sozialraumkonstitution des Stadtteils ergeben.

Das Buch ist auch Ausdruck einer langjährigen deutsch-österreichischen Zusammenarbeit in vielen gemeinsamen Seminaren und Projekten mit Jugendeinrichtungen des Vereins Wiener Jugendzentren. Manche typischen Begriffe dürften im deutschen Sprachraum noch kaum Einzug gehalten haben: so meint der „Wickel am Wuzzler" den „Konflikt am Tischfussballtisch", das „Grätzl" bedeutet soviel wie Statteil. Wir haben aber dennoch auf ein österreichisch-deutsches Glossar verzichtet und trauen der Leserin/dem Leser viel zu!

Unser Dank gilt daher an dieser Stelle:

- den Fachkräften der Offenen Arbeit mit Kindern und Jugendlicher aus den Städten Wiesbaden, Rastatt, Gevelsberg, der Einrichtung Driescher Hof, Aachen;

– den MitarbeiterInnen der Jugendzentren PAN, JAM, Per Albin Hanson Siedlung, Rennbahnweg, Meidling, BasE 20, dem Siedlungstreff Leberberg und dem Z 9, alle Einrichtungen des Vereins Wiener Jugendzentren;
– den vielen TeilnehmerInnen zahlreicher Seminare und Projekte der letzten Jahre, die sich vielleicht in einzelnen Teilen wiederfinden;
– den Autoren der Gastbeiträge: Christoph Berse, Lotte Rose, Albert Scherr;
– Nadja Rösner und Elisabeth Heeke für die Lektoratsarbeit

Haan und Wien im Juni 2002, *Ulrich Deinet/Richard Krisch*

1. Die Sozialraumdebatte in der Jugendhilfe

(Ulrich Deinet)

In diesem Kapitel soll die Sozialraumdebatte in der Jugendhilfe beleuchtet werden; es geht dabei vor allem um Felder und Bereiche, die über die Kinder- und Jugendarbeit hinausgehen. Die unterschiedlichen Verständnisse und Begriffe der Sozialraumorientierung werden vorgestellt und jeweils in einem Fazit auf die Kinder- und Jugendarbeit bezogen.

Im letzten Teil geht es um die Stellung der Kinder- und Jugendarbeit innerhalb eines bereichsübergreifenden Paradigmenwechsels in der Jugendhilfe von der Einzelfall- über die Zielgruppen- zur Sozialraumorientierung.

Die viel diskutierte Sozialraumorientierung wird in der Jugendhilfe aus unserer Sicht zu einem sozialgeografischen Muster verkürzt (Wohngebiet, eingegrenzter Sozialraum, Planungsraum etc.). In diesem – aus planerischer Sicht nachvollziehbaren – eingeschränkten Verständnis wird auch die Kinder- und Jugendarbeit in eine für die Jugendhilfe insgesamt zentrale Sozialraumorientierung eingepasst, z.B. in die Präventionsstrategien für soziale Räume oder in regionalen Teams mit den Hilfen zur Erziehung.

Dass der Sozialraumbezug der Kinder- und Jugendarbeit demgegenüber stark subjektorientiert ist, die Lebenswelten einzelner Gruppen und Cliquen differenziert sieht und mit diesem „sozialräumlichen Blick“ eine profilierte Rolle in der Sozialraumdebatte der Jugendhilfe spielen kann wird im zweiten Kapitel ausgeführt .

1.1. Sozialraum als „gefährliche Straße“

Die in vielen Bundesländern entstandenen Projekte zur Prävention zwischen Jugendhilfe, Polizei, Schule und anderen Partnern sind als Reaktion auf Probleme im öffentlichen Raum zu verstehen. Gewalt an Schulen, die Auseinandersetzung mit gewaltbereiten und/oder rechtsorientierten Jugendlichen, Drogenprobleme an bestimmten Orten etc. sind Anlässe für die Bildung runder Tische und die Zusammenarbeit unterschiedlicher Institutionen im Rahmen von Präventionsprojekten. Auf die unklare und zum Teil sehr unterschiedlich interpretierte Bedeutung des Begriffes Prävention soll hier ebensowenig eingegangen werden wie auf die problematische Verwischung der unterschiedlichen Profile von Jugendhilfe und Polizei. (vgl. dazu Müller 2001 sowie Freund/Lindner 2001)

Für die Diskussion des Sozialraumbegriffes sind Präventionsprojekte deshalb von Interesse, weil sie meist ein bestimmtes Verständnis von sozialen Räumen formulieren und transportieren, in dem diese meist negativ als Gefahrenraum, z.B. als „gefährliche Straße", gesehen werden.

Als Beispiel für dieses Verständnis lässt sich das Netzwerk der Verantwortung für Kinder und Jugendliche in einem Landkreis in Nordrhein-Westfalen nennen. In einem internen Papier dazu heißt es: „Das Zusammenführen der zahlreichen Kontroll- und Sozialisationsinstanzen im Kreis bzw. mit Zuständigkeiten für den Kreis ermöglicht einen vielversprechenden breiten Präventionshilfe- und letztlich Repressionsansatz, der sich auf die Entwicklung der Kinder und Jugendlichen im Kreis positiv auswirken muss. Zur Vorbereitung und Begleitung institutionsübergreifender und koordinierter Maßnahmen sowie zur Ermöglichung der Wirksamkeitsmessung schaffen die Ordnungspartner ein gemeinsames standardisiertes Lagebild Kriminalität und abweichendes Verhalten. Das Lagebild soll sich für den Bereich des abweichenden Verhaltens nur auf kriminalitätsbegünstigende Faktoren (broken window) beziehen. Das Lagebild umfasst insbesondere die Bereiche:

- Kriminalitätsentwicklung
- Suchtverhalten der Jugendlichen
- Kriminalität und abweichendes Verhalten an Schulen und
- Angsträume in öffentlichen Bereichen durch Verschmutzung und Verwahrlosung – soweit sie mutmaßlich auch von Jugendlichen verursacht wurden oder zu befürchten steht, dass sich entsprechende Bereiche auf die Entwicklung der Jugendlichen negativ auswirken müssen."

Das Zitat verdeutlicht die für solche Präventionsprojekte typische Logik: Der öffentliche Raum wird ausschließlich nur unter dem negativen Vorzeichen eines unkontrollierten Raums gesehen, in dem „Verschmutzung" und „Verwahrlosung" unter Kontrolle gebracht werden müssen. Hilfe – angesiedelt zwischen Prävention und Repression – kann innerhalb dieser Logik nur bedeuten, Kinder und Jugendliche aus dem öffentlichen Raum durch gezielte Angebote heraus zu holen und sie entsprechend zu schützen: „Dadurch werden Erfahrungsräume von Jugendlichen immer mehr eingegrenzt. Ihre Welt ist bereits mit Warnschildern und Verhaltensregeln gepflastert, bevor sie diese selbst erschließen können" (Sturzenhecker 2000: 15).

Fazit für eine sozialräumlich orientierte Kinder- und Jugendarbeit

Eine sozialräumlich orientierte Kinder- und Jugendarbeit (Deinet 1999), die die informellen Treffs von Kindern und Jugendlichen, öffentliche Freiräume, Konfliktzonen, Cliquenreviere usw. kennt, ist idealer Partner für eine allumfassende Präventionsstrategie. Sie kann durch ihr einrichtungsübergreifendes Wissen von den „Partnern" einer Präventionsstrategie sehr geschätzt werden, steht dann aber gleichzeitig in der Gefahr, die verbesserte Akzeptanz einzuhandeln gegen ein Wissen über öffentliche Räume von Kindern und Jugendlichen, das oft nur über eine Vertrauensbasis zu diesen gewonnen werden konnte. Selbstkritisch muss gefragt werden, inwieweit Informationen, die im Rahmen einer sozialraumorientierten Kinder- und Jugendarbeit, z.B. durch Methoden der Lebensweltanalyse, gewonnen wurden, nun in einem „gemeinsamen Lagebild" unter Präventionsaspekten verarbeitet werden dürfen.

Jugendarbeit begibt sich so in die Gefahr, „in den Sog der Sicherheits- bzw. Präventionsdebatte" (Lindner 1999: 157) hineinzugeraten.

Dagegen muss deutlich gemacht werden, dass eine sozialräumliche Jugendarbeit den öffentlichen Raum nicht als die „gefährliche Straße" sieht (ohne tatsächlich vorhandene Angsträume zu übersehen), sondern als Aneignungsraum für Kinder und Jugendliche, der sicher nicht gefahrlos ist, dessen Qualitäten aber nachhaltigen Einfluss auf die Entwicklung haben und den es deshalb im Sinne der Aneignung rückzugewinnen und für möglichst viele Gruppen zu qualifizieren gilt. Diese Aspekte werde ich weiter unten ausführen.

Eine weitere Spielart des eingeschränkten Sozialraumbegriffs ist die in zahlreichen Landkreisen forschreitende Neuorientierung der Jugendhilfe im Sinne der Schaffung sozialraumorientierter Teams, die aus MitarbeiterInnen der Hilfen zur Erziehung (Allgemeiner Sozialer Dienst), weiteren Diensten der Jugendhilfe sowie der Kinder- und Jugendarbeit bestehen.

1.2. „Sozialraumteams und -budgets" – die Diskussion im Kontext der Hilfen zur Erziehung

Das Thema Sozialraumorientierung wird in der Fachöffentlichkeit auch in einer Verknüpfung mit bestimmten Finanzierungsformen diskutiert. Das Stichwort lautet Sozialraum-Budgetierung oder Sozialraumbudget: Erziehungshilfen sollen in der Lebenswelt der Adressaten platziert werden, sozialräumliche Finanzierungsformen sollen den Einstieg in eine bessere Jugendhilfe bilden! Ausgehend von der Diskrepanz zwischen fortschrittlicher Programmatik und vorgefundener Praxis wird eine Perspektive in einer Abwendung von der Fallfinanzierung bei den Hilfen zur Erziehung gesehen. Die Finanzierungsstränge sollen statt dessen an Belastungsindikatoren von Sozialräumen gekoppelt werden und stärker die Fallarbeit mit der fallunspezifischen Arbeit verkoppeln. Im Extremfall sollen nicht nur die Finanzierung der Hilfen zur Erziehung, sondern alle Jugendhilfeleistungen in einem Sozialraumbudget zusammengefasst werden. Darunter würden auch fallunspezifische Leistungen wie Kinder- und Jugendarbeit fallen.

Diese Diskussion ist für die Kinder- und Jugendarbeit deshalb interessant, weil der Bereich der Hilfen zur Erziehung nach dem Kindertagesstätten- und Hortbereich das größte Feld der Jugendhilfe ist, insbesondere was die Finanzierung angeht. Deutliche Strukturveränderungen bei den Hilfen zur Erziehung haben Auswirkungen auf andere Felder, das spüren z.B. auch Jugendarbeiter/innen, die sich in Sozialraumteams mit Kolleg/innen aus den Hilfen zur Erziehung wiederfinden. Innerhalb der Hilfen zur Erziehung gibt es eine komplexe Diskussion über die Umstrukturierung von einer zu starken Fallorientierung und Spezialisierung hin zu sozialräumlicher Arbeit. Unter dem Stichwort „vom Fall zum Feld“ (Hinte 1997) werden Zusammenhänge zwischen Fallaufkommen und Bedingungen des soziales Umfeldes seit langem diskutiert. Diese Aspekte werden nun mit den Ansätzen der neuen Steuerung vermischt, z.B. mit dem wichtigen Element der Budgetierung. Dazu kommt die Neuorganisationvon Jugendämtern und Trägern im Rahmen der neuen Steuerung, die Auflösung zentraler Einheiten, etwa des zentralen ASD's zugunsten sozialraumorientierter dezentraler Einheiten. Ausschreibungen von Jugendhilfeleistungen, Kontraktmanagement, Zielvereinbarungen, Produktbeschreibungen, sind weitere Elemente in diesem Zusammenhang.

Unter der Bezeichnung „INTEGRA“ führt die Internationale Gesellschaft für Erzieherische Hilfen ein Bundesmodellprojekt zur Neugestaltung der Erziehungshilfe durch. Das bis 2003 angelegte Projekt wird überwiegend vom BMFSFJ finanziert und in fünf Regionen gemeinsam von öffentlichen und freien Trägern getragen (Koch u.a. 2002).

Das Modell bezieht sich dabei nicht auf einzelne Einrichtungen, sondern auf ganze Sozialräume (Stadtteile, Wohnquartiere, Gemeinden). Durch das Projekt wird eine organisatorische, konzeptionelle und fachliche Neugestaltung vor allem der Erziehungshilfen und davon ausgehend auch der gesamten Kinder- und Jugendhilfe angestrebt.

Ausgangspunkt sind aktuelle Probleme in der Angebotspraxis der erzieherischen Hilfen: Zu wenig Flexibilität, fehlende Integration und geringer Sozialraumbezug. In der Analyse wird bemängelt, das Angebote häufig spezialistisch voneinander abgegrenzt und in eigenen Einrichtungsformen angeboten werden.

Viele hilfesuchende Bürger/innen und ihre Kinder werden durch den Verweis auf Hilfen in weit entfernt liegende Stadtteile, Ortsteile oder gar in andere Städte aus ihren Lebenszusammenhängen gerissen.

An den fünf Standorten werden neue integrative und bürgerfreundliche Formen der erzieherischen Hilfen erprobt. In Form so genannter Jugendhilfestationen oder Jugendhilfeeinheiten werden für einen abgegrenzten ländlichen oder städtischen Lebensraum möglichst vielfältige Leistungen der erzieherischen Hilfen ortsnah und aus einer Hand, d.h. von einem Team von Fachleuten für die Bürger/innen, erbracht.

Folgende Prinzipien leiten das INTEGRA-Projekt:

- „individuelle Hilfe, Arrangements mit wenig Beziehungsabbrüchen,
- problemloser Wechsel zwischen den verschiedenen gesetzlich vorgesehenen Hilfeformen,
- systematischer Einbezug von Stärken, Ressourcen, Kenntnissen der Nutzerinnen und Nutzer von Hilfen zur Erziehung,
- enge Kooperation zwischen den Hilfesuchenden, dem Jugendamt und den Hilfen anbietenden Trägern.“ (Koch u.a. 2002: 55)

Integrativ und sozialräumlich angelegte Hilfen zur Erziehung sollen durch folgende Elemente realisiert werden:

- „wohnortnahe und regional zugängliche Organisation von Hilfen,
- Mobilisierung und Einbezug von Ressourcen und Netzwerken des Gemeinwesens in die Hilfen zur Erziehung,
- engere Zusammenarbeit und Abstimmung der professionellen Angebote im Stadt- und Landkreisgebiet,
- Stärkung von Regeleinrichtungen (wie Kindertagesstätten, Horten, Schulen) durch die enge Kooperation von Seiten der Hilfen zur Erziehung,
- enge Kooperations- und Abstimmungsformen zwischen den freien Trägern und dem Jugendamt auf der Basis von sozialräumlichen Gestaltungszielen und Kontrakten,
- Erprobung neuer Finanzierungsmodelle zur Förderung der Durchlässigkeit der Leistungsbereiche und zur Sicherung sozialräumlicher Unterstützungsformen.“ (Koch u.a. 2002: 55f.)

Josef Koch, einer der wissenschaftlichen Begleiter hat sich unter dem Titel „Zusammenarbeit statt Abgrenzung“ (Koch/Lenz 1999) auch mit Kooperationschancen und Arbeitsperspektiven zwischen den Hilfen zur Erziehung und der Offenen Jugendarbeit befasst. Unter dem Stichwort „Aufsuchen an Lebensorten und Treffpunkte schaffen“, sieht er große Chancen für eine Zusammenarbeit zwischen Offener/Mobiler Jugendarbeit und den Hilfen zur Erziehung, u.a. auch in übergreifenden Teams. Er ist dabei für eine klare Benennung von gegenseitigen Ängsten, Vorbehalten und Grenzen und verdeutlicht Chancen und Probleme einer solchen Kooperation.

Die wissenschaftlichen Begleiter des INTEGRA-Projekts arbeiten sehr deutlich heraus, wie die beiden Partner Hilfen zur Erziehung und Jugendarbeit ihre unterschiedlichen Sichtweisen und Methoden nutzbringend einbringen können ohne ihre Profile zu verwischen. Motivation und Ziel für eine intensivere Zusammenarbeit ergeben sich dadurch, dass „zunehmend eine Förderung des Fallverstehens bzw. eine biographische Integrationshilfe in Zusammenhang mit einer wandlungs- und kooperationsfähigen Gestaltung der Arbeitsansätze und einer sozialräumlichen Integration der Hilfen und Angebote gesehen wird" (Koch/Lenz 1999: 66).

Dabei weisen die Autoren Koch und Lenz auch auf Gefahren und Grenzen sozialräumlicher Bezüge hin, die bei der Kooperation beachtet werden müssen: „Im Sinne einer aktiven Schaffung von kooperationsfreundlichen Rahmenbedingungen muss aber auch den Gefahren einer integriert und sozialräumlich organisierten und damit tiefer in die Lebenswelt eindringenden Kinder- und Jugendhilfe Rechnung getragen werden, in dem Interventions- und Kooperationsgrenzen, verbindliche Vetorechte und Zustimmungsformen, Aushandlungsverfahren mit AdressatInnen und unabhängige Beschwerdestellen, verbindlich vorgesehen werden" (Koch/Lenz 1999: 68).

Das Bundesmodell-Projekt „Integra" zeigt eindeutige Entwicklungen, die sich auch auf die kommunale Ebene bzw. auf regionale Bezüge übertragen lassen. Die Hilfen zur Erziehung werden als Ergebnis des Projektes sozialraumorientiert umgestaltet, z.B. in Sozialraumteams oder auch durch die Initiierung neuer Angebotsformen wie der Jugendhilfestationen.

Wolfgang Hinte (Hinte 2000) sieht folgende Aspekte und Bedingungen für eine Umsetzung der Sozialraumorientierung in den Hilfen zur Erziehung:

- „Entsprechende politische Beschlüsse zur Sozialraumorientierung in der Kommune;
- lokaler Konsens über die Kernphilosophie guter Fall und Sozialraumarbeit;
- Erschließung von Ressourcen im Sozialraum zur gemeinsamen Nutzung seitens aller Träger;
- Hilfeplanverfahren die entlastet sind vom Geschacher um Geld und Stunden;
- Übernahme/Verteilung von Zuständigkeiten für soziale Räume von jeweils einem oder auch mehreren Trägern;
- Auflösung von HZE-Säulen und „Maßanzügen" für Leistungsberechtigte;
- Regelhaft installierte Kooperation im sozialen Raum zwischen freien und öffentlichen Trägern auf der Ebene der Fachkräfte;
- flexibel gestaltete Hilfesettings durch die HZE-Träger;
- regelmäßige gemeinsame Qualifizierung der beteiligten Fachkräfte;
- Systemkontrolle über Indikatoren durch Verfahren, die zu dauerhaften Veränderungen bei HZE-Erbringern führen." (Hinte 2000: 134)

Gleichzeitig benennt Hinte auch große Widerstände: „Fallzählende Jugendamtsleiter, Pflegesatzfeilscher und Fachleistungsstundenschlaumeier, deren Mentalität seit Jahren wie eine Grabplatte auf der bundesdeutschen Jugendhilfe ruht und die mit rührender Hilflosigkeit auf das Sozialraumbudget reagieren: Sie befürchten eine Aushöhlung des Leistungsanspruchs der Hilfesuchenden!" (Hinte 2000: 135)

Fazit für eine sozialräumlich orientierte Kinder- und Jugendarbeit

Eine neue Orientierung der Hilfen zur Erziehung ist aus der Sicht der Kinder- und Jugendarbeit zu begrüßen: Sozialraumorientierung und eine Zusammenarbeit zwischen HZE und weiteren Bereichen der Jugendhilfe sind unbedingt anzustreben. Mit sozialraumorientierten, dezentralen kleineren Einheiten können auch Kinder- Jugendarbeit und andere Bereiche besser umgehen. Im Sozialraum sind Anlaufstellen geklärt und die Flexibilisierung der Leistungen kann dazu führen, dass Hilfen zur Erziehung auch in anderen Bereichen platziert werden: Beispielsweise gibt es den Versuch, soziale Gruppenarbeit als Teil der Hilfen zur Erziehung in Jugendeinrichtungen durchzuführen.

Andererseits darf es keine unzulässige Vermischung der Hilfeformen geben, die insbesondere aus Sicht des Klientels zum Teil sonst den Eindruck einer allumfassenden Kontrolle verstärken würde. Die vorhandene Defizitorientierung der Hilfen zur Erziehung ist dabei nicht unproblematisch.

Neben manchen positiven Effekten zeigen sich auch Gefahren: Jugendarbeit wird durch eine derartige Konstruktion zu einer sozialraumorientierten Präventionsfunktion verkürzt; ihre Angebote werden aus Sicht der Hilfen zur Erziehung meist nur unter präventiven Aspekten betrachtet: „Sie (die Jugendarbeit, Anm. d. V.) fürchtet die Übernahme einer rein problemfixierten Arbeitsweise, den Verlust des positiven Jugendbildes u.a.m...“ (Koch/Lenz 1999: 65). In einem verbreiteten zu engen Fall- und Präventionsverständnis der Hilfen zur Erziehung wird die Funktion der Jugendarbeit als ein von Kindern und Jugendlichen weitgehend selbstbestimmter „Raum“, den sie sich aneignen, verändern und gestalten können, als Qualität kaum wahrgenommen.

1.3. „Stadtteilmanagement für die soziale Stadt“ – Sozialraumorientierung in EU- und Bundesprogrammen

Durch das E&C-Programm (Entwicklung und Chancen junger Menschen in sozialen Brennpunkten) des BMFSFJ sollten u.a. neue Maßnahmen entwickelt und erprobt werden, die soziale, berufliche und gesellschaftliche Integration junger Menschen in belasteten Sozialräumen fördern.

Als weitere Aktivität, den Sozialraum als Quartier bzw. Lebensraum zu stärken, ist das Bund-LänderProgramm »Soziale Stadt« zu nennen. Für dieses Programm wurden im Haushalt des Bundesministeriums für Verkehr, Bau und Wohnungswesen erstmalig 100 Millionen Mark bereitgestellt. Zusammen mit den Mitteln von Ländern und Gemeinden können somit 300 Millionen Mark für eine Stadtentwicklung genutzt werden, die die Lebenssituation von Menschen in gefährdeten Stadtteilen verbessern soll.

Im Zentrum des E&C-Programms stehen benachteiligte Kinder und Jugendliche in sozialen Brennpunkten und strukturschwachen ländlichen Regionen. Ziel ist es, die Maßnahmen des Kinder- und Jugendplanes des Bundes zusammenzufassen und die Arbeit im Rahmen der Kinder- und Jugendhilfe in diesen Sozialräumen zu qualifizieren und weiterzuentwickeln:

> „E&C ist im Sinne einer ressortübergreifenden Bündelung der Ressourcen und Aktivitäten in jenen Stadtteilen angesiedelt, die im Rahmen des Bund-Länder-Programms ‚Stadtteile mit besonderem Entwicklungsbedarf – die soziale Stadt' des Bundesministeriums für Verkehr, Bau und Wohnungswesen gefördert werden. Im Rahmen dieses Programms werden die Gebiete mit besonderem Erneuerungsbedarf von den Ländern in Abstimmung mit den Gebietskörperschaften ermittelt.
> Das Städtebauförderungsprogramm ‚Stadtteile mit besonderem Entwicklungsbedarf – die soziale Stadt' fördert in seinem Kern Investitionen städtebaulicher Maßnahmen zur Innovation und nachhaltigen Stadtteilentwicklung, insbesondere:
> - Verbesserung der Wohnverhältnisse,
> - Initiierung neuer wirtschaftlicher Tätigkeiten/Schaffung und Sicherung der Beschäftigung auf lokaler Ebene,
> - Verbesserung der sozialen Infrastruktur,
> - Verbesserung der Aus- und Fortbildungsmöglichkeiten,
> - Maßnahmen für eine sichere Stadt,
> - Umweltentlastung,
> - öffentlicher Personennahverkehr,
> - Wohnumfeldverbesserung,
> - Freizeit, Kultur,
> - Quartiersmanagement Kosten.
>
> Bislang wurden rund 220 Stadtteile sowohl in den alten als auch in den neuen Bundesländern ausgewählt. E&C fügt den städtischen Quartieren des Programms „Soziale Stadt" strukturschwache ländliche Gebiete hinzu.
> Im Rahmen der Programmplattform E&C gibt es 7 inhaltliche Programmschwerpunkte:
>
> - Wettbewerb ‚Fit für Leben und Arbeit/neue Praxismodelle zur beruflichen und sozialen Integration von Jugendlichen',
> - Freiwilliges Soziales Trainingsjahr,
> - Vernetzung im Stadtteil und Stadtteilmanagement,
> - Ressourcenorientierung – gezielte Einbeziehung von sozial benachteiligten Jugendlichen in Sport, Kultur und Politik,
> - Anlaufstellen und Interessenvertretungen für junge Migrantinnen und Migranten,
> - Förderung von ehrenamtlichem Engagement in strukturschwachen ländlichen Gebieten,
> - lokale Aktionspläne für Toleranz und Demokratie." (BMFSFJ, 2001: 3ff.)

Fazit für eine sozialräumlich orientierte Kinder- und Jugendarbeit

Sozialraumorientierung wird in diesen Programmen als Stadtentwicklung begriffen mit einer Orientierung, die weit über die Jugendhilfe hinausgeht. Arbeitsmarkt- und Sozialpolitik, Maßnahmen zur Wohnumfeldverbesserung, Verkehrs- und Umweltpolitik werden in einen sozialräumlichen Zusammenhang gebracht. Die Grundphilosophie besteht darin, das übliche Ressortdenken zu überschreiten und ressortübergreifend Mittel zu bündeln, die in sehr unterschiedlicher Weise zur Verbesserung von Sozialräumen beitragen sollen. Der Anteil der Jugendhilfe steht sehr stark unter einem präventiven Aspekt. Insgesamt verstärken die EU- und Bundesprogramme die in der Jugendhilfe schon seit längerem angelaufene Projektorientierung mit dem Ziel, Ressourcen ergebnisorientiert wirkungsvoll und zeitlich begrenzt einsetzen zu können.

Die EU- und Bundesprogramme haben sicher eine nicht unbedeutende Wirkung auf die Sozialraumorientierung der Jugendhilfe. Der Begriff des Sozialraums wird dabei bezogen auf den sozialgeografischen Raum eines Stadtteils, einer Region.

1.4 Gemeinwesenarbeit (stadtteilorientierte soziale Arbeit)

In Abgrenzung zu einer versäulten Jugendhilfe mit ihrer starken Klienten- und Einzelfallorientierung hat sich eine stadtteilbezogene moderne Gemeinwesenarbeit entwickelt, deren Hauptprotagonist Wolfgang Hinte die gängige Praxis sozialer Arbeit immer wieder kritisiert: „Soziale Arbeit macht sich geradezu einer Idealisierung sozialer Probleme sowie einer fahrlässigen Individualisierung persönlicher Not schuldig, wenn sie sich weiterhin vornehmlich auf die Linderung individueller Not in sozialen Zusammenbruchsituationen durch Betreuung, Pädagogisierung, Therapeutisierung und Beratung konzentriert. Ausgrenzung und Benachteiligung sind durch zugewandte Kommunikation nur sehr unzureichend bearbeitbar“ (Hinte 2001: 37).

Die sehr stark politisch motivierten Maxime der Gemeinwesenarbeit der 70-er und 80-er Jahre verbinden Hinte u.a. mit einem Verständnis von sozialer Arbeit als Dienstleistungsinstanz, die nicht marktorientiert, sondern an den Bedürfnissen der Menschen orientiert ist.

Besondere Aufmerksamkeit erlangt diese moderne Gemeinwesenarbeit durch die o.g. Programme der Stadtentwicklung und eine gesellschaftliche Entwicklung, die immer stärker „Stadtteile mit besonderem Erneuerungsbedarf“ entstehen lässt. Die traditionelle soziale Arbeit ist immer stärker in Kritik geraten: „Das Nebeneinander von Müttertreffs, Kaffeekränzchen, Altenhilfe und Begegnungskreisen verändert die Ursachen nicht. Es entsteht eine zersplitterte

Missstandsverwaltung, die von Teilaufgaben aufgefressen wird oder an Symptomen herum kuriert und dennoch viel Geld verbraucht. Nirgends kommt das ganze Problem ins Blickfeld. Spezialisierte Sozialarbeiter sind glücklich, wenn ihre kleine Klientel sich zufrieden äußert und sie zu geachteten oder geliebten Experten werden. Das ist zu wenig“ (Krings-Heckemeier/Pfeiffer 1998: 144).

Auf dem Hintergrund dieser Kritik treffen sich nun Programme zur Stadtentwicklung und eine stadtteilorientierte soziale Arbeit und es stellt sich die Frage, welche Verbindungen oder auch Abgrenzungen zu der hier dargestellten sozialräumlichen Konzeptentwicklung in der Kinder- und Jugendarbeit bestehen.

Im Folgenden vergleiche ich deshalb die wichtigsten Prinzipien einer stadtteilbezogenen Arbeit, so wie sie Wolfgang Hinte (Hinte 2001) beschreibt mit dem Ansatz einer „sozialräumlichen Jugendarbeit“:

> „Die Arbeit orientiert sich an der Betroffenheit der Wohnbevölkerung“ (Hinte 2001: 38).

Damit setzt sich Hinte von tradierten Formen sozialer Arbeit ab, „die meist jedoch nicht aufmerksam nach Motivationen und Betroffenheit der BürgerInnen sucht, sondern durch unterschiedliche Angebote Betroffenheit zu wecken versucht, die in vielen Fällen nichts mit der Alltagswirklichkeit der Menschen zu tun hat“ (Hinte 2001: 38). In diesem Zusammenhang fordert Hinte einen „konsequente Verzicht auf lernzielhafte Vordefinitionen und auf manipulativpädagogische Herangehensweisen“ (Hinte 2001: 38). Dieser Zugang deckt sich mit der Handlungsmaxime offener Jugendarbeit, sich an den alltags- und lebensweltlichen Äußerungen von Kindern und Jugendlichen zu orientieren. Sozialräumliche Jugendarbeit versucht darüber hinaus Problemstellungen und Interessen von Kindern und Jugendliche aber auch auf ihre konkreten Aneignungsmöglichkeiten im Stadtteil zu beziehen und nutzt in der Kinder- und Jugendarbeit entwickelte Methoden der Sozialraumanalyse als Grundlage der Bedarfsermittlung.

Auch der von Hinte geforderte Verzicht auf eine „Belehrungs-Pädagogik“ ist für die Jugendarbeit handlungsleitend. Sozialräumliche Jugendarbeit versucht durch spezifische Angebote in der Jugendeinrichtung selbstbestimmte Aneignungsprozesse zu ermöglichen und damit Lernprozesse zu fördern. Im Sinne einer „Pädagogik des Jugendraumes“ (Böhnisch/Münchmeier 1991) entwickelt sie aber auch den Blick nach außen und versucht im Stadtteil Situationen zu erkennen und zu verändern, die Kinder und Jugendliche in ihrem Entwicklungsprozess benachteiligen oder einschränken.

> „Der Ansatz der Arbeit liegt schwerpunktmäßig im präventiven Bereich: Wir wenden uns primär an BürgerInnen, die normalem Alltagsdruck ausgesetzt sind und unter Benachteiligungen leiden, die lokal entstanden bzw. auch auf dieser Ebene lösbar sind“ (Hinte 2001: 38)

Hinte sieht im Aufgreifen stadtteilbezogener lösbarer Problemlagen die Chance viel früher anzusetzen als in der üblichen „Klientelisierung".

Eine sozialräumliche Jugendarbeit versucht ebenfalls, in ganz konkreten alltagsweltlichen Themen und Problemstellungen Ansatzpunkte der Arbeit zu entwickeln. Auf der lokalen Ebene sind viele Konflikte, die oft mit der negativen Stigmatisierung von Heranwachsenden verbunden sind, als Nutzungskonflikte im öffentlichen Raum zu interpretieren, indem Erwachsene ihre Definitionsmacht durchsetzen. Sozialräumliche Jugendarbeit versucht Kinder und Jugendliche bei ihrer Durchsetzung der Teilhabe im öffentlichen Raum zu unterstützen.

> „Die Arbeit orientiert sich konsequent an den Selbsthilfekräften und jeweiligen Möglichkeiten der BürgerInnen" (Hinte 2001: 38).

Hier spricht Hinte insbesondere die Selbsthilfepotenziale der Menschen an, die durch die übliche sozialarbeiterische Betreuung nicht verstärkt, sondern eher geschwächt werden.

Der Ansatz an den vorhandenen Potentialen von Kindern und Jugendlichen und die Vermeidung von Defizitorientierungen ist ebenfalls ein zentrales Prinzip der offenen Jugendarbeit. Sozialräumliche Jugendarbeit setzt an den vorfindbaren Aneignungsformen von Kindern und Jugendlichen an und versucht diese weiterzuentwickeln.

> „Unabdingbar für das Gelingen der Arbeit ist eine enge Kooperation mit und unter den TrägerInnen sozialer Dienste und anderer im Stadtteil vorhandener Aktivitäten, insbesondere der dort ansässigen Vereine und lokalen Unternehmen" (Hinte 2001: 40).

Eine sozialräumlich orientierte Kinder- und Jugendarbeit sucht Kooperationspartner nicht nur innerhalb der Jugendhilfe, sondern auch in Institutionen und Bereichen darüber hinaus. Nur so können soziale Räume als Aneignungsräume für Kinder und Jugendliche qualifiziert werden. Die zentrale Verantwortung einer sozialräumlichen Jugendarbeit ist es, über die Wahrnehmung eines jugendpolitischen Mandats Bedingungen zu schaffen, die dann Kindern und Jugendlichen auch realistische Teilhabemöglichkeiten eröffnet.

> „Die Arbeit geschieht nationalitäten- und generationsübergreifend".(Hinte 2001: 39).

Hier versucht Hinte die üblichen Etikettierungen von Problemgruppen zu verhindern.

Offene Jugendarbeit erkennt und akzeptiert die Verschiedenartigkeit der (Jugend)kulturen, macht aber ethnische Zugehörigkeiten nicht zum Ausgangspunkt einer „speziellen" Pädagogik. Die Förderung von Begegnung und Akzeptanz zwischen Kulturen im öffentlichen Raum ist ein wesentlicher Zugang einer sozialräumlichen Arbeit.

Sozialräumliche Jugendarbeit sieht einen wesentlichen Aufgabenbereich in der Moderation von Konflikten zwischen Heranwachsenden und Erwachsenen und definiert sich aber als Mandatsträger für Kinder und Jugendliche.

Fazit für eine sozialräumlich orientierte Kinder- und Jugendarbeit

Sowohl Gemeinwesenarbeit wie auch Kinder- und Jugendarbeit verfolgen das Ziel, die Handlungs- und die Selbstorganisationsfähigkeiten Ihrer Zielgruppen zu erweitern.

Das Sozialraumverständnis einer Gemeinwesenarbeit bezieht sich insbesondere auf Stadtteile mit besonderen Problemlagen, ist also stark sozialgeografisch, ohne die spezifischen Lebenswelten einzelner Gruppen zu übersehen. Der Handlungsraum ist ein bestimmter Stadtteil.

Der Unterschied zwischen der modernen Gemeinwesenarbeit und einer sozialraumorientierten Kinder- und Jugendarbeit besteht nicht im Hinblick auf die grundsätzlichen Arbeitsprinzipien, sondern differenziert sich dahingehend, dass Kinder- und Jugendarbeit vornehmlich Kinder und Jugendliche im Blick hat, während eine gemeinwesenorientierte Arbeit viel stärker erwachsenenorientiert ist und alle Bürgerinnen und Bürger eines Sozialraumes in den Blick nimmt.

Dementsprechend ist das Verhältnis zur räumlichen Umgebung, zur Nutzung von Räumen sehr stark unterschiedlich. Für Erwachsene haben bestimmte räumliche Strukturen im Stadtteil sehr funktionale und rationale Bedeutungen und werden gebrauchswertorientiert verwendet.

Dem gegenüber stellt das Verhältnis von Kindern und Jugendlichen zu ihrer räumlichen Umwelt einen komplexen und unmittelbaren Prozess dar, der mit dem Begriff der Aneignung charakterisiert wird (s.u.).

Entsprechend diesem unterschiedlichen Verhältnis zur räumlichen Umwelt ist auch die Erforschung der Bedeutung dieser Umwelten verschieden: Bei Erwachsenen wird ihr Verhältnis und die Bedeutung von Räumen in Form von Befragungen über Stärken und Schwächen des „Sozialraumes“ eingeholt. Bei Jugendlichen ist die Definition ihres Zugangs, vor dem Hintergrund ihres Aneignungsverhaltens, ein viel differenzierteres und benötigt dementsprechend Verfahren die das „Sozialräumliche“ (ihre „sozialräumliche Orientierung“) in Erfahrung bingt.

In der zentralen Unterscheidung zu Erwachsenen sind aber Kinder und Jugendliche im Prozess ihrer Sozialisation und ihrer psychosozialen Entwicklung verhaftet und haben – gesellschaftlich erwartete – Entwicklungsaufgaben zu meistern. Der Zugang der Jugendarbeit ist daher, anders wie die Erwachsenarbeit, ein pädagogischer. Jugendarbeit verfolgt daher die Zielsetzung Kinder und Jugendliche in ihrer Subjektbildung zu fördern, Unterstützung bei ihrer Lebensbewältigung zu leisten.

1.5. Paradigmenwechsel in der Jugendhilfe: Von der Einzelfall- über die Zielgruppen- zur Sozialraumorientierung

Die beschriebene Debatte des Sozialraumbegriffs in den verschiedenen Feldern der Jugendhilfe, insbesondere aber in den Hilfen zur Erziehung, führt zu einem Paradigmenwechsel vom „Fall zum Feld“ (Hinte), also einem Übergang von einem starken Einzelfallbezug zu einer Sozialraumorientierung wie beschrieben. Dazwischen steht sozusagen eine Zielgruppenorientierung, die für einige Felder der Jugendhilfe, insbesondere Jugendarbeit/Jugendsozialarbeit, leitend war und ist und die nun einen neuen Standort zwischen Einzelfall- und Sozialraumorientierung einnehmen muss.

Einzelfall-Zielgruppen- und Sozialraumorientierung sind also keine strengen Muster die sich jeweils ausschließen, sondern unterschiedliche und nach wie vor existente und berechtigte Ansatzpunkte sozialer Arbeit, die mit den klassischen Methoden von case-, group- und communitywork korrespondieren.

Die Frage in unserem Zusammenhang ist, wie sich die Jugendarbeit in einer sich verändernden Jugendhilfelandschaft wiederfindet bzw. verorten kann.

Wir versuchen, diesen Übergang vom Einzelfallbezug zur Sozialraumorientierung in zwei Schaubildern zu zeigen, die die jeweiligen Blickwinkel in starker Übertreibung zeigen um die Unterschiede deutlich machen zu können.

Das erste Bild zeigt eine traditionelle versäulte segmentierte Jugendhilfe, deren primäres Muster eine klassische, für die Hilfen zur Erziehung typische Einzelfallorientierung ist. Der Hintergrund für eine solche Sichtweise ist die Annahme, das auffällige Individuum mit seinen Defiziten und Bedürftigkeiten in den Mittelpunkt sozialer Arbeit zu stellen.

Im ersten Schaubild steht deshalb die Einzelfallorientierung an oberster Stelle, Zielgruppen- und Sozialraumorientierung erscheinen in diesem Bild eher nachrangig. Der klassische Bereich dieser Einzelfallorientierung in der Jugendhilfe sind die Hilfen zur Erziehung, deren klassischer Fokus auf individuelle Problemlagen und Fälle mit den Handlungsmustern Hilfe und Kontrolle gerichtet ist.

„vom Fall zum Feld“: traditionelle, versäulte, segmentierte Jugendhilfe

	Jugendhilfe	Fokus	Handlungsmuster
Einzelfall	Hilfen zur Erziehung, ASD	individuelle Problemlage, Fall	Hilfe, Kontrolle
Zielgruppe	Jugendarbeit Jugendsozialarbeit ...	gruppenspezifische Merkmale u. Probleme	Bedürfnisorientierung, Überlassung, Maßnahmen
Sozialraum	Jugendamt/freie Träger Kartelle Bestand – Bedarf	Planungsraum für individuelle Hilfen	Gefährliche Strasse, Prävention

In der Zielgruppenorientierung in diesem Bild stehen typische Bereiche der Jugendhilfe wie die Jugendarbeit oder eine maßnahmeorientierte Jugendsozialarbeit. Der Fokus dieser Arbeitsbereiche sind gruppenspezifische Merkmale bei Kindern und Jugendlichen, Problemlagen, die bestimmte Zielgruppen ausmachen und voneinander unterscheiden. Handlungsmuster sind eine Bedürfnisorientierung in Bezug auf die unterschiedlichen Zielgruppen, entsprechende Maßnahmen für die Gruppen sowie die Bildung geschlossener Milieus z.B. im Bereich der Jugendarbeit in Form von Einrichtungen, die für bestimmte Milieus vorbehalten sind.

Die Sozialraumorientierung in diesem klassischen Bild besteht in einer bestands- und bedarfsorientierten Jugendhilfeplanung, die den Sozialraum als sozialgeographischen Planungsraum versteht, einem Geflecht von Jugendamt und freien Trägern zur gemeinsamen Planung.

Der Fokus in Bezug auf den Sozialraum versteht diesen als Planungsraum für individuelle Hilfen. Die Öffentlichkeit im Sozialraum erscheint in diesem Bild eher als Legitimationsöffentlichkeit, das Handlungsmuster ist die „gefährliche Straße“, d.h. öffentliche Räume werden meist unter negativen Vorzeichen als Gefahrenzonen für Kinder und Jugendliche verstanden, so dass auch präventive Projekte und Angebote im Mittelpunkt dieser Sozialraumorientierung stehen.

Die einzelnen Bereiche der Jugendhilfe stehen in diesem Bild sehr isoliert für sich, eine Zusammenarbeit findet eher sporadisch statt. In Anlehnung an ein Theorem aus der Organisationstheorie (Cohen, March, Olsen) lässt sich formulieren: Lösungen suchen nach Problemen, Maßnahmen nach Teilnehmern, Hilfeformen nach Klienten und Einrichtungen nach Teilnehmern. Die Jugendhilfe in diesem Bild hat eine bestimmte Organisation, die zwischen dem öffentlichen Träger und den freien Trägern abgestimmt ist. Auftretende Problemlagen werden als individuelle Problemlagen identifiziert und es wird versucht, in der Organisation nach passenden Hilfsangeboten zu suchen. Das Muster lautet: Es gibt individuelle Probleme – Was können die verschiedenen Bereiche der Jugendhilfe zur Problemlösung tun? In welche Angebotsform passt das jeweilige Problem?

Klare Favoriten in dieser traditionellen Sichtweise sind Einzelfall- und Zielgruppenorientierung. Der Sozialraum wird eher im Hintergrund als sozialgeographischer Planungsraum für einzelfall- und zielgruppenorientierte Maßnahmen gesehen.

Mit dem Fokus, soziale Arbeit als Teilsystem oder als eigenständiges System der Gesellschaft zu begreifen, ergeben sich weitere Aspekte und Interpretationen der drei Orientierungen: Die Einzelfallentscheidung erscheint in diesem Zusammenhang als Zuweisung gesellschaftlicher Ressourcen und setzt auf die Funktion sozialer Arbeit als Inklusionsarbeit, die versucht, das Subjekt mit individuellen Hilfen anschlussfähig zu machen. (vgl. Scherr/ Bommes ...)

Der dargestellte Paradigmenwechsel stellt demgegenüber die Sozialraumorientierung in den Vordergrund. Hintergrund für diese Sichtweise sind die zum Teil vorgestellten Erkenntnisse, dass ein Großteil sich individuell abbildender Probleme durch die jeweiligen Bedingungen und gesellschaftlichen Bedingungen im sozialen Umfeld verursacht werden.

Im folgenden Schaubild steht deshalb die Sozialraumorientierung an oberster Stelle. Zielgruppen- und Einzelfallorientierung werden jedoch weiterhin als wichtige ergänzende Interventionsformen gesehen.

„Vom Fall zum Feld": Sozialräumlich orientierte Jugendhilfe

	Jugendhilfe	Fokus	Handlungsmuster
Sozialraum	...Teil des sozialen Sektors... Kooperation Sozialraumbudgets, Jugendhilfe-Teams	Sozialraum als Ressource... Potential Partizipation Demokratie im Sozialraum	Ressourcen nutzen und stärken Organisation von Partizipation
Zielgruppe	z.B. mobile Jugendarbeit Jugendsozialarbeit: Schule/Beruf Schulmüde Themen	Gruppen in ihrem Umfeld stabilisieren, Partizipation ermöglichen	Beteiligung entwickeln, Milieus öffnen, Handlungsraum erweitern
Einzelfall	Sozialraumteams, Entspezialisierung, flexible Hilfeformen	vom „Fall zum Feld", lebensweltorientierte Individualhilfe	Flexible Hilfen zuschneiden, Kooperation im Sozialraum suchen...

Jugendhilfe wird hier als Teil des gesamten sozialen Sektors gesehen, der weitgehend auch durch andere Institutionen bestimmt wird. Arbeitsmarktpolitik, Gesundheitsbereiche, der dritte Sektor, Wohnungsbaugesellschaften etc. sind in dieser Orientierung Kooperationspartner der Jugendhilfe. Zukunftsweisend, aber durchaus kontrovers diskutiert ist eine Bildung von Sozialraumbudgets, die entweder nur für die Hilfen zur Erziehung oder für alle Bereiche der Jugendhilfe gelten sollen. In die Organisation der Jugendhilfe wird auch die Einrichtung bereichsübergreifender Teams z.B. als Sozialraumteams in Landkreisen oder sozialen Räumen von Großstädten als integrative Teams zwischen den Hilfen zur Erziehung der Jugendarbeit etc. einbezogen.

Der Fokus auf den Sozialraum sieht diesen als Ressource, als Potenzial das nutzbar gemacht werden muss. Hier geht es um die Stärkung vorhandener Solidarsysteme und den Aufbau neuer, um Partizipation und um Demokratie im Sozialraum. Dieser wird nicht als Legitimation, sondern als Kooperationsöffentlichkeit verstanden.

Als Handlungsmuster lassen sich nennen: die Nutzung und Förderung der Ressourcen, die Organisation von Partizipation, die Qualifizierung öffentlicher Räume etc.

Zielgruppenorientierung in der Jugendhilfe konkretisiert sich in dieser Orientierung zum Beispiel als aufsuchende mobile Jugendarbeit an den Orten von Kindern und Jugendlichen, die klassische Einrichtungszentriertheit überwindet. Auch eine Jugendsozialarbeit die zielgruppenorientiert Maßnahmen konzipiert, z.B. im Übergang von der Schule in den Beruf oder für die Gruppe der Schulschwänzer bzw. schulmüden Jugendlichen, lässt sich als Beispiel anführen.

Der Fokus einer zielgruppenorientierten Arbeit in diesem sozialräumlichen Muster sind Cliquen, Gruppen, Szenen von Kindern und Jugendlichen in ihrem Sozialraum, d.h. in ihrem Umfeld. Es geht darum, diese zu stabilisieren und Partizipation zu ermöglichen.

Handlungsmuster sind deshalb weniger die „klassische Betreuung", sondern eher die Organisation von Beteiligungsformen (z.B. mit Schulen), die Bildung, insbesondere aber auch die Öffnung von Milieus, die Erweiterung des Handlungsraumes, die Qualifizierung des öffentlichen Nahraumes als Aneignungsraum für Kinder und Jugendliche.

Eine typische Organisationsform der Jugendhilfe in der Einzelfallorientierung in diesem Muster ist die Schaffung von Sozialraumteams in den Hilfen zur Erziehung, die Entspezialisierung, die Schaffung flexibler Hilfeformen und die Einrichtung sozialraumnaher Hilfeformen, z.B. als Jugendhilfestationen.

Dieser Fokus lässt sich mit der Formel „vom Fall zum Feld" (Hinte) beschreiben, d.h. die Schaffung flexibler Hilfen im Sozialraum, die Kooperation mit anderen Bereichen der Jugendhilfe und darüber hinaus durch soziale Gruppenarbeit in Jugendeinrichtungen.

In diesem Muster werden die Grenzen zwischen den klassischen Feldern überschritten, Lösungen werden auf Grund von Problemlagen erarbeitet und nicht in vorhandene Interventions- und Angebotsformen eingepasst:

> „Genau dies ist die Funktion einer über den Einzelfall hinausgehenden sozialen Arbeit im Gemeinwesen: Sie unterstützt benachteiligte Lebensräume und bildet in diesem Sinne ein Gelenkstück zwischen BürgerInnen einerseits und BürokratInnen und politischen EntscheidungsträgerInnen andererseits" (Hinte 2001: 41).

Das zweite Bild einer sozialraumorientierten sozialen Arbeit entspricht in weiten Teilen den Ansätzen der klassischen Gemeinwesenarbeit, die das Individuum als Teil seines sozialen Umfeldes des Stadtteils, Wohngebiets etc. sieht.

Fazit für eine sozialräumlich orientierte Kinder- und Jugendarbeit

In einer sich vom Fall zum Feld wandelnden Jugendhilfe ist die Zielgruppenorientierung der Kinder- und Jugendarbeit nach wie vor schlüssig, sie verändert sich aber entsprechend: Die Wahrnehmung geht von weg von BesucherInnen und isolierten Cliquen hin zu den Kindern und Jugendlichen im Sozialraum. Eine sozialraumorientierte Kinder- und Jugendarbeit „verschanzt" sich nicht in Einrichtungen, sondern macht das überholte Motto „von der Komm- zur Gehstruktur" lebendig, indem sie beispielsweise stationäre Arbeit mit mobiler entsprechend verbindet.

In Erweiterung eines Schemas von Albert Scherr wird zum Abschluss dieses Kapitels die Charakteristika der Entwicklung von einer klassischen, eher einrichtungszentrierten Jugendarbeit hin zu einer sozialraumorientierten einrichtungsübergreifenden und mobilen Jugendarbeit gezeigt:

Klassische Jugendarbeit	Sozialräumliche Orientierung
Pädagoge als Bezugsperson („Beziehungsarbeit")	Pädagoge als Drehpunktperson, Arrangeur und Organisator
Grundbegriffe „Beziehung" und „Vermittlung"	Grundbegriff „Aneignung" als Bildung des Subjekts im Sozialraum.
Primat der interpersonellen Beziehung	Primat der sachvermittelten Aneignung
Jugendliche als Personen mit Bedürfnissen und Interessen	Jugendliche in einem sozialökologischen Umfeld
Jugendhaus als Arbeitsort des Pädagogen	Jugendhaus als Ort der Eigentätigkeit von Jugendlichen
Jugendhaus als in sich geschlossene Einrichtung	Jugendhaus als Knotenpunkt in einem Netzwerk
Legitimationsöffentlichkeit	Kooperationsöffentlichkeit
Jugendhaus als unspezifischer Ort für alle Jugendlichen	Jugendhaus als eigenständiger Ort spezifischer Jugendkulturen

Scherr, Albert (1998): Arbeitsmaterial zur Tagung September 1996. in: Manheim-Runkel, R./ Taplik, U. (1998; Hg.): Konzeptentwicklung in der Jugendarbeit: Reflexion und Dokumentation eines Modellprojektes zur berufsbegleitenden Fortbildung im Kreis Offenbach, Frankfurt am Main, S. 87

2. Der qualitative Blick auf Sozialräume als Lebenswelten

(Ulrich Deinet)

Dass der Sozialraumbezug der Kinder- und Jugendarbeit gegenüber einem sozialgeografischen Planungsbegriff stark subjektorientiert ist, die Lebenswelten einzelner Gruppen und Cliquen differenziert sieht und daraus einen jugendpolitischen Anspruch zur Rückgewinnung öffentlicher Räume für Kinder und Jugendliche formuliert, wird weitgehend vernachlässigt, häufig sogar vergessen, auch von der Jugendarbeit selbst.

Eine sozialräumlich orientierte Offene Kinder- und Jugendarbeit, die sich selbst auch als Teil des öffentlichen Raumes versteht, kann mit Hilfe qualitativer Methoden Kinder und Jugendliche an der Revitalisierung sozialer Räume beteiligen bzw. in einem sozialräumlichen Mandat für deren Wiedergewinnung kämpfen. Im Gegensatz zur Präventionslogik der „gefährlichen Straße" meint sozialräumliche Jugendarbeit auch die Wiedergewinnung der „Straße", des öffentlichen Raums für Kinder und Jugendliche. Hier wird das jugendpolitische Mandat zur Revitalisierung öffentlicher Räume deutlich, gleichzeitig aber auch eine Kooperations- und Anregungsfunktion für andere Felder der Jugendhilfe.

2.1. Sozialraum und Lebenswelt

Die beiden Begriffe „Sozialraum" und „Lebenswelt" basieren auf unterschiedlichen Zugängen und müssen deshalb differenziert werden: Der Begriff des Sozialraums bezieht sich zunächst auf einen sozialgeografisch abgrenzbaren Lebensraum – einen Stadtteil, ein Viertel, ein Dorf –, einen Lebensraum von Menschen, der durch strukturelle oder soziale Merkmale abgrenzbar ist. In der Jugendarbeit spricht man von einem „Einzugsbereich", gemeint ist damit der Sozialraum, in dem eine Einrichtung liegt und aus dem diese ihre Besucher rekrutiert.

Der inzwischen fast inflationär gebrauchte Begriff des Sozialraums wird fast ausschließlich sozialgeografisch verstanden und damit werden wesentliche subjektbezogene und qualitative Aspekte vernachlässigt!

Verinselte Lebensräume sind ein Beispiel für die Begrenztheit eines eingeschränkten „sozialgeografischen“ Ansatzes: in ländlichen Bereichen ist es kaum möglich Sozialräume so zu identifizieren, dass die verschiedenen Lebensräume von Kindern und Jugendlichen sowie deren Mobilität angemessen berücksichtigt werden können. Diese Lebenswelten von Kindern und Jugendlichen in ländlichen Regionen sind nicht mit einem geografischen Begriff des Sozialraums sondern eher dem Inselmodell (Zeiher 1983) beschreibbar. Sie pendeln im Tagesverlauf zwischen verschiedenen „Inseln“, z.B. der kleinen Ortsgemeinde, in der sie wohnen, und dem Mittelzentrum, an dem sich häufig große Schulzentren befinden. Die Eingrenzung sozialer Räume auf sozialgeografisch abgegrenzte Gebiete erscheint bereits auf Grund des Mobilitätsverhaltens Jugendlicher als verkürzte Sichtweise:

In einem sozialgeografisch ausgerichteten Planungsrahmen werden Faktoren wie Mobilität und Verinselung tendenziell ausgeblendet: „...in welchem Maße Kinder und Jugendliche ihre Sozialräume verlassen (können) und inwiefern die gegenwärtig besonders aktuelle Verinselungsthematik einer sozialräumlich orientierten Denkweise zuwider läuft, wird in der Regel nicht thematisiert.“ (Lindner 2000)

Der Begriff der Lebenswelt ist demgegenüber subjektbezogen: „Die Lebenswelt lässt sich zunächst primär als eine individuelle verstehen: Gefragt ist die Lebenswelt des Einzelnen, analysiert werden seine räumlichen und sozialen Bezüge. Lebenswelt ist dadurch eine psychosoziale Kategorie, die die Lebensbezüge des Individuums in den Blick nimmt. Angesichts der Individualität von Lebenswelten sind diese auch räumlich flexibel zu fassen. Die individuelle Lebenswelt kann sich räumlich ausdifferenzieren in unterschiedliche Regionen, je nach Mobilität eines Individuums. Die Wohnregion kann dabei lediglich einen zeitlich und sozial geringen Anteil an der Lebenswelt eines Individuums einnehmen. Bei sehr geringer Mobilität können Lebenswelt und Sozialraum tendenziell stärker in Übereinstimmung stehen" (Merchel 2001: 373).

Der Begriff Lebenswelt wie ihn Husserl und Schütz definierten deutet auf einen zentrale Ansatz der verstehenden Soziologie hin. Wichtiger Ausgangspunkt dieser Betrachtung ist die Erkenntnis, dass einzelne Individuen, aber auch bestimmte soziale Gruppierungen oder Kulturen ihre Lebenswelt mit spezifischen Deutungen versehen, welche die Sinnbezüge ihres Handelns bestimmen.

In seinem Ansatz der Lebensweltorientierung hat auch Hans Thiersch immer wieder auf diese subjektive Sichtweise von sozialen Räumen hingewiesen: „Die Frage nach der Lebenswelt zielt auf Deutungs- und Handlungsmuster, in denen Menschen sich vorfinden und in denen sie agieren; sie zielt demnach auf Subjektivität“. (Thiersch, 1998: 84)

Die Lebenswelten spezifischer Zielgruppen oder einzelner Kinder und Jugendlicher entstehen in diesem Verständnis als subjektive Aneignungsräume und sind nur zum Teil mit dem jeweiligen Sozialraum deckungsgleich.

„Die aktive Rolle des Subjekts in der Interaktion mit der räumlichen Umwelt bildet sich am prägnantesten im Begriff der sozialräumlichen Aneignung ab, mit dem auch die sozialräumliche Entwicklungsdynamik des Aufwachsens von Kindern und Jugendlichen strukturiert werden kann. Denn die Spannung zwischen Eigenleben und vergesellschafteter Erziehung, die Eigensinnigkeit der Kinder und Jugendlichen gegenüber sozialen Rollenanforderungen und -zwängen ... drückt und lebt sich sozialräumlich aus“ (Böhnisch 1996:156).

Die beiden Begriffe „Sozialraum“ und „Lebenswelt“ beschreiben also unterschiedliche Zugänge und müssen deshalb differenziert betrachtet und genutzt werden: „Die Differenzen zwischen den Kategorien ‚Lebensweltorientierung' und ‚Sozialraumorientierung‘ sind somit nicht nur als wissenschaftlich-analytische zu verstehen, sondern sie verweisen auch auf notwendige Differenzierungen in den Praxisfeldern sozialer Arbeit und in der Infrastrukturplanung. Eine Vernachlässigung der mit dem Begriff ‚Lebensweltorientierung‘ einhergehenden Anforderungen durch die unausgesprochene Annahme, dass der Lebensweltbegriff vermeintlich im Begriff der Sozialraumorientierung aufgehoben sei, führt zu beschränkten Sichtweisen in der sozialen Arbeit und in der Infrastrukturplanung, mit denen die Lebenswirklichkeit der Adressaten sozialer Arbeit nicht mehr angemessen erfasst wird. (Merchel 2001: 373)

2.2. Aneignung und Raum

Die in der Kinder- und Jugendarbeit entwickelten sozialräumlichen Konzepte (vgl. Deinet 1999) basieren auf wissenschaftlichen Traditionen (z.B. sozialökologische Ansätze), die Kinder, Jugendliche und Erwachsene als handelnde Subjekte in ihrer Lebenswelt sehen. Subjektive Lebenswelten können auf Grund struktureller Faktoren (z.B. Einschränkung des Handlungsraums, Entfernungen) und subjektbezogener Faktoren (z.B. Ethnie, Geschlecht) sehr unterschiedlich gestaltet sein. Das Inselmodell bezieht sich dabei auf subjektive Lebenswelten, die nur zum Teil mit dem sozialgeografischen Sozialraum (Stadtteil, Dorf) zusammen passen.

Im Mittelpunkt solcher sozialökologischer Ansätze (Zonen- und Inselmodell, vgl. Deinet 1999) steht zunächst die Beschreibung der Struktur kindlicher und jugendlicher Lebensräume und deren Veränderungen. Die Frage nach der Qualität der Räume wird zwar implizit gestellt, oft aber bleiben die Lebensweltbezüge sozialpädagogischer Literatur einseitig auf die strukturelle Ebene bezogen: die Veränderung der Struktur des Lebensraumes z.B. im Modell der Verinselung erklärt noch nicht die Qualität der Räume („Inseln“).

Einseitig formale Interpretationen (Verinselung als Einschränkung!) führen zu einem weit verbreiteten Kulturpessimismus, in dem die heutige Lebenswelt von Kindern und Jugendlichen schon deshalb negativ bewertet wird, weil sie sich verändert hat. Die Verdrängung von Kindern und Jugendlichen aus dem öffentlichen Nahraum durch die weitgehende Verplanung aller Flächen ist nicht zu leugnen; dennoch zeigen viele Beispiele, dass Kinder und Jugendliche auch der heutigen Stadtumwelt Räume abtrotzen und sich inszenieren (Skater) oder abbilden (Sprayer) können. Es geht also nicht nur um die Struktur, sondern wesentlich um die Qualität von Räumen; diese werden erst durch die mit ihnen verbundenen (neuen) Möglichkeiten zu sozialen Räumen.

Um einen Bezug zu den handelnden Individuen herzustellen, wurde für den sozialräumlichen Ansatz eine Subjekttheorie formuliert, die auf dem Aneignungskonzept basiert. Auf der Grundlage des tätigkeitstheoretischen Ansatzes der kritischen Psychologie (Leontjew1973/Holzkamp1983) ist Aneignung als die tätige Auseinandersetzung des handelnden Subjektes mit der Umwelt zu verstehen.

Die Ursprünge des Aneignungskonzeptes gehen auf die sogenannte kulturhistorische Schule der sowjetischen Psychologie zurück, die insbesondere mit dem Namen Leontjews verbunden ist. Die grundlegende Idee dieses Ansatzes besteht darin, die Entwicklung des Menschen als tätige Auseinandersetzung mit seiner Umwelt, als Aneignung der gegenständlichen und symbolischen Kultur zu verstehen.

Die Umwelt präsentiert sich dem Menschen in wesentlichen Teilen als eine Welt, die bereits durch menschliche Tätigkeit geschaffen bzw. verändert wurde.

In der materialistischen Aneignungstheorie von Leontjew wird der Begriff der „Gegenstandsbedeutung" in den Mittelpunkt gestellt. Genauso wie im Prozeß der Vergegenständlichung Personen und Gegenstände durch das Ergebnis produktiver Arbeit miteinander verbunden sind, geht es im umgekehrten Prozeß der Aneignung für das Kind oder den Jugendlichen darum, „einen Gegenstand aus seiner Gewordenheit" zu begreifen und sich die in den Gegenständen verkörperten menschlichen Eigenschaften und Fähigkeiten anzueignen.

Im Gegensatz zu den klassischen entwicklungspsychologischen Ansätzen begreift Leontjews Konzept die Entwicklung des Menschen nicht als innerpsychischen Prozess, der mehr oder weniger beeinflusst von „außen" verläuft. Entwicklung wird vielmehr als tätige Auseinandersetzung mit der Umwelt gesehen: „Aneignung ist mithin eine Tätigkeit; sie ist immer aktiv in dem Sinne, als sie aus der Auseinandersetzung des Subjekts mit der materiellen und symbolischen Kultur entsteht. Die Umwelt wird vom Kinde nicht passiv rezipiert, sondern verarbeitet. Aus der Aneignungstätigkeit entsteht Bewusstsein und erhalten Gegenstände und Symbolisierungen ihren Sinn und ihre Bedeutung." (Rolff, 1985: 171)

Als tätigkeitstheoretischer Ansatz wurde das Aneignungskonzept in der BRD besonders von Klaus Holzkamp weiterentwickelt und auf die heutigen gesellschaftlichen Bedingungen übertragen. In der Individualentwicklung geht es Holzkamp u.a. um zwei Dimensionen, die biographisch nie abschließbar sind: die Fähigkeiten der „Bedeutungsverallgemeinerung" und der „Unmittelbarkeitsüberschreitung" (vgl. Klaus Holzkamp 1983 Kap. 8).

Mit dem Begriff der „Bedeutungsverallgemeinerung ... ist zunächst gemeint die subjektive Erkenntnis, positive emotionale Bewertung und alltagspraktische Umsetzung der Tatsache, dass die gegenständliche Welt nicht zufällig so ist, wie sie ist, sondern dass in sie eingehen die Erfahrungen und Erkenntnisse einer tendenziell verallgemeinernden und optimierenden Gebrauchsfähigkeit der Gegenstände (vom Besteck über die Möbel und Werkzeuge bis hin zu den Verkehrsmitteln und Massenmedien)." (Braun: 1994: 109)

Der Leontjewsche Begriff der Gegenstandsbedeutung (als Vergegenständlichung gesellschaftlicher Erfahrung, die im Aneignungsprozess erschlossen werden muss) wird von Holzkamp auf die gesellschaftliche Ebene komplexer sozialer Beziehungen übertragen, die in der individuellen Entwicklung ebenfalls von einfachen (gegenständlichen) Formen bis zu hochkomplexen Zusammenhängen verallgemeinert werden müssen.

Der Begriff der „Unmittelbarkeitsüberschreitung" thematisiert genau diesen Zusammenhang: „Die subjektive Entwicklungsanforderung besteht hier darin, die Unmittelbarkeit des ‚je eigenen' Alltags zu überschreiten hin zu übergreifenden historischen Gesellschaftverhältnissen, ohne ihn dabei zu verlassen. Es gilt also eine produktive Wechselbeziehung herzustellen zwischen unmittelbarer und gesamtgesellschaftlicher (systemischer) Herstellung und Anwendung von Sachbedeutungen einerseits und unmittelbaren und ‚höherstufigen' Formen der Intersubjektivität, Verständigung und Verbindlichkeit andererseits." (Braun, a.a.O.: 110)

Zusammenfassend kann man den Aneignungsbegriff wie folgt operationalisieren.

Aneignung als:

- eigentätige Auseinandersetzung mit der Umwelt
- (kreative) Gestaltung von Räumen mit Symbolen etc.
- Inszenierung, Verortung im öffentlichen Raum (Nischen, Ecken, Bühnen) und in Institutionen
- Erweiterung der Handlungsraumes (die neuen Möglichkeiten, die in neuen Räumen liegen)
- Veränderung vorgegebener Situationen und Arrangements
- Erweiterung motorischer, gegenständlicher, kreativer und medialer Kompetenz
- Erprobung des erweiterten Verhaltensrepertoires und neuer Fähigkeiten in neuen Situationen
- Entwicklung situationsübergreifender Kompetenzen im Sinn einer „Unmittelbarkeitsüberschreitung" und „Bedeutungsverallgemeinerung"

Diese Dimensionen der Operationalisierung des Aneignungsbegriffes beziehen sich insbesondere auf das informelle Lernen. Durch gelungene Aneignung wird das Individuum handlungsfähig in handlungsoffenen Situationen und erweitert damit seine Kompetenzen. Aneignung als aktive Erschließung der Lebenswelt ist ein Prozess, der auch für den Erwerb von Schlüsselqualifikationen oder die Entwicklung personaler Kompetenz sehr wichtig ist.

Ist das Muster der gegenständlichen Aneignung noch relevant?

Die Aneignung ihrer jeweiligen Lebenswelt als schöpferischer Prozess der Erweiterung ihres Handlungsraumes, der Veränderung und Gestaltung von Räumen und Situationen ist für Kinder und Jugendliche heute wesentlich eingeschränkt und behindert, nicht nur in der Großstadt.

Es stellt sich die Frage, inwieweit das Muster der gegenständlichen Aneignung an Relevanz verliert wenn man an virtuelle Räume und die neuen Medien denkt. Lothar Böhnisch spricht in diesem Zusammenhang von so genannten parasozialen Räumen: „Je enger die soziale und kulturelle Umwelt für die Jugendlichen wird, je weniger selbstständiges Aneignungsverhalten möglich ist, desto mehr verbreitet sich die Tendenz, sich in mediale, parasoziale Räume begeben zu müssen, vielleicht sich sogar ihnen auszuliefern, vor allem dann, wenn man nicht mehr sozial eingebettet ist, keinen alltäglich-konkreten ‚sozialräumlichen Rückhalt' hat" (Böhnisch 2002: 71).

Werner Lindner beschreibt den Verlust der Prägekraft konkreter Räume - zugunsten symbolischer Verhaltensweisen, „die sozialräumlichen Kriterien kaum mehr zuzuordnen sind. In der gegenwärtigen Jugendkultur wird um (städtische) Räume nicht nur in realen sondern auch in symbolischen Aneignungen konkurriert. Jugendliche Szenen konstituieren sich zum Teil weniger als Sozial-, sondern als Symbolmilieus, in denen bestimmte Zeichenschemata reproduziert werden. Dabei überlagern sich verschiedene Wirklichkeitsschichten, bei denen das gesamte Ensemble von Mode-, Medien-, Trend-, Industrie- und Kommerzästhetik zur Simulation sozialer Teilhabe benutzt wird" (Linder 2001: 37).

Auch der Blick auf spezifische Zielgruppen z.B. rechtsradikale Jugendliche in Ostdeutschland oder die von Christian Reutlinger (Reutlinger 2002) untersuchte „unsichtbare Jugend" in „unsichtbaren Räumen" lässt die Frage aufkommen, inwieweit das tätigkeitsortientierte Aneignungskonzept noch geeignet ist bzw. weiterentwickelt werden muss, um heutige Phänomene angemessen beschreiben zu können.

Reutlinger kritisiert die Anwendbarkeit des Aneignungskonzeptes für die heutige „gespaltene Stadt" mit ihrem Lebensbedingungen: „Die bisherigen Ansätze der sozialräumlichen Kinder- und Jugendraumforschung arbeiten mit Gesellschafts- und Handlungsmodellen, die in vergangenen urbanen Realitäten entstanden und deshalb für die räumlichen und sozialen Probleme von Kindern und Jugendlichen in der globalen Stadt blind geworden sind" (Reutlinger 2002: 255).

Er erarbeitet einen sozialgeographischen Ansatz der „unsichtbaren Bewältigungskarten", mit dem gezeigt werden kann, wie Heranwachsende in der Stadt die mit den radikalen Veränderungen zusammenhängenden Probleme und Herausforderungen bewältigen.

Die von Reutlinger aufgeworfenen Fragen tragen sehr konstruktiv zu unbedingt notwendigen Bemühungen bei, das Aneignungskonzept weiter zu entwickeln auch in Hinblick auf die Bedeutung virtueller Räume für Kinder und Jugendliche. Das im subjektwissenschaftlichen Konzept der Kulturhistorischen Theorie eingebettete Aneignungskonzept erscheint mir dennoch ein stimmiges Muster zu sein. Als tätigkeitstheoretisches Entwicklungskonzept ist es sehr gut geeignet den Zusammenhang zwischen der Entwicklung von Kindern und Jugendlichen und den Räumen, in denen sie leben, zu fassen.

2.3. Das Aneignungskonzept – ein Beitrag zu einen Bildungsbegriff der Jugendarbeit nach PISA?

Zwischen dem tätigkeitstheoretischen Aneignungskonzept und dem aktuellen Bildungsdiskurs ergibt sich direkter Zusammenhang: Handlungskompetenz, Risikoabschätzung, Neugier und Offenheit als Dimension personaler Kompetenz und als zentrale Schlüsselqualifikationen auch für schulisches Lernen werden insbesondere in den Bereichen informeller Bildung, in den Orten und Räumer der Lebenswelten von Kindern und Jugendlichen erworben. Die Chance, solche Kompetenzen zu entwickeln, werden wesentlich geprägt durch die Strukturen der Lebenswelten und durch die Fähigkeit des Individuums, sich seine Lebenswelt anzueignen.

Die Ergebnisse der PISA-Studie kann man dahingehend interpretieren, dass Jugendlichen heute wesentliche Aneignungserfahrungen als Grundlage für die Herausbildung höherer geistiger Fähigkeiten und der Entwicklung ihres Wissens fehlen:

„Die Studie zeigt besonders, dass deutsche Schüler vergleichsweise geringere Lesefähigkeiten haben als Schüler aus anderen Ländern. Lesen bezieht sich hier zwar auch auf die reine Fähigkeit zur Worterkennung, aber besonders auf die Kompetenz des Verstehens, die Fähigkeit, Informationen eines Textes zu erkennen, sie auf einen erweiterten Kontext beziehen zu können und mit ihrer Hilfe zu eigenständigen Denklösungen zu kommen.

Es lässt sich folgern, dass deutsche SchülerInnen immer noch Wissensbestände pauken, statt sich Fähigkeiten des Lernens, kritischen Denkens, Zusammenhänge-Erkennens, kreativer Lösungsentwicklung usw. aneignen.

Daraus lässt sich auch folgern, dass ihre Kompetenz der selbsttätigen Aneignung von Welt nicht optimal vorhandenen ist. Eine eigenständige, aktive und kritische Erschließung von Phänomenen auch in der Lebenswelt ist wenig geübt.“ (Sturzenhecker 2002: 3)

Kinder und Jugendliche lernen und bilden sich nicht nur in Institutionen wie der Schule, sondern in ihren jeweiligen Lebenswelten, Nahräumen, Dörfern, Stadtteilen, insbesondere auch in öffentlichen Räumen.

Diese Bereiche sind die Orte des informelles Lernens, dass die intentionalen Bildungsprozesse wesentlich mit prägt: Die Entwicklung sozialer Kompetenzen in wechselnden Gruppen oder im Umgang mit fremden Menschen in neuen Situationen, die Erweiterung (oder Einschränkung) des Handlungsraums und des Verhaltensrepertoires prägen auch die Fähigkeiten für den Erwerb von Sprachkenntnissen und Bildungsabschlüssen, wie nicht erst die Pisa-Studie gezeigt hat.

Die Aneignung ihrer jeweiligen Lebenswelt als schöpferischer Prozess der eigentätigen Auseinandersetzung mit der gegenständlichen und symbolischen Kultur, der Gestaltung und Veränderung von Räumen und Situationen – sozusagen die Bildung des Subjektes im sozialen Raum – wird wesentlich beeinflusst, gefördert oder eingeschränkt durch die sozialstrukturellen Bedingungen von Dörfern, Wohnquartieren, Stadtteilen, Regionen.

Die Kinder- und Jugendarbeit kann ihren Bildungsbegriff sehr fruchtbar an das Aneignungskonzept anlegen und ihre gesellschaftlichen Funktion gerade im Bereich des sozialen, informellen Lernens entwickeln und hat in diesem Feld wesentliche Vorteile z.B. gegenüber der Schule.

Das informelle „wilde Lernen" von Kindern und Jugendlichen zu pädagogisieren ist aber nicht die Aufgabe der Kinder- und Jugendarbeit!

Aus einem sozialräumlichen Blick heraus kann die Kinder- und Jugendarbeit sich selbst zum Medium der Raumaneignung für Kinder und Jugendliche machen und über die Gestaltung der Jugendarbeit als „Aneignungsraum" ein jugendpolitisches Mandat zur Revitalisierung öffentlicher Räume wahrnehmen.

Sie setzt sie sich ein für die Erhaltung, Schaffung und Gestaltung öffentlicher Räume als Aneignungsräume für Kinder und Jugendliche.

Diese Form der Förderung der Bildung des Subjektes im sozialen Raum könnte auch ein Beitrag zu einem spezifischen Bildungsbegriff der Kinder- und Jugendarbeit darstellen.

2.4. Methodisches Repertoire zum Verständnis der Lebenswelten von Kindern und Jugendlichen

Auf einem subjektorientierten Verständnis aufbauend versucht eine sozialräumliche Konzeptentwicklung Einblicke in die unterschiedlichen Lebenswelten und Sozialräume von Kindern, Jugendlichen, Mädchen, Jungen verschiedenen Cliquen usw. zu erhalten. Qualitative Methoden einer Lebensweltanalyse (Deinet 1999) ermöglichen die erforderlichen differenzierten Einblicke.

Aus dem entstandenen Bild ergeben sich Anforderungen und Ziele der Kinder- und Jugendarbeit, die an die Lebenswelten von Kindern und Jugendlichen anschließen und nicht aufgesetzt sind.

Der Begriff der Lebensweltanalyse wird hier als Gegenbegriff zu einer rein formalen quantitativen Sozialraumanalyse verstanden.

Eine sozialräumliche Kinder- und Jugendarbeit verfügt über ein methodisches Repertoire, um die Lebenswelten von Kindern und Jugendlichen zu erkunden und daraus Anforderungen nicht nur für ihre Arbeit zu gewinnen. Sozialraum- und Lebensweltanalyse werden als Basis einer Bedarfsermittlung und Zielbestimmung betrieben und unterstützen damit eine sozialraumorientierte Jugendhilfeplanung.

Neben der Verwendung von statistischem Material zur Bevölkerungsstruktur und anderer relevanter Daten des jeweiligen Sozialraums werden in einer Lebensweltanalyse qualitative Methoden aus dem Reservoir der empirischen Sozialforschung im Rahmen einer „kleinen" Feldforschung eingesetzt. Teilweise können auch Methoden der Jugendhilfeplanung oder aber Aktionsformen der Jugendarbeit selbst eingesetzt werden (z.B. Videostreifzüge).

Die Anwendung solcher Methoden soll helfen, Lebenswelten von Kindern und Jugendlichen besser zu erfassen und die in der Praxis immer noch vorhandenen Einrichtungsbezogenheit zu überwinden. Diese Methoden lehnen sich zum Teil an qualitative ethnografische oder biografische Forschungsmethoden an und versuchen, diese für die Praxis der Jugendarbeit anwendbar zu machen.

Zahlreiche der im 6. Kapitel beschriebenen Methoden können als aktivierende Projekte in der Kinder- und Jugendarbeit direkt eingesetzt werden und dabei Beteiligungsmöglichkeiten für Kinder und Jugendliche eröffnen, so dass diese nicht nur abgefragt werden. Lebensweltanalyse und Praxis der Kinder- und Jugendarbeit lassen sich ansatzweise verbinden, indem Kinder und Jugendliche im Rahmen eines Videostreifzuges durch den Stadtteil zu Experten werden.

Die Ergebnisse der Methoden können dann im Rahmen der Konzeptentwicklung der Offenen Kinder- und Jugendarbeit genutzt werden werden. Damit kann eine sozialräumliche Jugendarbeit ein Methodenrepertoire und eine Kompetenz zum Verstehen der Lebenswelten von Kindern und Jugendlichen einbringen, das weit über die klassischen "Betreuungsfunktionen" hinausgeht und sich somit zu einem wichtigen Bestandteil einer gemeinwesen- und lebensweltorientierten Jugendhilfe weiterentwickeln.

2.5. Essentials einer sozialräumlichen Kinder- und Jugendarbeit

Die folgenden Aspekte beziehen sich vor allem auf die im ersten Kapitel vorgestellte Sozialraumdebatte und die Definition des Begriffes Sozialraum, die weitgehend formal und sozialgeografisch erscheint. Demgegenüber kann eine sozialräumlich orientierte Kinder- und Jugendarbeit den Sozialraumbegriff viel stärker subjektorientiert und lebensweltlich erfassen. Für die Sozialraumdebatte erscheinen dabei die folgenden Aspekte besonders interessant:

Gestaltung des Ortes der Jugendarbeit als Aneignungs- und Bildungsraum

In diesem Bereich geht es um die Gestaltung des Ortes der Kinder- und Jugendarbeit als möglichst aneignungs- und bildungsfördernde Umgebung. Es geht weniger um intentionale Bildungsangebote, Programme, Projekte etc.

Aus dem sozialräumlichen Verständnis der Gestaltung von Räumen als soziale Räume heraus ergeben sich vielfältige Möglichkeiten der Bildung, die in der Form in der Jugendarbeit nicht genutzt werden. In dem der „Raum" der Jugendarbeit anregend wirkt, Kindern und Jugendlichen Gestaltung und Veränderung, Konfrontation und alternative Erfahrungen ermöglicht, wird er selbst zu einem Aneignungs- und Bildungsraum im Bereich des informellen Lernens.

Solche Aneignungs- und Lernmöglichkeiten können – ohne sie im Detail zu planen – durch bestimmte Rahmenbedingungen und Setzungen gefördert werden. Die MitarbeiterInnen haben die Chance, durch „ihre strukturierende Kompetenz" den Raum der Kinder- und Jugendarbeit so zu gestalten, dass entweder Aneignung und Bildung möglich werden oder der „Raum" der Jugendarbeit in Langeweile, Konsumorientierung und Herumhängen erstarrt.

Materialangebot und strukturierende Kompetenz der MitarbeiterInnen sind wichtige Rahmenbedingungen auch für das Zustandekommen von Situationsveränderungen, also eigentätigem Handeln der Kinder und Jugendlichen. Die Strukturierung und Ausgestaltung des Offenen Bereiches mit seinen informellen Angeboten und räumlichen Arrangements und Materialangeboten gewinnt unter dem Aspekt der Bedeutung ungeplanter selbstgestalteter Aneignungssituationen eine wichtige Bedeutung. Aneignung braucht Anregung und diese kann auch in einer abwechslungsreichen ansprechenden räumlichen Struktur bestehen, in Materialien und Gegenständen, die zum ausprobieren und verändern einladen.

Die Gestaltung des Ortes der Jugendarbeit als Aneignungs- und Bildungsraum kann mit Michael Winkler (Winkler 1988: 263ff.) sehr treffend begründet werden. Er benennt zwei Aspekte der Gestaltung des sozialen Orte in der Sozialpädagogik: „Einmal muss die materielle Organisation des Lernprozesses in ihm (also die Besorgung) selbst Gegenstand der Aktivität aller Beteiligten werden" (Winkler 1988: 299).

Zum anderen kann der Bildungsanspruch nur umgesetzt werden, wenn der Ort „sich zu einem gültigen Lebensort wandelt, von dem aus ein Oszillieren zwischen der Innenwelt des Ortes und der gesellschaftlichen Außenwelt möglich ist" (Winkler 1988: 299) Sturzenhecker (2002) fordert für die Offene Jugendarbeit: „Im Bezug auf das Innere geht es also darum, dass die Jugendlichen selbsttätig und selbstbestimmt die materielle Organisation der Lernprozesse im Ort der Jugendarbeit gestalten können. Ein bildungsorientiertes Jugendhaus würde permanent Möglichkeiten zur Raumgestaltung anbieten und dabei den Kindern und Jugendlichen Selbstbestimmung und Selbstverantwortung zumuten wie nur irgend möglich" (Sturzenhecker 2001: 28ff.).

Im Gegensatz zu den durchfunktionalisierten Institutionen, mit denen Kinder und Jugendliche sonst zu tun haben, hat die Offene Kinder- und Jugendarbeit auch räumlich und architektonisch die einmalige Chance, einen Gestaltungsraum zu bilden, der sich insbesondere dadurch auszeichnet, dass immer wieder Räume und Bereiche umgestaltet werden können. Solche Gestaltungsprozesse haben neben der aktiven Aneignung des Raumes hinaus sehr stark soziale Bezüge, weil es darum geht, sich im Haus mit anderen Cliquen zu arrangieren, Ideen und Entwürfe in einer Clique bzw. Gruppe zu einem Entwurf zu entwickeln, den Gestaltungsprozess selbst zu organisieren etc.

„Der zweite von Winkler aufgezeigte Aspekt des Oszillierens zwischen der Innenwelt des Ortes und der gesellschaftlichen Außenwelt ist eine Bildungschance in der Offenen Kinder- und Jugendarbeit, die ebenfalls häufig ignoriert wird. Das Oszillieren gehört zur üblichen jugendlichen Aneignungspraxis in Jugendhäusern. Sie lassen sich nicht oft ein eindeutiges Drinnensein oder Wegbleiben festlegen, sondern halten sich oft genau auf den Grenzen des Hauses zur Außenwelt auf. Bildungsorientierte Offene Jugendarbeit würde genau diese eigensinnige Raumaneignung offen halten. So auf eigenwillige Jugendliche einzugehen, wäre ein Schritt der Erhaltung, neben der Öffnung zur Außenwelt, andererseits kann aber auch pädagogisch die Außenwelt als Anregung hereingeholt werden" (Sturzenhecker 2002: 30).

Die Vorstellung des Oszillierens von Winkler passt sehr gut zu einer sozialökologischen Vorstellung kindlicher und jugendlicher Raumerweiterung: Einerseits spielt gerade für Jugendliche die Erweiterung eine wesentliche Rolle im Sinne der Vergrößerung des Handlungsraumes, der Erfahrung immer wieder neuer Situationen und der Erweiterung des Verhaltenrepertoires. Andererseits sind auch sie auf einen funktionierenden Nahraum angewiesen und gerade in dem Wechsel (Oszillieren zwischen Nahraum und ökologischer Peripherie) liegt eine wesentliche Aneignungs- und Bildungschance.

Diese Chance kann sowohl genutzt werden zur intentionalen Bildung im Sinne der Durchführung von Fahrten, Projekten, die in die weitere Umwelt der Jugendlichen gerichtet sind und ihren Handlungsraum erweitern als auch zur Gestaltung der Jugendeinrichtung als Bestandteil des Nahraums. Das Hereinholen der Außenwelt in den Nahraum des Jugendhauses kann heute auch sehr gut über die neuen Medien passieren, aber auch durch klassische Gestaltungselemente in der Einrichtung.

Positive Sicht öffentlicher Räume gegenüber der „gefährlichen Straße“

Im skizzierten Verständnis von „sozialen Räumen“ geht es darum, zunächst die Qualitäten und nicht die Gefahren informeller Treffs, öffentlicher Orte und Räume zu beschreiben. Diese haben für Kinder und Jugendliche meist eine ganz andere Funktion als für Erwachsene: sie sind Spiel- und Erfahrungsräume. Die Bedeutung solcher Spielräume als intermediäre Räume betont u.a. (Gerd) Schäfer (1986) in seiner Theorie des Spiels:

„Im Blödeln werden die Angebote der sozialen Umwelt erst einmal in Non-Sense verwandelt. Man verschafft sich dadurch die nötige Distanz für die Überlegung, inwieweit man sich darauf einlassen möchte." (Schäfer: 1989, S. 83) Schäfer wendet sein psychoanalytisch orientiertes Konzept auch auf das Jugendalter an und spricht hier von einem „Spielraum durch Verneinen", den sich Jugendliche durch ihre Verhaltensweisen schaffen: „Anschließend an eine Arbeit von Kannicht (1983) habe ich versucht, ‚Herumhängen, Blödeln, Action machen' als drei typische Verhaltensweisen von Jugendlichen zu skizzieren, durch die sie sich einen Spielraum in der sozialen Realität verschaffen, in dem sie ihr erwachsen werdendes Selbstverständnis in eigener Regie erproben, und das heißt auch zunächst einmal in betonter Abgrenzung zu den Vorstellungen ihrer Umwelt." (Schäfer 1989: 83)

„Herumhängen, Blödeln, Action machen" beschreiben sicher nur einige Qualitäten, die öffentliche Räume für Jugendliche attraktiv machen. Aber bereits damit wird deutlich: gegenüber dem verbreiteten Konstrukt der „gefährlichen" Straße hat eine sozialräumliche Jugendarbeit eine ganz andere Sicht auf die Qualitäten von Räumen. Überspitzt könnte man sagen: Prävention bedeutet, den öffentlichen Raum zum „Herumhängen..." zurückzugewinnen und nicht nur, ihn „sicherer" zu machen.

Revitalisierung öffentlicher Räume als jugendpolitisches Mandat

Insbesondere aus dem aneignungstheoretischen Aspekt heraus, der die Qualifizierung und Disqualifizierung öffentlicher Räume aus Sicht von Kindern und Jugendlichen beschreibt, erhält eine sozialräumliche Kinder- und Jugendarbeit die Kompetenz und das jugendpolitisches Mandat, sich für die Thematisierung öffentlicher Räume für Kinder und Jugendliche sowie für deren Erhalt und Schaffung einzusetzen.

Zum einen ist sie aus Sicht der Kinder und Jugendlichen selbst Bestandteil öffentlicher Räume und macht ihre Angebote im Sinne von Aneignung, Erweiterung und Veränderung nutzbar. Jugendarbeit wird aber auch selbst zum Medium der Raumaneignung, indem sich Kinder und Jugendliche die Räume der Jugendarbeit aneignen und verändern. Aufgabe der Jugendarbeit ist es, diese Zusammenhänge zu erkennen, entsprechend zu reagieren und sie entsprechend im Aneignungskonzept umzusetzen.

Räume stellen auch in der Geschichte der Jugendarbeit mehr als formale Rahmenbedingungen für das pädagogisch „Eigentliche" dar. Die Aneignung von Räumen, d.h. deren Inbesitznahme, Gestaltung und Veränderung, erhält durch die skizzierten Entwicklungen der Lebenswelt von Jugendlichen eine besondere Bedeutung auch für die Jugendarbeit. Jugendarbeit zum Medium von Aneignungsprozessen zu machen bedeutet auch, dass Jugendarbeit zum

Ausgangspunkt der Erweiterung des Handlungsraumes und damit wichtiger Bestandteil der jugendlichen Infrastruktur wird.

Dies hat auch eine jugendpolitische Dimension, die der verstorbene Jugendforscher Hellmut Lessing in einem viel beachteten Aufsatz 1984 als Konzept der „Wi(e)deraneignung von Arbeit, Umwelt und Kultur“ formulierte.

Lessing stellte dem Begriff der Wiederaneignung dem der „Enteignung“ gegenüber und analysierte die gesellschaftliche Entwicklung der Arbeitsgesellschaft als „Enteignung sozialer Räume“ für Jugendliche, als „Kulturelle Enteignung“ und Abschiebung Jugendlicher in die Unterbeschäftigung. Sein Konzept von Jugendarbeit als „Wi(e)deraneignung“ verfolgt demzufolge die Schaffung von Arbeitsplätzen in alternativen Projekten, als auch die Zurückgewinnung kultureller Ausdrucksformen.

Eine sozialräumliche Orientierung in der Kinder- und Jugendarbeit ist wie gezeigt zunächst subjekt-/lebensweltorientiert und überschreitet somit die formale, geografische Bedeutung, die dem Begriff des Sozialraums weitgehend zugeordnet wird. Kinder- und Jugendarbeit mit diesem Selbstverständnis hat das Mandat, sich für Kinder und Jugendliche im öffentlichen Raum einzusetzen, mit ihnen gemeinsam oder als Mandatsträger advokatorisch öffentliches politisches Bewusstsein für die Themen von Kindern und Jugendlichen (wieder) herzustellen und sich für die Aneignung, Revitalisierung und Sicherung öffentlicher Räume zu engagieren.

In der Realität wird dieses Mandat zum großen Teil gar nicht wahrgenommen: Statt dessen wird es an den Kinderbeauftragten oder andere Mandatsträger delegiert oder aber nur als „Nebeneffekt“ einer sozialräumlichen Ausrichtung gesehen, die eigentlich darauf abzielt, neue Zielgruppen in die Einrichtung zu holen.

Eine solche sinnvolle sozialräumliche Orientierung steht im krassen Gegensatz zu der oben skizzierten sozialgeografischen Präventionspolitik, die die Kinder und Jugendlichen instrumentalisiert und keine Freiraumfunktion bereitstellt.

Aber auch hier ergibt sich für die Kinder- und Jugendarbeit das alte Problem der qualifizierten Formulierung der theoretisch fundierten eigenen Position. Hierzu ist es notwendig, dass sozialräumliche Konzepte weiter ausdifferenziert und insbesondere Methoden beschrieben werden.

Kooperation mit unterschiedlichen Bereichen der Jugendhilfe

Eine im skizzierten Sinn sozialräumlich orientierte Jugendarbeit kann durch ihren qualitativen Blickwinkel auf die Lebenswelten von Kindern und Jugendlichen und den daraus entwickelten Essentials für die Zusammenarbeit mit anderen Bereichen der Jugendhilfe und darüber hinaus wichtige Beiträge liefern. Sie muss sich somit nicht in eine nur unter präventiven und repressiven Aspekten stehende Arbeit einpassen lassen: „Lebensweltorientierung als

Konzept der sozialen Arbeit meint nicht nur die Orientierung an der Lebenswelt der Adressat/innen als Passung der Programme, sie meint auch die Frage danach, wie Institutionen und Programme der sozialen Arbeit sich als spezifische pädagogisch inszenierte Lebenswelten darstellen (wie es der neuerdings viel verhandelten Frage nach den Verhältnissen, nach der Kultur in Organisationen entspricht)" (Thiersch 1998: 86).

Aus ihrem sozialräumlich/jugendpolitischen Mandat heraus, bei dem es um die Revitalisierung öffentlicher Räume geht, ist die Kinder- und Jugendarbeit beispielsweise auch Partner von Spielraumplanung und Stadtentwicklung. Ein interessantes Beispiel dafür ist die Zusammenarbeit zwischen dem Verein „Jugendzentren der Stadt Wien" und einer Plenarin der Magistratsabteilung (Stadtentwicklung und Stadtplanung), deren besondere Aufgabe die Ermöglichung der Mehrfachnutzung von Flächen insbesondere für Kinder und Jugendliche ist. (Kleedorfer 1999: 169)

Ein fast „natürlicher" Partner insbesondere bei der Durchführung und Auswertung von Methoden der Lebensweltanalyse ist die Jugendhilfeplanung. Aus Sicht der Jugendhilfeplanung macht die Lebensweltanalyse eigentlich nur dann Sinn, wenn die Maßnahmen und Einrichtungen innerhalb eines Sozialraums zusammenarbeiten. MitarbeiterInnen verschiedener Einrichtungen können sich dabei gegenseitig unterstützen und auch von der Einbeziehung nicht einrichtungsgebundener Arbeitsformen, wie z.B. der Mobilen Jugendarbeit, profitieren.

Auf der Grundlage einer solchen Analyse können dann im Rahmen einer gemeinsamen Planung Schwerpunktsetzungen der Maßnahmen und Einrichtungen diskutiert, koordiniert und festgelegt werden. Entscheidende Fragen für diesen Prozess lauten: Was müsste auf Grund der Analyse der Lebenswelten von Kindern und Jugendlichen im Stadtteil geschehen? Welche Maßnahme/Einrichtung kann welche neue Funktion und Rolle übernehmen? Welche alten Funktionen und Angebote können verändert oder evtl. abgebaut werden? Welche Rahmenbedingungen der Einrichtungen (z.B. Lage im Stadtteil, räumliche Ressourcen) machen welche Schwerpunktsetzungen möglich? So können Sozialraum- und Lebensweltanalysen zur gesetzlich vorgeschriebenen Jugendhilfeplanung beitragen.

3. Sozialräumliche Konzeptentwicklung als Projekt: Schritte und Modelle

(Ulrich Deinet/Richard Krisch)

3.1. Rahmenbedingungen für Konzeptionen

Eine Konzeption, die an den Bedarfen der Kinder und Jugendlichen im Sozialraum orientiert ist, benötigt als Grundlage eine detaillierte Lebensweltanalyse, um darauf aufbauend Anforderungen, Ziele und Aufgaben der Kinder- und Jugendarbeit entwickeln zu können. In der sozialräumlichen Konzeptentwicklung (Deinet 1999) ist die Ebene des Sozialraums/der Lebenswelt der Kinder und Jugendlichen Grundlage für die Maßnahmeplanung und -konzipierung, die Formulierung von Zielen sowie die Entwicklung von Schwerpunkten für einzelne Einrichtungen bzw. für Einrichtungen und Projekte in einem Sozialraum.

Im Prozess der Entwicklung eines spezifisch stadtteil- aber auch standortorientierten Konzeptes müssen neben der qualitativen Analyse des Sozialraumes aber auch weitere Ebenen berücksichtigt werden, die wir aber nur am Rande erörtern können:

Die Analyse der Aneignungsqualität des Hauses und der „bestimmenden Öffentlichkeiten"

Die Möglichkeiten der konzeptionellen Differenzierung einer Einrichtung ist natürlich von deren sozialräumlichen Qualitäten und Möglichkeiten abhängig.

Hier spielen verschiedenste Faktoren eine Rolle. Räumliche Strukturen, wie die Größe und Ausstattung einer Einrichtung, die Möglichkeiten, Räume (auch im Laufe eines Tages) zu verändern, die „Offenheit" des Eingangsbereiches oder die Gelegenheit verschiedene Zugangsmöglichkeiten zu schaffen etc., bestimmen die Aneignungsmöglichkeiten von Kindern und Jugendlichen und beeinflussen deren Zugang.

Ebenso spielen natürlich die Öffnungszeiten und damit verbunden, finanzielle und personelle Ressourcen eine bedeutende Rolle.

Aus einem sozialräumlichen Blickwinkel sind aber auch die JugendarbeiterInnen „Bestandteil" des Sozialraumes Jugendhaus und daher auch Teil der Aneignungsqualität. Ihre Fähigkeiten, den Raum zielgruppenspezifisch zu strukturieren, Umgangsformen, Konfliktlösungsmuster und inhaltliche Angebotsstrukturen zu schaffen, prägen das spezifische Klima des Raumes Jugendhaus. Daher ist auch selbstkritisch nach den Stärken und Schwächen des Teams, den jeweiligen Fähigkeiten und spezifischem Einzelleistungskönnen zu fragen.

Die Einrichtung ist aber auch ein ‚Teil' des Stadtteils und steht im Blickwinkel verschiedenster Ansprüche, Zuschreibungen und Forderungen der ansässigen Institutionen, politischer Mandatare aber auch der StadtteilbewohnerInnen. Dies bestimmt und beinflusst auch die Arbeitsmöglichkeiten und konzeptionellen Spielräume der Jugendeinrichtung. Daher muss im Rahmen der Konzeptentwicklung auch das bestehende Image der Einrichtung überprüft und mögliche Formen der Kooperation mit anderen Institutionen bewertet werden.

In diesem Zusammenhang spielt auch die institutionelle Einbettung der Einrichtung – als Bestandteil des Jugendamtes oder eines freien Trägers – eine entscheidende Rolle. Die Weiterentwicklung der Konzeption muss ja in Einbindung und Abstimmung mit diesen erfolgen. Hier gilt es Formen der Unterstützung, Förderung oder Zusammenarbeit zu analysieren.

Einbeziehung der Theoriebestände der Jugendarbeit

Wie Albert Scherr im folgenden Kapitel darlegt, stellen sich Konzeptionen als Schnittstellen zwischen Theorie und Praxis dar. Die Theoriebildungen über Entwicklungen der Jugendarbeit aber auch der Kinder- und Jugendforschung dienen als Begründung der Konzeption bzw. liefern Orientierungen zur Ausrichtung ihrer Schwerpunktsetzungen.

Insbesondere im Hinblick auf die Formulierung von über die aktuellen Bedarfe hinaus gehenden Zielsetzungen im Sinne von Wirkungszielen sind Theoriebildungen wie – bspw. die „subjektorientierte Jugendarbeit" von Albert Scherr (1997) von entscheidender Bedeutung. Nur wer eine – theoretisch fundierte – Utopie besitzt, ein pädagogisches Fernziel vor Augen hat, kann dieses dann entsprechend in konkrete Handlungsschritte umsetzen.

3.2. Lebenswelt- und Sozialraumanalyse als Grundlage der Konzeptentwicklung

Grundlage sozialräumlicher Konzeptentwicklung ist eine Sozialraum- und Lebensweltanalyse, die neben der Verwendung von statistischem Material zur Bevölkerungsstruktur und anderen relevanten Daten des jeweiligen Sozialraums in einer Lebensweltanalyse qualitative Methoden empirischer Sozialforschung im Rahmen einer „kleinen Feldforschung" einsetzt.

Im Kapitel „Sozialräumliche Konzeptentwicklung und Jugendhilfeplanung" wird beschrieben, wie die Daten einer Sozialraumanalyse durch die Jugendhilfeplanung in den Konzeptentwicklungsprozess eingespeist werden können und wie Jugendarbeit und Jugendhilfeplanung konstruktiv zusammenarbeiten.

Wir gehen deshalb nicht davon aus, dass quantitative Daten extra von der Jugendarbeit erhoben werden müssen, sondern dass diese durch die entsprechenden Ämter, insbesondere durch die Jugendhilfeplanung bereitgestellt werden können. Dies ist sicherlich nicht immer der Fall; es kann aber grundsätzlich nicht Aufgabe der Jugendarbeit sein, diese Daten eigenständig zu erheben. Im Zweifelsfall muss auf solche Daten verzichtet werden!

Auf diesem Hintergrund beziehen wir uns im Folgenden insbesondere auf die Darstellung der Schritte einer Lebensweltanalyse, die von der Jugendarbeit in der Kooperation von Einrichtungen und Projekten oder auch durch einzelne Einrichtungen und Maßnahmen durchgeführt werden soll.

Die in Kapitel 6 dargestellten Methoden sollen helfen, Lebenswelten von Kindern und Jugendlichen besser zu erfassen und damit auch die in der Praxis häufig vorhandene Einrichtungszentriertheit zu überwinden. Es geht eben nicht nur um Besucherinnen und Besucher von Einrichtungen, sondern insbesondere um die Kinder und Jugendlichen, die den Mitarbeitern unbekannt sind. Die Orte und Räume von Kindern und Jugendlichen – ihre Qualitäten, Bedeutungen und Funktionen – werden untersucht und die Lebenswelten spezifischer Zielgruppen, einzelner Szenen und Cliquen werden unter die Lupe genommen. Die Fragen lauten etwa:

- Wie erleben Kinder und Jugendliche ihren Stadtteil?
- Welche Qualitäten haben Orte und Räume?
- Wie sieht die Struktur der Lebensräume bestimmter Zielgruppen aus?

Diese allgemeinen Fragestellungen müssen allerdings präzisiert werden, um damit Richtungen zu bestimmen, in die „geforscht“ werden soll, um nach der Maßgabe solcher Zielsetzungen entsprechende Methoden auszuwählen.

Einbeziehung der Ergebnisse von Jugendstudien und relevanter Literatur

Im Rahmen einer Feldstudie wird üblicherweise zur Fragestellung ein Überblick über den Forschungsstand hergestellt. Übersetzt auf die praxisorientierte Lebensweltanalyse könnte es darum gehen, relevante Fachliteratur zu sichten und die Ergebnisse von Jugendstudien miteinzubeziehen, z.B. die Literatur über geschlechtsspezifische Differenzen im Aneignungsverhalten aufzuarbeiten und die Ergebnisse entsprechender Studien auf die konkreten Verhältnisse vor Ort anzuwenden. Dahinter steht auch die Einsicht, dass entsprechende Kinder- und Jugendstudien zu verallgemeinernden Aussagen über das Aneignungsverhalten der entsprechenden Zielgruppe kommen, die an sich schon einen großen Aussagewert besitzen. Ein Beispiel dafür sind die von Flade und Kustor 1996 herausgearbeiteten geschlechtsspezifischen Unterschiede im räumlichen Verhalten von Jungen und Mädchen. Solche Ergebnisse lassen sich der örtlichen Lebensweltanalyse zugrunde legen und dann auf einzelne Orte, spezielle Zielgruppen usw. konzentrieren.

In vorhandenen Konzeptionen ist aber ein Überblick über den Literaturstand oder auch nur die Einbeziehung einzelner Publikationen äußerst selten zu finden.

Auch die immer wieder durchgeführten Kinder- und Jugendbefragungen führen zu ähnlichen Ergebnissen, ohne dass diese aber in neue Konzeptentwicklungen einbezogen werden.

Eine Kultur für die Rezeption und Diskussion von Studien und relevanter Literatur muss unserer Einschätzung nach neu entwickelt werden. Es reicht nicht aus, die PraktikerInnen zu kritisieren, die nichts lesen.

Zum einen müsste auch die Praxis, d.h. Einrichtungen, Projekte, aber auch Jugendämter, Träger usw., viel stärker von der Wissenschaft und Forschung verlangen, dass diese ihr Wissen praxisnah – und d.h. verständlich und lesbar – vermittelt. Interessanterweise wird diese Forderung immer wieder von der Politik gestellt und dann erfüllt, wenn diese als Zuschussgeber und Finanzier von Forschung und Wissenschaft auftritt. Unter diesem Druck ist Forschung dann in der Lage, Kurzfassungen zu erstellen, sich verständlich auszudrücken. Gegenüber der Praxis herrscht aber immer noch das Ritual einer abgehobenen Forschung und Wissenschaft, die sich kompliziert und langatmig verbreitet und ihrem wissenschaftlichen Habitus entsprechend eben nicht praxistauglich agiert.

Zum anderen muss es in der Praxis wieder eine Kultur der Rezeption von Literatur geben: Warum ist es nicht möglich, dass sich die vielen Arbeitskreise und Besprechungen in einer strukturierten disziplinierten Weise auch mit Texten auseinandersetzen. Könnte es nicht Verabredungen darüber geben, dass Texte – etwa aus Fachzeitschriften wie der „deutschen jugend" – von einzelnen MitarbeiterInnen gelesen und den anderen vorgestellt werden?

Hier sind besonders Jugendpflegerinnen/Jugendpfleger und andere Fachkräfte aus dem intermediären Bereich in ihrem Rollenverständnis gefordert. Für sie ergibt sich die Aufgabe, diese neue Kultur in ihren Arbeitszusammenhängen zu etablieren und Praktikerinnen und Praktiker davon zu überzeugen.

Fragestellungen und Ziele formulieren

Wie das folgende Beispiel aus der Stadt Rastatt zeigt, ist es wichtig, zu Beginn der Konzeptentwicklung möglichst konkrete Fragestellungen zu entwikkeln. Zunächst geht es darum, wie in einem Brainstorming viele unterschiedliche Fragestellungen zu formulieren, um dann aus diesem Spektrum für die Analyse einen gezielten Fragenkatalog zusammenzustellen. Meist werden Fragen formuliert, die in drei unterschiedliche Richtungen gehen:

- sehr stark einrichtungsbezogene Fragestellungen
- Fragestellungen, die sich auf soziale Infrastruktur bzw. Daten aus dem Sozialraum beziehen und
- Fragestellungen, die sich auf die Lebenswelten von Kindern, Jugendlichen, Szenen, Cliquen usw. beziehen.

Nach einer breiten Formulierung sehr unterschiedlicher Fragestellungen geht es darum, diese im Hinblick auf Antwortmöglichkeiten und Methoden zu sortieren. So können Fragen nach der sozialen Infrastruktur oder der Bevölkerungsstruktur nicht mit den qualitativen Methoden beantwortet werden – hier kann man meist aus Daten aus der Jugendhilfeplanung zurückgreifen oder diese müssen entsprechend gewonnen werden. In einem weiteren Schritt werden die Fragen herausgefiltert, die sich mit den Sozialräumen und Lebenswelten von Kindern und Jugendlichen einzelner Szenen und Cliquen befassen, die also im Rahmen einer Lebensweltanalyse mit qualitativen Methoden beantwortet werden können.

Das Beispiel (Rastatt 2001) zeigt eine differenzierte Entwicklung von Fragestellungen:

„Mit der Analyse soll folgenden Fragestellungen nachgegangen werden:

- Welche soziale Infrastruktur prägt den Stadtteil (Einrichtungen, Vereine, Verbände, Kneipen, Einkaufszentren, Verkehr, etc.)?
- Wie gestaltet sich die Bevölkerungsstruktur des Stadtteils?
- Sind bestimmte soziale Problemlagen im Stadtteil von besonderer Bedeutung (z.B. Arbeitslosigkeit, Anteil Sozialhilfeempfänger, Alleinerziehende, Flüchtlinge...)?
- Wie gestaltet sich die soziale Infrastruktur für Kinder und Jugendliche in ihrer Freizeit (z.B. Angebote der Jugendarbeit, Jugendkneipen, Aktionsräume wie z.B. Pipe...)?
- Bestehen im Rahmen der Lebenswelterkundung Kooperationswünsche, -möglichkeiten mit anderen Trägern, Diensten oder Einrichtungen?
- Welche Orte im Stadtteil werden von Kindern/Jugendlichen in ihrer Freizeit aufgesucht, welche fungieren als Treffpunkte?
- Wer trifft sich?
- Was machen Kinder/Jugendliche am Treffpunkt?
- Welche Aneignungsmöglichkeiten bietet der Platz?
- Wie kommen Bedürfnisse der Kinder/Jugendlichen zum Ausdruck?
- Wie bewerten Kinder/Jugendliche selbst den Treffpunkt (Qualitäten/Beschränkungen)?
- Wie bewerten Kinder/Jugendliche den Stadtteil, in dem sie wohnen (Qualitäten/Beschränkungen)?
- Gibt es konkurrierende, „verfeindete“ Cliquen im Stadtteil, wie werden die Konflikte von den Beteiligten selbst bewertet, gelöst"

(Projektbericht Qualitätsentwicklung in der Offenen Jugendarbeit, sozialräumliche Konzeptentwicklung Kinder- und Jugendtreff, kommunale Jugendförderung Rastatt, Kinder- und Jugendtreff, Herrenstr. 28, 76437 Rastatt, August 2001, S. 13).

Diese Fragen verbinden Ansätze der Sozialraumanalyse (quantitative Daten) mit der Anwendung qualitativer Methoden einer Lebensweltanalyse.

Es erscheint uns wichtig, im ersten Schritt gezielte Fragestellungen zu formulieren und erst anschließend Methoden auszuwählen. Bei der frühzeitigen Vorstellung von Methoden kann es passieren, dass die MitarbeiterInnen einzelne Methoden favorisieren, weil sie sich diese z.B. im Rahmen ihrer Tätigkeit sehr gut vorstellen können. Bei einem solchen – sicher verständlichen – Verfahren kommen jedoch die Fragestellungen zu kurz und es wird möglicherweise erst nach der Durchführung einer Methode deutlich, dass eine Fragerichtung genauer formuliert werden muss.

Zur Vermeidung solcher Ungenauigkeiten empfehlen wir daher, zunächst Fragestellungen zu sammeln und diese entsprechend zu sortieren. Meist ergibt sich dann nach dem ersten Durchgang und der Auswertung der Ergebnisse einer ersten Methode eine notwendige Präzisierung der Fragestellung oder die Ergebnisse der ersten Methode führen dann zur Formulierung einer weiteren Fragestellung, der im Rahmen einer zweiten Methode nachgegangen werden muss.

Idealtypischer Aufbau einer Lebensweltanalyse – Methodischer und zeitlicher Ablauf

Wenn das Ziel einer Lebensweltanalyse die Erlangung qualitativer Einblicke in die Lebenswelten von Kindern und Jugendlichen eines bestimmten Sozialraums sein soll, so stellt sich die Frage, wie aufwendig ein solches Verfahren ist und welche Mindestanforderungen gestellt werden müssen.

Nachfolgend wird eine idealtypische Projektskizze vorgestellt, die zeigt, wie mehrere Einrichtungen im Rahmen eines praxisbegleitenden Projektes eine solche Lebensweltanalyse durchführen können. Wir gehen dabei davon aus, dass Einrichtungen nicht für Monate geschlossen werden können, sondern dass es eine sinnvolle Verbindung der praktischen Arbeit mit Kindern und Jugendlichen und der Konzeptionsentwicklung geben muss. Dass hierfür Ressourcen erforderlich sind, liegt auf der Hand und wird im Folgenden auch deutlich. Wir gehen weiter davon aus, dass ein solches Projekt über ein bis eineinhalb Jahre laufen muss, um über einen zeitlichen Rahmen zu verfügen, in dem überhaupt sinnvoll gearbeitet werden kann.

In der folgenden Übersicht schlagen wir vor, mit einem zwei- bis dreitägigen Seminarblock zu beginnen, in dem theoretische Grundlagen, Fragestellungen und die Festlegung eines ersten methodischen Schrittes formuliert werden sollen. Die Feldarbeit bedeutet die Durchführung der Methoden, deren Verschriftlichung parallel zur praktischen Arbeit mit Kindern und Jugendlichen geschehen bzw. in diese integriert werden.

Ziel der Lebensweltanalyse ist ein qualitativer Einblick in die Lebenswelt von Kindern und Jugendlichen eines bestimmten Sozialraumes als Grundlage für die Konzeptentwicklung der Jugendarbeit.

1. Seminar (2 Tage):
Einführung der theoretischen Grundlagen (sozialökologische Modelle), Klärung der Fragestellungen und der Ziele der Lebensweltanalyse, Einbeziehung der Ergebnisse relevanter Kinder- und Jugendstudien, Festlegung des ersten methodischen Schrittes, Auswahl einer Methode (etwa Cliquenportrait).

Feldarbeit parallel zur Praxis (2-3 Monate):
Durchführung der Methode, Verschriftlichung der Ergebnisse (am besten mit Unterstützung von außen, Treffen von Regionalgruppen zur Klärung von Schwierigkeiten bei der Durchführung).

2. Seminar (1-2 Tage):
Auswertung des ersten methodischen Schrittes, Interpretation, Abgleich mit den Zielen, Veränderung bzw. Präzisierung der Ziele, Einbeziehung weiterer Daten (insbesondere aus der Jugendhilfeplanung), Auswahl eines zweiten Schrittes und einer Methode.

Feldarbeit parallel zur Praxis: wie oben

3. Seminar (2 Tage):
Auswertung der beiden methodischen Schritte wie oben, zusätzlich: Vergleich der Ergebnisse der beiden Schritte, Einbeziehung von Ergebnissen von Jugendstudien und Untersuchungen, Vergleich.

Feldarbeit parallel zur Praxis: Durchführung einer weiteren Methode und Sammlung von fehlendem Material.

4. Seminar (2-3 Tage)
Zusammenfassung aller Ergebnisse, Vergleich und Interpretation, Verschriftlichung und Präsentation. Formulierung von Konsequenzen für die Jugendarbeit, Vorschläge für konzeptionelle Differenzierungen auf der Grundlage der Lebensweltanalyse.

Immer wieder wird die Frage gestellt, wie eine „Lebensweltanalyse light" aussehen kann, d.h. welcher Mindestaufwand erforderlich ist, um überhaupt Ergebnisse erzielen zu können, die für die Konzeptentwicklung hilfreich sind. Unsere Einschätzung ist die, dass mindestens zwei unterschiedliche Methoden miteinander kombiniert werden müssen, um ansatzweise brauchbare Ergebnisse zu erhalten. Außerdem sollten mehrere Einrichtungen und Projekte zusammenarbeiten, nicht nur, um sich gegenseitig zu unterstützen, sondern auch um Einblicke in die Ergebnisse der Methoden der jeweils anderen Einrichtungen und Projekte zu bekommen. So lässt sich innerhalb eines Sozialraums ein Gesamtbild erhalten.

Die Lebensweltanalyse als ein partizipativer und fachlich orientierter Prozess

Die Durchführung einer Lebensweltanalyse ist aufwändig, wenn sie zu vernünftigen Ergebnissen führen soll, und gehört unserer Meinung nach in den pädagogischen Alltag! Von daher muss gefragt werden, wie die Analyse selbst als fachlich „guter" Prozess angelegt werden kann. Es geht also nicht nur darum, Fragestellungen und Methoden „richtig" auszuwählen, sondern den Prozess auch nach fachlichen Kriterien zu gestalten. Diese sind nicht nur in den Kriterien einer Lebensweltorientierung zu finden, sondern auch in den Strukturmaximen der Jugendhilfe selbst. Die Frage lautet also, wie ein Prozess einer sozialräumlichen Konzeptentwicklung – insbesondere einer Lebensweltorientierung – als partizipativer und fachlich orientierter Prozess gestaltet werden kann.

Die MitarbeiterInnen des Projektes aus Rastatt haben die folgenden fünf fachlichen Kriterien für ihre Lebenswelterkundung formuliert:

„Kriterien für die Lebenswelterkundung

1. *Aktivierung und Beteiligung*
   Die Lebenswelterkundung soll dazu beitragen, Kinder/Jugendliche zu motivieren für ihre Interessen/Bedürfnisse einzutreten und Prozesse der Partizipation in Gang zu setzen.
2. *Jugendkulturelle Orientierung*
   Die Lebenswelterkundung soll einen Einblick in die jugendkulturelle Szene- und Stilbildung in den Stadtteilen ermöglichen.
3. *Cliquenorientierung*
   Die Lebenswelterkundung soll einen Einblick in die Beziehungsstrukturen, Lebens- und Interessenlagen der Cliquen in den Stadtteilen ermöglichen.
4. *Geschlechterorientierung*
   In allen Schritten der Planung und Umsetzung der Lebenswelterkundung werden die unterschiedlichen Entwicklungsaufgaben, Interessen, Bedürfnisse und spezifische Aspekte der Lebenssituation von Mädchen/Jungen berücksichtigt.
5. *Altersorientierung*
   In allen Schritten der Planung und Umsetzung der Lebenswelterkundung werden die altersspezifischen Bedürfnisse/Fähigkeiten/Interessen berücksichtigt.
6. *Stadtteilorientierung*
   Die Lebenswelterkundung wird in den Stadtteilen Rastatt-West, Rastatt-Mitte und Rastatt-Süd (in Verbindung mit der Abt. Stadtteilarbeit) durchgeführt.
7. *Kooperation und Vernetzung*
   Eine Zusammenarbeit bei der Umsetzung der Lebenswelterkundung mit geeigneten Personen/Institutionen wird angestrebt“ (Rastatt 2001, S.14)

In einem weiteren Schritt der Qualifizierung des Prozesses der Lebensweltanalyse geht es darum, diese auch nach den Kriterien einer fachlich orientierten Qualitätsarbeit zu gestalten.

Alle Kriterien für die Lebenswelterkundung wurden differenziert nach Ergebnis-, Prozess- und Strukturzielen. Zu den jeweiligen Zielen wurden Indikatoren und „Messverfahren“ erarbeitet.

Anhand dieser Kriterien wird deutlich, dass ein solcher Prozess keine von außen aufgesetzte Forschung ist, sondern integraler Bestandteil einer fortschrittlichen Kinder- und Jugendarbeit sein kann, die sich entsprechend der Maxime des SGB VIII bzw. des Achten Jugendberichtes ausrichtet.

Das folgende Beispiel der Einrichtung aus Rastatt zeigt, wie die Schritte einer Lebensweltanalyse auch in Bezug auf die Strukturmerkmale moderner Qualitätsarbeit, insbesondere die gängige Operationalisierung auf Ereignis-, Prozess- und Strukturebene operationalisiert werden können:

„Aktivierung und Beteiligung

	Handlungsziele	Indikatoren	Mess-verfahren
Ergebnisebene	Kinder und Jugendliche äußern und entwickeln eigene Vorstellungen über a) die Jugendarbeit im Stadtteil bzw. in der Stadt b) die Gestaltung des Stadtteils	– Das Projektteam kennt Wünsche, Vorstellungen, Interessen von Ki./Ju. – Ki./Ju. fragen nach Angeboten – Ki./Ju. aus den Stadtteilen suchen den Kontakt zu ProjektmitarbeiterInnen – Ki./Ju. üben Kritik – Ki./Ju. machen eigene Vorschläge	Dokumentation Reflexion im Team
	Kinder und Jugendliche äußern sich zu ihrer Lebenssituation im Stadtteil/in der Stadt	– Jugendliche beschreiben und bewerten ihre eigene Lebenssituation im Stadtteil/in der Stadt – Ki./Ju. nennen Wünsche, Kritik, Meinungen ... – Das Projektteam kann Lebenslagen aus der Sicht der Ki./Ju. beschreiben.	
	Kinder/Jugendliche beteiligen sich aktiv an der Lebensweltererkundung	– Ki./Jugendliche beteiligen sich in unterschiedlichen Phasen der Lebenswelterkundung – Ki./Ju. geben Anregungen, machen eigene Vorschläge – Ki./Ju. übernehmen Aufgaben	
Prozessebene:	Das Projektteam knüpft Kontakte baut Beziehungen auf zu Ki./Jugendlichen aus den Stadtteilen	– Das Projektteam kennt unterschiedliche Ki./Ju. aus den Stadtteilen und hat regelmäßig Kontakt – Gemeinsame Aktivitäten	Dokumentation Reflexion im Team
	Die Jugendlichen haben die Möglichkeit, sich zu ihren Interessen/Bedürfnissen zu äußern	– Ki./Ju. haben regelmäßig die Möglichkeit, mit ProjektmitarbeiterInnen im Kontakt zu sein und Gespräche zu führen	Dokumentation: Häufigkeit der Präsenz und Kontakte bzw. Gespräche
Strukturebene:	Das Projektteam verfügt über – notwendige Ressourcen (Zeit, Personal)	– Zeitplan, Personaleinsatzplan	Arbeitszeitnachweis
	– geeignete Methoden	– Anwendung aktivierender Methoden	Dokumentation, Auswertung
	– fachliche Kompetenten zuAktivierung und Beteiligung	– Methodisches Wissen zu sozialräumlicher Lebensweltanalyse	Teamreflexion Auswertung der Methoden"

(Rastatt 2001, S.16)

3.3. Exemplarische Modelle einer sozialräumlichen Konzeptentwicklung

Beispiel: Entwicklung der Konzeptionen und neuer Schwerpunkte von Einrichtungen der Offenen Arbeit mit Kindern

Im ersten Beispiel einer Konzeptentwicklung in der Offenen Arbeit mit Kindern der kommunalen Einrichtungen der Stadt Wiesbaden wird deutlich, wie eine komplexe didaktisch-methodische Struktur eines solchen Prozesses aussehen kann, dessen zentrales Element eine Lebensweltanalyse ist, die aber auch zum Teil oben genannten Elemente einer Konzeptentwicklung aufnimmt, etwa die Frage der Werte und persönlichen Ziele der MitarbeiterInnen, der Ergebnisse der Kindheitsforschung in Bezug auf die Offene Kinderarbeit etc.

Konzeption der Offenen Arbeit mit Kindern der Stadt Wiesbaden. Ein Bericht über die Konzeptentwicklung, Landeshauptstadt Wiesbaden, Amt für Soziale Arbeit, Postfach 3920 65029 Wiesbaden)

Ziel dieser Konzeptentwicklung war die Formulierung jeweils eines neuen Schwerpunktes für jede Einrichtung der Offenen Arbeit mit Kindern. Über die Lebensweltanalyse und die Formulierung solcher Schwerpunkte hinaus sollten diese Schwerpunkte auch operationalisiert und in einem ersten Schritt evaluiert werden. Insofern beinhaltete das Projekt nicht nur die Lebensweltanalyse, sondern weitere Bausteine einer Qualitätsarbeit (s. unten), etwa die Operationalisierung von Zielen, die Formulierung von Indikatoren und die Bildung von so genannten Messwerten. In der Projektskizze zeigt sich eine sinnvolle Verbindung sozialräumlicher Konzeptentwicklung, insbesondere einer Lebensweltanalyse, mit weiteren Bausteinen einer Qualitätsarbeit, so wie sie in dem Kapitel zur Verbindung sozialräumlicher Konzeptentwicklung mit Qualitätsarbeit in diesem Buch diskutiert werden.

"1. Workshop (19. bis 20. Oktober 1999) – Situationsanalyse der Einrichtungen, Klärung der Gremien, Aufgaben und Rollen – Methoden der Lebensweltanalyse: Klärung der Begriffe, Kennenlernen und Auswahl von Methoden
2. Workshop (12. bis 13. Januar 2000) – Erste Ergebnisse der Lebensweltanalyse – Erarbeitung der persönlichen Ziele und zugrunde liegenden Werte der MitarbeiterInnen. – Ergebnisse der Kindheitsforschung, Anforderungen an die Offene Arbeit mit Kindern
3. Workshop (13. bis 14. März 2000) – Die Operationalisierung von Zielen und die Bildung von Indikatoren, Schlüsselprozesse und Schlüsselsituationen – Zwischenauswertung und Auswahl einer zweiten Methode der Lebensweltanalyse.
4. Workshop (5. bis 6. Juni 2000) – Präsentation der Ergebnisse der Lebensweltanalyse und der daraus resultierenden Anforderungen an die Offene Arbeit mit Kindern. – Beschreibung eines Schwerpunktes und der entsprechenden Wirkungs- und Handlungsziele für jede Einrichtung

5. Workshop (21. bis 22. August 2000) – Präsentation der mit dem Team ausgehandelten Schwerpunkte sowie deren Operationalisierung (mit dem Amtsleiter). – Instrumente zur Evaluation kennenlernen, Evaluation der Schwerpunkte planen, – Verschriftlichung der Konzeptentwicklung nach einer einheitlichen Gliederung.
6. Workshop (29. bis 20. Januar 2001) – Verlauf und Ergebnisse der Evaluation der Schwerpunkte – Vorstellung des Projektes und seiner Ergebnisse in der Abteilungsbesprechung – Verschriftlichung der Konzeption: Gegenseitige Vorstellung und Textwerkstatt – Planung der weiteren Arbeit nach Ende des Projektes" (Wiesbaden 2002, S.2-3)

Die Ergebnisse dieser Konzeptentwicklung werden in Kapitel 8 beschrieben.

Beispiel: Veränderung der Einrichtungskonzeption auf der Basis der Lebensweltanalyse und der Einbeziehung einer „Ideenwerkstatt"

In diesem Beispiel des Kinder- und Familienzentrums 9, einer Einrichtung des Vereins Wiener Jugendzentren wird der strukturierte Ablauf einer Konzeptentwicklung dargestellt, dessen Kern ebenfalls eine Lebensweltanalyse beinhaltet. Am Beginn des Prozesses stand aber eine Ideenwerkstatt, die das Ziel verfolgte, Phantasien und Utopien über zukünftige Formen der Kinder- , Jugend- und Erwachsenenförderung zu entwickeln, in der auch der Einrichtung eine neue Positionierung im Stadtteil zugedacht werden sollte.

Die vielen gesammelten Ideen wurden als „Ideenspeicher" abgelegt und erwiesen sich in späteren Phasen der Konzeptentwicklung als äußerst hilfreich bei der Ausformulierung neuer Angebotsformen. Durch die intensive Auseinandersetzung mit dem Stadtteil entstanden aber auch Fragestellungen, die in das Konzept einer Lebensweltanalyse einfließen konnten.

Anlass für die konzeptionellen Neuvermessung dieser kleinen Einrichtung im 9. Wiener Gemeindebezirk war die Entscheidung den „Schülerclub", eine Horteinrichtung für 20 VolksschülerInnen, der täglich von 12 bis 17 Uhr stattfand, auslaufen zu lassen. Vor etlichen Jahren hatte das damalige Jugendzentrum aus einem akuten Hortplatzmangel im Bezirk heraus die „außerschulische" Nachmittagsbetreuung der Kinder übernommen. Dies hatte sich damals auch angeboten, weil die Einrichtung für einen „klassischen" offenen Jugendbetrieb immer schon zu klein und auch baulich ungünstig (schmaler Eingangsbereich, der direkt in ein Stiegenhaus mündet, kleine, auf 2 Stockwerken gelegene Räume, verwinkelte schmale Gänge) gestaltet war. Neben dem zeitintensiven Schülerclub hatten sich dann, auch gutbesuchte Angebotsformen für Mütter und Kinder, bzw. ein Migrantinnenschwerpunkt entwickelt.

In der angestrebten neuen Konzeption sollte die Ausrichtung wieder vermehrt auf den Bezirk konzentriert und um zusätzliche Zielgruppen und Aktivitäten erweitert werden. Für die Entwicklung einer neuen Hauskonzeption wurde ein Prozess der Konzeptentwicklung entworfen, der 5 hintereinanderfolgende Schritte vorsah und innerhalb eines Jahres (incl. Durchführung einer ausdifferenzierten Lebensweltanalyse unter Anwendung mehrer Methoden) zu einer neuen, sozialräumlich orientierten Konzeption führte.

1. Schritt: Die Ideenwerkstatt:
Als erster Schritt wurde eine „Ideenwerkstatt" durchgeführt, in der assoziative Bilder einer gemeinwesenorientierten Einrichtung mit verschiedensten Zielgruppen entworfen wurde.

Um sich gedanklich von der Einrichtung und den bestehenden Angebotsformen loslösen zu können, war es wichtig als Einstieg den Fokus auf den Stadtteil zu richten. Dies gelang dadurch, dass in der Einstiegsphase, alle Gruppierungen des Stadtteils - möglichst ausdifferenziert -, sowie alle sozialen Institutionen, Freizeitanbieter etc. aufgelistet wurden.

In einer zweiten Phase wurden zuerst alle Stärken des Stadtteil aufgelistet und dann durch weitere Überlegungen, was es noch – bezogen auf die eingangs beschriebenen Zielgruppen – geben könnte, erweitert.

Erst am Ende des workshops wurde die Einrichtung einbezogen und gefragt, in welchen der aufgeworfenen Bereiche sie Impulse gestalten oder selbst Angebote machen könnte.

Die Zielvorstellung in der moderierten Werkstatt orientierte sich an einem imaginären Bild der Einrichtung, die 2005 (das Projekt fand 2000 statt) der zentrale „Motor" der sozialen Infrastruktur des Bezirkes (Arbeitstitel: „der Puls" des Bezirkes) sein würde.

Im Laufe eines Tages wurden über 80 Schwerpunkte gesammelt, die sich auf Kinder, Mädchen, jüngere Jugendliche, Jugendliche, auf Stadtteilarbeit und Projekte im Bereich der Vernetzung und Kooperation bezogen.

Die Utopien wurden in einem „Ideenspeicher" abgelegt und erst bei der Konkretisierung der neuen Konzeption wieder verwendet.

2. Schritt: Konzeption und Durchführung einer sozialräumlich orientierten Lebensweltanalyse
Um die Stärken und Schwächen der Region und die Aneignungs- und Nutzungsformen der öffentlichen Räume seitens der Kinder, Jugendlichen und Erwachsenen in Erfahrung zu bringen wurde ein umfangreiches Verfahren einer Lebensweltanalyse gestartet.

Das entsprechend entwickelte Konzept sah eine „strukturierte Stadtteilerkundung" verbunden mit „Stadtteilbegehungen" mit Kindern, Jugendlichen, aber auch Erwachsenen vor. Das dadurch erworbene Wissen über die sozialräumlichen Zusammenhänge des Bezirkes floss in eine umfangreiche „Institutionenbefragung" ein, die mit 16 Einrichtungen im Bezirk durchgeführt wurde. Die Umsetzung der Lebensweltanalyse dauerte ein halbes Jahr und fand neben dem normalen Betrieb statt, der aber für dieses Projekt entsprechend reduziert wurde.

3. Schritt: Bewertung der Ergebnisse der Lebensweltanalyse und der bestehenden Angebotsstruktur
Im schwierigsten Schritt der Konzeptentwicklung wurden die Bedarfe, die sich aus der Lebensweltanalyse ergeben hatten und die bestehenden Angebote, unter dem Blickwinkel der angestrebten Gemeinwesenorientierung, bewertet.

Mit Unterstützung von MitarbeiterInnen der Fachberatung des Vereins Wiener Jugendzentren wurden nun Entscheidungen für neue Angebotsformen und Zielgruppen und der Weiterführung stadtteilbezogener Angebotsformen des „alten" Konzeptes getroffen.

4. Schritt: Einbeziehung des Ideenspeichers bei der Entwicklung neuer Angebotsformen:
Um passende Formen für neue Angebote, die den durch die Lebensweltanalyse erhobenen Bedarfen entsprechen zu entwerfen, wurde nun wieder auf den – mittlerweile seit einem Jahr ungeöffneten – Ideenspeicher zurückgegriffen. Hier fanden sich – was nicht vorausgesetzt werden konnte – eine Menge Ideen, die in den neuen Angebotsformen aufgegriffen werden konnten.

5. Schritt: Festlegung der neuen Angebotsformen und Verschriftlichung der neuen Konzeption
Als letzter Schritt der erfolgreichen Konzeptentwicklung wurden nun die neuen Zielsetzungen beschrieben und in geeignete Angebotsstrukturen übersetzt. In einer öffentlichen Präsentation wurde das neue Konzept und die damit veränderte Namensgebung „Z 9" („Zentrum NEUn") der Einrichtung dann dargestellt.

Die Ergebnisse dieser Konzeptentwicklung werden in Kapitel 8 beschrieben.

Sozialräumliche Konzeptentwicklung im „Kleinformat"

Die folgenden sechs Schritte einer cliquenorientierten Mobilen Jugendarbeit, die während eines Seminars entwickelt wurden, zeigen, wie sinnvoll eine sozialräumliche Konzeptentwicklung auch für ein einzelnes Projekt – in diesem Fall der Mobilen Jugendarbeit – sein kann. Hier wird das gesamte Verfahren sehr stark reduziert, trotzdem entsteht ein in sich geschlossener Handlungsplan, der insbesondere den in der Mobilen Jugendarbeit weit verbreiteten „Fehler" vermeidet, mit Cliquen zu arbeiten, die entweder auf Grund von negativer Auffälligkeit durch Politik zugewiesen werden, oder die sich eher zufällig über Kontakte ergeben.

Mit den folgenden Handlungsschritten wird versucht, über die Methode eines Cliquenkatasters bedarfsgerecht anzusetzen und eine entsprechende Mobile Jugendarbeit zu etablieren.

Schritte einer cliquenorientierten mobilen Jugendarbeit

- Cliquenkataster zur Übersicht der vorhanden Cliquen und Szenen im Stadtteil
- Entscheidung: Wo besteht welcher Bedarf, mit welcher Clique kann ich arbeiten?
- Kontakt herstellen, Cliquenbiographie erstellen
- Bedürfnisklärung
- Umsetzung und Begleitung, z.B. Raum organisieren
- Ablösungsprozess: Ablösung der Gruppe, eigene Distanzierung

Mit Hilfe eines solchen Schemas kann eine Lebensweltanalyse sehr effektiv gestaltet und sogar evaluiert werden. Insbesondere unter dem Aspekt der Aktivierung und Beteiligung von Kindern und Jugendlichen werden hier auf der Ergebnisebene Indikatoren formuliert, die die Beteiligung von Kindern und Jugendlichen sehr stärken.

3.4. Konsequenzen von sozialraumorientierten Lebensweltanalysen für die Konzeptentwicklung in der Jugendarbeit

Abschließend sollen aus den mittlerweile vielfältigen Erfahrungen bereits durchgeführter Projekte der Lebensweltanalyse einige Konsequenzen für die konzeptionelle Ausrichtung der Einrichtung benannt werden. (vgl. Krisch 2000: 153ff)

- Als Basis der Neukonzeptionierung einer Einrichtung erweist sich eine umfassende sozialräumliche Lebensweltanalyse mit der Bündelung von verschiedensten Methoden als erfolgreiche Vorgangsweise. Dies erlaubt, Konzepte nicht wieder „von innen" heraus zu entwickeln, sondern entsprechend einer – zu erforschenden sozialräumlichen Konstituierung eines Stadtteils – hinreichend differenzierte und der Sozialraumstruktur angepasste Angebote zu setzen.
  Ausgehend von der Einholung des entsprechenden Datenmaterials führt bspw. die Kombination von strukturierten Stadtteilbeobachtungen, anschließende Stadtteilbegehung mit Kindern, weiblichen und männlichen Jugendlichen, Leitfadeninterviews mit Institutionen und die Befragung relevanter Zielgruppen zu umfangreichen Informationen, die zu einer gänzlichen Veränderung des Konzepts führen können. Die Jugendarbeit als „ein Raum unter vielen" kann hier entsprechend der Bedürfnisse und Interessen, aber auch der im Sozialraum bestehenden „Angebotsnischen" ihre besondere und differenzierte Qualität entfalten.
- Einzelne Methoden können aber auch zur Beantwortung von speziellen Fragen der Konzeptentwicklung dienen. Gerade die Durchführung einer

umfassenden Fremdbilderkundung oder die Anwendung der Nadelmethode kann zu einer Veränderung der Öffentlichkeitsarbeit führen. Die Befragung aller Institutionen über deren Fremdbild, Kooperationswünsche etc. kann nicht nur präzisere Ausmachungen über Kooperationen, sondern auch ein ganz neues Image der Jugendeinrichtung in der Region bewirken.

– Sozialräumlich orientierte Lebensweltanalysen erlauben aber auch klarere und auch für „Nichtfachleute“ verständlichere Begründungen der Jugendarbeit. Nicht „Offene Jugendarbeit für benachteiligten Jugendliche“, sondern „bestimmte Angebote für konkrete Cliquen mit bestimmten Problem- und Bedürfnislagen“ stehen im Vordergrund. Die Darlegung von konkreten Problemstellungen und Vorgängen im Bezug zum Stadtteil und der damit begründete konzeptionelle Bezug der Jugendarbeit, führt zu einer nachvollziehbareren Beschreibung der oft schwer darstellbaren „offenen“ Jugendarbeit.
– Die Durchführung von einzelnen Schritten der Lebensweltanalyse bedingt auch eine „indirekte“ Konzeptveränderung im Sinne einer zunehmenden infrastrukturellen Bedeutung der Einrichtung bzw. der MitarbeiterInnen. (vgl. dazu: Krisch 1998) Die JugendarbeiterInnen werden durch diese Anwendungen zu „Sozialraum-Fachleuten“ in der Siedlung, die Lebensweltanalyse stellt eine Methode zur Vermittlung von StadtteilexpertInnen-Wissen dar. Dabei wird beispielsweise die schriftliche Darstellung einer umfassenden Lebensweltanalyse zu einer Qualitätsdarstellung der Jugendarbeit, die sich eben nicht nur auf die Einrichtung bezieht und auch anderen Institutionen wertvolle Informationen über Vorgänge im Gemeinwesen vermitteln kann.
– Ebenso führt die Durchführung von sozialräumlichen Lebensweltanalysen zur Förderung eines gemeinwesenorientierten Blickwinkels standortorientierter JugendarbeiterInnen. Zu beobachten ist immer wieder, dass die Wahrnehmungen der MitarbeiterInnen der Offenen Jugendarbeit in Jugendzentren oder -treffs verständlicherweise oft sehr standortorientiert sind. Der Blickwinkel – besonders bei der Weiterentwicklung des Konzeptes – ist daher sehr stark von den anwesenden BesucherInnen des Jugendzentrums, meist auch von der Annahme eines gutes Images im Stadtteil und einer gewissen Bekanntheit etc. geprägt. Durch die umfassende und vielschichtige offene Arbeit in der Einrichtung kann natürlich das Image im Stadtteil, Vorgänge im Stadtteil bezogen auf die Zielgruppen, anderen Institutionen oder politischen EntscheidungsträgerInnen nicht entsprechend wahrgenommen werden. Die Standortgebundenheit dieses Denkens verhindert daher auch die differenzierte Sicht auf die Vorgänge im Gemeinwesen bzw. die Ausformungen der Veränderungen der örtlichen Kinder- und Jugendkulturen. Mit der Durchführung von „kleinen Feldstudien“ geht eine differenziertere Einschätzung der Vorgänge „außerhalb“ einher (vgl. Lindner 2000: 10).
– Die strukturierte Auseinandersetzung mit den Lebenswelten dient zudem der Überprüfung eigener Alltagstheorien der MitarbeiterInnen und könnte

deren einrichtungsbezogenes Denken relativieren. Hier ist auch die Auseinandersetzung mit der Bedeutung des Erwerbs sozialräumlicher Kompetenzen im Zusammenhang der täglichen Jugendarbeit zu führen. Möglicherweise könnten geringfügig reduzierte Öffnungszeiten, verbunden mit der gleichzeitigen Entwicklung von „Geh“-Strukturen, – mit dem Ziel, präzisere Einschätzungen der sozialräumlichen Bedingungen und Lebensformen von differenzierten Kinder- und Jugendkulturen im Stadtteil zu erhalten –, längerfristig die Qualität der Einrichtung verbessern.

- Letztlich erlaubt die Anwendung der Methoden die Erweiterung des Kontaktes zu bisher unbekannten Kindern und Jugendlichen. Zu beobachten ist, dass durchaus verständliche Ängste, im Stadtteil vor allem wieder jene zu treffen mit denen man auch in der Einrichtung manifeste Konflikte hatte, zumeist unbegründet sind. Vielmehr lässt sich eine sehr positive Resonanz von Kindern, Jugendlichen (auch jenen, die nicht mehr ins Jugendhaus kommen dürfen) und Erwachsenen im Sinne von „Aha, ihr interessiert euch für uns auch außerhalb des Jugendhauses" erkennen. Dies ist oft mit Anerkennung der JugendarbeiterInnen gekoppelt, was wiederum nicht nur deren Bekanntheit im Stadtteil steigert, sondern auch zu vielen Anfragen über die Angebote der Einrichtung führt.

4. Benötigt sozialräumliche Konzeptentwicklung Theorien?

(Albert Scherr)

Sozialräumliche Konzeptentwicklung hat in der Jugendarbeit Konjunktur. Die hängt nicht zuletzt damit zusammen, dass sie Anregungen zu einem produktiven Umgang mit einem Grundproblem pädagogischer Praxis gibt. Zwar lässt sich das berühmt-berüchtigte Theorie-Praxis-Problem nicht lösen. Unbestreitbar liegt ein wesentlicher Beitrag des sozialräumlichen Ansatzes zur fachlichen Weiterentwicklung der Jugendarbeit jedoch darin, zur Verschränkung von Theorie und Praxis beizutragen, indem aufgezeigt wird, *warum* und *wie* Theorien, insbesondere sozialökologische Modelle und sowie das Theorem der Raumaneignung, für die Planung und Gestaltung von Praxis bedeutsam sind.

So betrachtet ist sozialräumliche Konzeptentwicklung keine Methode, die unabhängig von theoretischen Fundierungen für beliebige Zwecke verwendet werden könnte, sondern ein Verfahren, das theoretische Voraussetzungen hat und dessen Verwendung theoretische Klärungen einschließt.

Dagegen wurden und werden sozialräumliche Methoden immer wieder in heterogenen Zusammenhängen als Sozialplanungstechniken eingesetzt, die darauf ausgerichtet sind, den Sozialraum zu überwachen, zu kontrollieren und zu beherrschen. So gab und gibt es auch im Kontext von Kriminalprävention, Kriminalitätsbekämpfung und Armutsbekämpfung Bemühungen, die Orte der Kriminalität, der Armut, des Sozialhilfebezugs usw. in einer Stadt ausfindig zu machen und auf dieser Grundlage Interventionskonzepte zu entwickeln. Dies verbindet sich gegenwärtig mit Tendenzen, individuelle Leistungsansprüche durch so genannte Sozialraumbudgets zu ersetzen, die für sozialstaatliche Leistungen festgelegt werden (s. dazu Münder 2001: 13f.). Sozialraumanalysen sind auch ein selbstverständliches Element der Stadt- und Raumplanung. Historisch ältere Konzepte der Sozialkartographie zielen auf die Ermittlung „gemeindeschädigender Regionen" und wurden deshalb nicht zufällig in der Zeit des Nationalsozialismus verwendet. Erfasst wurden hierzu u.a. die amtlich registrierten „Fürsorgezöglinge" und ab 1931 alle straffällig gewordenen Jugendlichen (s. Bommes u.a. 1991: 86ff.).

Insofern hat eine solche Jugendarbeit, die sich als emanzipatorische und subjektorientierte Praxis im Interesse Jugendlicher versteht (s. Scherr 1997) – also nicht als verlängerter Arm ordnungspolitischer und kriminalpräventiver

Strategien – und darauf ausgerichtet ist, Versuche selbstbestimmter Raumaneignung zu unterstützen (s. Deinet 2001), Anlass von der Idee Abstand zu nehmen, es könne eine wert- und zweckfreie Methode Sozialraumanalyse bzw. sozialräumliche Konzeptentwicklung geben. Deshalb ist eine theoretische begründete Auseinandersetzung mit den gesellschaftlichen Bedingungen, den Zielen und Methoden von Jugendarbeit im Rahmen sozialräumlicher Konzeptentwicklung unverzichtbar.

4.1. Sind Theorie und Praxis zwei getrennte Welten?

Dass seit Beginn der 1990er-Jahre eine konzeptionell fundierte und qualifizierte Jugendarbeit eingefordert wird, hat seinen Grund vor allem in dem immer wieder beklagten Auseinanderfallen von ‚Theorie' und ‚Praxis'. Dieses Auseinanderfallen wurde und wird nach zweiten Seiten hin problematisiert:

- *Gegen Theorien* richtet sich der Vorwurf, dass sie zu ‚praxisfern' angelegt sind und keine Relevanz für das Alltagsgeschäft der Jugendarbeit haben. *Gegen TheoretikerInnen* wird argumentiert, dass sie die ‚der Praxis' nicht kennen und deshalb Ideen formulieren, die die Bedingungen der Praxis ignorieren.
- Demgegenüber weist die *Kritik der Praxis* darauf hin, dass eine solche Jugendarbeit, die auf theoretisch fundierte Begründungen und Reflexionen verzichtet, in der Gefahr steht, sich auf das Abarbeiten von Wochenplänen und Jahresplanungen, eingespielten Routinen, auf Krisenmanagement und gelegentlichen Vorzeigeaktivitäten zu beschränken. *Kritik der PraktikerInnen* weist darauf hin, dass diese in oft Unkenntnis der Theorien, d.h. auf der Grundlage ihres Alltagswissen und persönlicher Überzeugungen agieren.

Die Berechtigung und Tragfähigkeit beider Richtungen der Kritik ist hier nicht zu diskutieren (s. Dewe u.a. 2001). Hinzuweisen ist zunächst nur auf fünf Aspekte:

- Zweifellos ist es auch im Rahmen der Konzeptentwicklung nicht möglich, Vorgehensweisen und Entscheidungen *umfassend* und *systematisch* wissenschaftlich zu begründen. Dies zu fordern, käme zweifellos einer Überforderungen von PraktikerInnen bei, und selbst TheoretikerInnen der Jugendarbeit sind nicht immer in der Lage, ihrer Analysen und Entwürfe an harten Kriterien wissenschaftlicher Theoriebildung auszurichten. Zudem gibt es nicht eine einheitliche Theorie der Jugend und klare Maßstäbe dessen, was Jugendliche brauchen oder nicht. Die enorme Fülle der theoretischen und empirischen Jugendstudien überblick kaum noch jemand, und die jeweils neueste Studie ist keineswegs zwangsläufig die beste. Deshalb kann es zweifellos „nur" darum gehen, sich in dem jeweils gegebenen Rahmen in dem Maß auf Theorien einzulassen, wie dies erforderlich ist, um die eigene Praxis *verantwortlich* gestalten, begründen und analysieren zu können. Eine perfekte theoretische Fundierung aus der sich zwingend ableitend lässt, wie Jugendarbeit zu gestalten ist, kann es nicht geben.

- Theorien sind nicht besser oder höherwertiger als Praxis, aber Praxis ist auch nicht besser und höherwertiger als Theorie! Es gibt gute und schlechte Theorien ebenso wie gute und schlechte Praxis, und die Verantwortung für entsprechende Bewertungen muss jede/r selbst übernehmen.
- Es ist unverzichtbar, im Rahmen der Konzeptentwicklung Ressourcen (Arbeitszeit, Geld für Workshops und Seminare) einzufordern, die eine angemessne Auseinandersetzung mit Theorien und Forschungsergebnissen ermöglichen.
- Ohne Zweifel kann man Theorien nicht einfach anwenden, d.h. nicht aus Theorien und Forschungsergebnissen direkt ableiten, was in der Praxis zu tun und zu lassen ist. Praxisgestaltung und -reflexionen kann jedoch von der Auseinandersetzung mit den Denkangeboten von Theorien profitieren, wenn es gelingt, diese kreativ und eigensinnig im Kontext der eigenen Praxis zu verwenden
- „Die Praxis" gibt es ebenso wenig wie „die Theorie"! Praxis umfasst unterschiedliche Dimensionen (Planung, Konzeptentwicklung, Begründung von Entscheidungen, Durchführung, Nach-Denken über vergangene Praxis), in denen unterschiedliche Theorien nützlich sein können:

Dimensionen der Praxis

- die direkte Interaktion mit Jugendlichen in heterogenen situativen Kontexten (z.B.: informelles Gespräch, Beratungsgespräch, gemeinsames Handeln einer Gruppe, offener Betrieb);
- die kurz-, mittel- und langfristige Planung pädagogischer Situationen (z.B. einer erlebnispädagogischen Freizeit, eines Jugendbildungsseminars, die Vorbereitung einer Diskothek, die Erstellung eines Jahresprogramms), einschließlich der Festlegung jeweiliger Ziele und Methoden;
- die Entwicklung eines Rahmenarrangements, in das die einzelnen pädagogischen Situationen eingebettet sind (Konzeptentwicklung);
- die Mitwirkung an der Formulierung der Ziele und Aufgaben einer jugendpädagogischen Einrichtung, einschließlich der Teilhabe an öffentlichen, fachlichen und politischen Debatten über diese Ziele und Aufgaben;
- die individuelle Vergewisserung über Aufgaben, Ziele und Formen des eigenen pädagogischen Handelns sowie die Verständigung darüber zwischen denen, die als Team gemeinsam arbeiten;
- das Nachdenken über den Verlauf, die Erfolge und Misserfolge der eigenen Praxis (Reflexion).

Nützlich sind Theorien zweifellos weniger in der direkten Interaktion, aber unverzichtbar sind sie für eine fachliche verantwortbare Planung, Rahmengestaltung und Reflexion der Praxis.

Generell kann der Nutzen von Theorien für die Praxis darin gesehen werden, dass sie

- eine genauere und komplexere Sichtweise der Bedingungen und des Verlauf von Praxis ermöglichen als das Alltagswissen (Gute Theorien erkennt man nicht zuletzt daran, dass sie einem Sichtweisen und Einsichten ermöglichen, die ohne Theorien nicht zugänglich waren.);
- es ermöglichen zu überprüfen, ob die eigenen subjektiven Einschätzungen, Wahrnehmungen und Überzeugungen mit dem übereinstimmen, was die Wissenschaften als „objektives" Wissen anbieten;
- dazu auffordern, eigene Wahrnehmungen, Beobachtungen, Erfahrungen und Überzeugungen mit theoretischen Mitteln, also anders als gewohnt zu durchdenken sowie
- dazu zwingen, die Überzeugungen, Werte und Normen, mit denen man als PädagogIn handelt, also das eigene professionelle Selbstverständnis, zu überdenken und zu begründen.

Welche Theorietypen sich wofür eignen, wird in der folgenden Tabelle skizziert:

Unterschiedliche Theorien	**Gebrauchswert der Theorien im Rahmen der Konzeptionsentwicklung**
Jugendpädagogische Theorien/ Theorien der Jugendarbeit	Antworten auf die Fragen „Was wollen und können wir mit der Jugendarbeit erreichen?", „Wozu benötigen Jugendliche Erziehung und Bildung?" usw.
Theoretisch-konzeptionelle Rahmenentwürfe für die Jugendarbeit	Antworten auf die Fragen wie „Was sind die Bedingungen und Möglichkeit, offener Jugendarbeit, verbandlicher Jugendgruppenarbeit, themenorientierter Jugendbildungsarbeit usw.", „Was kennzeichnet Mädchen- und Jungendarbeit?", „Was sind die Besonderheiten subjektorientierter, emanzipatorischer, sozialintegrativer, präventiver, interkultureller, antirassistischer usw. Jugendarbeit?"
Sozialwissenschaftliche und psychologische Jugendtheorien	Antworten auf die Fragen nach den Bedingungen, Problemen, Formen und Verläufen des Heranwachsens in der Gegenwartsgesellschaft, die Unterschiede des Heranwachsens in sozialen Klassen, Schichten und Milieus, die Bedeutung von Jugendcliquen und Jugendkulturen usw.
Theorien und Methodenlehren empirischen Sozialforschung, insbesondere der Feld- und Biographieforschung	Verfahren zur Erforschung der konkreten Lebensbedingungen und Lebensentwürfen von lokalen Zielgruppen der Jugendarbeit
Sozialpädagogische Methodenlehren	Wissen über und zur Erreichung von Handlungszielen geeigneten Settings und Handlungsmustern
Selbstevaluationskonzepte	Verfahren für die selbstkritische Überprüfung des vollzogenen Handelns

Diese grundsätzlichen Überlegungen sollen im Weiteren bezogen auf die Praxis der sozialräumlichen Konzeptentwicklung etwas näher verdeutlicht werden.

4.2. Das eigenständige Sozialraumkonzept der Jugendarbeit

In diesem Band wird ein bestimmter, theoretisch voraussetzungsvolles Verständnis des Sozialraums zu Grunde gelegt. Zentral dafür ist die Vorstellung des Raumes als Ort der eigensinnigen und eigenständigen Praxis von Szenen und Cliquen und das Interesse, diesen so zu gestalten, dass Jugendliche Räume vorfinden, die nicht bloße Arbeits-, Konsum- und Kontrollräume sind, sondern gestaltbare Orte, die jugendkulturelle Praxis zulassen und Jugendliche in ihrer Entwicklung anregen und unterstützen.

Ein solches Verständnis des Sozialraums steht in Konkurrenz zu einer Reihe anderer Sichtweisen. So zum Beispiel zu einem Verständnis des Sozialraums

- als sozialplanerisch vorgegebene Einheit im Sinne der Abgrenzung von Stadtteilen, Wohngebieten und Beziehungen, mit denen Politik und Verwaltungen arbeiten;
- als Gefüge der Orte, am denen sich jeweilige Jugendliche im Rahmen ihres Alltags aufhalten und schon durch ihre bloße die Ordnung, insbesondere in den Konsumzonen der Innenstädte, stören;
- als zu beherrschender Raum, d.h. als Raum, der „gute“ und „schlechte“ Elemente enthält und den es von den jeweils als schlecht Betrachteten zu reinigen gilt.

Ein wichtige Aufgabe der sozialräumlichen Konzeptentwicklung besteht darin, das eigene Verständnis des Sozialraums als Raum jugendlicher Praxis gegen konkurrierende Sichtweisen zu profilieren, also zu begründen, weshalb und in welchem Sinne Raum-Aneignung ein wesentliches Element der Alltagspraxis Jugendlicher ist.

Dabei wird es zunehmenden wichtiger anzuerkennen, dass die Lebenspraxis Jugendlicher in der modernen Gesellschaft nicht mehr umfassend an einer geographisch eingrenzbaren Raum gebunden ist. In vielen Fällen befinden sich Schulen, Ausbildungs- und Arbeitsstätten außerhalb des Wohngebiets eines Jugendlichen, in manchen Fällen besuchen Jugendliche ein Jugendhaus, das weder in ihrem Wohngebiet noch in der Nähe ihrer Schule bzw. ihres Betriebs liegt. Wichtige persönliche Beziehungen können mittels Telefon und E-mail zu Menschen aufrechterhalten werden, die sich in räumlich weiter Entfernung befinden, und ein erheblicher Teil des Wissens und der Erfahrungen bezieht man in der Medien- und Informationsgesellschaft aus den Massenmedien einschließlich des Internets. Insofern ist die These bedenkenswert, dass die „modernen Informations- und Kommunikationsmedien jede Vorstellung von (räumlicher) Geschlossenheit ad absurdum“ führen (Hornstein 2001: 533). Deshalb ist auch ein theoretisch informiertes Nachdenken darüber unverzichtbar, was geographisch umgrenzte Räume heute noch für die Lebensführung Jugendlicher bedeuten.

4.3. Zielklärung

Sozialräumliche Konzeptentwicklung zielt darauf, ein einrichtungsbezogenes Selbstverständnis von Jugendarbeit zu überwinden und JugendarbeiterInnen für die Wahrnehmungen von Lebenssituation, Bedürfnissen und Interessen zu sensibilisieren, die von Jugendlichen weder direkt zur Sprache gebracht noch in den Einrichtungen selbst sichtbar werden. Es geht insofern darum, in Distanz zu gehen zu Vorabfestlegungen darüber, was Jugendliche wollen und brauchen und warum. Sozialräumliche Konzeptentwicklung will JugendarbeiterInnen befähigen zunächst erst herauszufinden, was die Situation der konkreten Jugendlichem im jeweiligen Sozialraum kennzeichnet, um auf dieser Grundlage weitere Entscheidungen zu treffen.

Dennoch kann die Verwendung sozialräumlicher Methoden die konzeptionelle Klärung der Ziele der Jugendarbeit in einem Sozialraum bzw. der Ziele einer konkreten Einrichtung nicht ersetzen. Den solche Ziele ergeben sich nun keineswegs unmittelbar aus den praktischen Erfahrungen, und auch nicht aus der Beobachtung Jugendlicher im Sozialraum. Vielmehr gilt umgekehrt: *Die Festlegung der Ziele hat weitreichende Konsequenzen sowohl für die Sozialraumanalyse und Konzeptentwicklung als auch für die Gestaltung und Bewertung der eigenen Praxis.*

Geht man zum Beispiel davon aus, dass Jugendarbeit ihre Ziel darin hat, Störungen der öffentlichen Ordnung anzugehen, folgt daraus für die Sozialraumanalyse, dass das besondere Augenmerk den auffälligen und störenden Jugendszenen gelten muss. Der Erfolg der Praxis ist dann daran zu bemessen, ob es gelingt, „Problemjugendliche“ tatsächlich von der Straße zu holen und sie damit für die Öffentlichkeit unsichtbar zu machen.

Anders verhält es sich, wenn man ein Ziel der Jugendarbeit darin sieht, solche Jugendliche, die ihre Freizeit isoliert zu Hause verbringen, zu aktivieren und für eine „sinnvolle Freizeitgestaltung“ zu gewinnen. Das Interesse der Sozialraumanalyse muss sich dann insbesondere auf diejenigen richten, die nicht auffallen, bei Sozialraumbegehungen also quasi unsichtbar bleiben. In diesem Fall kann es gerade Ziel der Jugendarbeit sein, Jugendliche für öffentlich sichtbare Aktivitäten auch dann zu gewinnen, wenn dies zu Spannungen und Konflikten mit Öffentlichkeit führt. Ein Erfolgskriterium der Jugendarbeit liegt dann ggf. gerade darin, dass es gelingt öffentliche Aufmerksamkeit für jugendkulturelle und jugendpolitische Aktivitäten zu gewinnen.

Von zentraler Bedeutung ist für sozialräumliche Konzeptentwicklung ist die Frage: Welche Kriterien muss ein Sozialraum erfüllen, der den Vorgaben der § 1, 11 und 12 des KJHG entspricht?

Für die Auseinandersetzung mit der Frage nach den Zielen von Jugendarbeit bieten die unterschiedlichen pädagogischen Jugendarbeitstheorien vielfältige und kontroverse Anstöße und Anregungen.

Literatur

Bommes, M./Klingemann, C./Scherr, A. (1991): Bereiche anwendungsbezogener soziologischer Forschung. In: Kerber, H./Schmieder, A. (Hg.): Soziologie. Ein Grundkurs, Reinbek, S. 62-104

Deinet, U. (2001): „Sozialräumliche Orientierung – Mehr als Prävention!“, in: deutsche jugend, 3/2001, S. 117-124

Dewe, B./Ferchhoff, W./Scherr, A./Stüwe, G. (2001): Professionelles soziales Handeln. Weinheim und München

Hornstein, W. (2001): Erziehung und Bildung im Zeitalter der Globalisierung. In: ZfPäd, 47. Jg., H. 4, S. 517-537

Münder, J. (2001): Sozialraumorientierung und das Kinder- und Jugendrecht. In: Sozialpädagogisches Institut im SOS-Kinderdorf (Hg.): Sozialraumorientierung auf dem Prüfstand. München, S. 6-124

5. Und wo bleibt die Geschlechterorientierung in einer sozialräumlichen Jugendarbeit?

(Lotte Rose)

Spätestens mit der Inkraftsetzung des Kinder- und Jugendhilfegesetzes ist Jugendarbeit dazu aufgefordert, „die unterschiedlichen Lebenslagen von Mädchen und Jungen zu berücksichtigen, Benachteiligungen abzubauen und die Gleichberechtigung von Mädchen und Jungen zu fördern" (§ 9, 3). Was als programmatische Formel einfach daherkommt und mittlerweile sicherlich auch konsensfähig ist, birgt eine Menge von ungelösten Kniffligkeiten. Wie sehen denn die unterschiedlichen Lebenslagen von Mädchen und Jungen aus? Wer ist wo benachteiligt? Wann tritt Gleichberechtigung ein? Wenn alle gleich sind oder wenn alle das gleiche kriegen? Oder gibt es einen anderen Maßstab? Wie begegnet man schließlich den diagnostizierten Geschlechterdifferenzen eigentlich auf passende Weise in der Praxis? Wie muss eine Jugendarbeit aussehen, die die unterschiedlichen Lebenslagen von Mädchen und Jungen berücksichtigt, Benachteiligungen abbaut und die Gleichberechtigung von Mädchen und Jungen fördert? Und wie gehen Sozialraumorientierung und Geschlechterorientierung zusammen? Ist eine sozialraumorientierte Jugendarbeit automatisch geschlechterorientiert? Oder was ist zu tun, damit sie geschlechterorientiert ist?

Ein Blick auf die existierende Fachliteratur zur sozialräumlichen Jugendarbeit zeigt eine Leerstelle zur Geschlechterfrage. Es gibt noch keine systematische Auseinandersetzung dazu, wie die Sozialraumorientierung geschlechtergerecht zu qualifizieren ist – sieht man von knappen Verweisen auf die Beschränktheit der weiblichen Sozialräume (z.B. bei Hamberger 2000, 26; Deinet 1999, 64ff.) oder von einzelnen isolierten Frauenforschungsbeiträgen in den Publikationen zur Sozialraumorientierung ab (Bitzan 1998). Zu beachten ist jedoch: Diese Leerstelle gilt nicht allein für die Mädchenfrage, sondern im Grunde genommen für jegliche sozialen Differenzen. Die diffizile Aufgabe des „Managing diversities" – ob diese Differenzen nun altersspezifischer, bildungsspezifischer, soziokultureller, ethnischer oder eben geschlechtsspezifischer Art sind, ist bisher noch ein relativ unbearbeitetes Feld. Bei allen programmatischen Entwürfen, bei vielen entsprechenden Projektdokumentationen bleibt eine offene Frage, wie es zu bewerkstelligen ist, dass der sozialräumliche Blick tatsächlich *alle* Heranwachsenden umfasst und nicht nur die, die sich – aus welchen Gründen auch immer – besonders ins Blickfeld rücken. Es bleibt ebenso offen, wie eine Versorgung zu gewährleisten ist, bei der *alle* zum Zuge kommen, und nicht nur die, die ihre Interessen gut sichtbar ausdrücken können.

Nicht nur angesichts dieses diskursiven Defizits erscheint die Sozialraumorientierung in den Augen der Mädchenarbeit derzeit als etwas Ambivalentes, wenn nicht Brisantes. Befürchtet wird, dass auf diese Weise Mädchenarbeit zum Verschwinden gebracht wird. Die Forderung, die etablierten Praxisangebote auf ihre Zielgruppenpassung zu überprüfen und damit also grundsätzlich zur Disposition zu stellen, was geboten wird, erscheint als Angriff auf die Mädchenarbeit. Es mobilisiert die existentielle Angst, in diesem Umbauprozess das wieder genommen zu kriegen, was man so mühsam und gegen viele Anfeindungen nach und nach durchgesetzt hat: die Mädchengruppen, die Mädchenräume, die Mädchentage, die Mädchenprojekte, die Mädchenaktionstage, die Mädchentreffs, die Mädchenetats. Wenn die Struktur und Konzepte der Jugendarbeit neu gestaltet werden sollen, ist immer das Risiko gegeben, dass Mädchenarbeit ihre herkömmlichen Orte nicht halten kann. Diese Existenzängste im Zuge sozialräumlicher Umstrukturierungen sind im übrigen auch bei Einrichtungen der Jugendarbeit zu finden, was auch erklärt, warum das neue Paradigma nicht unbedingt von allen Fachkräften mit Begeisterung aufgenommen wird.

Dazu kommt, dass die Sozialraumorientierung aus der Sache heraus neue Vernetzungsschienen legt, die alte aushebeln. Die fachlichen Verbünde richten sich jetzt notwendigerweise nach der Zugehörigkeit zu einem spezifischen lokalen Raum. In den Hintergrund rücken dabei themenspezifische Vernetzungen wie sie z.B. die kommunalen Mädchenarbeitskreise darstellen. Diese liegen quer zu den sozialräumlichen Vernetzungen, und so bleibt es nicht aus, dass sie im Zuge der sozialräumlichen Umstrukturierungen bröckeln oder gänzlich verloren gehen. Was sich in einzelnen Kommunen schon jetzt beobachten lässt, ist die allmähliche Auflösung der stadtteilübergreifend gewachsenen Strukturen zur Vernetzung von Mädchenarbeit (Krajczy 2001, 63[1]). Angesichts der Priorität der Sozialraums als Handlungsmaxime ist ungeklärt, welchen Stellenwert hierbei thematische Spezialisierungen haben können.

5.1. Wechselseitige Qualifizierungschancen: Jugendarbeit, Mädchenarbeit, Jungenarbeit

Im Prinzip bietet die Sozialraumdebatte jedoch optimale Anschlussmöglichkeiten und im Grunde genommen auch immanent sachlogische Anschluss*erfordernisse* für die Geschlechterkategorie. Wenn es dort heißt, konkrete Lebenswelten – und eben nicht normative Prinzipien, institutionelle Traditionen, klischeehafte und pauschalisierende Annahmen zu Zielgruppen – zum Ausgangspunkt der Jugendarbeitspraxis zu machen, Lebenswelten also, in denen soziale Ungleichhei-

1 Krajczy (2001) problematisiert diese Auflösungsprozesse am Beispiel der sozialräumlichen Umstrukturierungen in Kassel.

ten verschiedenster Art, und dazu hören auch geschlechtsspezifische, ihre Spuren hinterlassen, dann führt dieses auf direktem Weg zur Frage geschlechtsspezifischer Differenzierungen. Sozialraumorientierung in der Jugendarbeit verweist zwingend auf das Prinzip der Geschlechterorientierung, will sie ihren eigenen Grundsatz tatsächlich ernst nehmen. So verweist Burkhard Müller zu Recht darauf, dass die von der Sozialraumorientierung markierten „Tatbestandsgesinnungen" der Jugendarbeit ebenso für andere Konzepte von fundamentaler Bedeutung sind, z.B. für geschlechtsspezifische (1998, 39). Doch ebenso lässt sich umgekehrt formulieren: Mädchenarbeit und Jungenarbeit als die für Geschlechterpädagogik spezialisierten Orte sind aufgefordert, sozialraumorientiert zu agieren, wollen sie ihr Anliegen realisieren.

Doch weder aus der einen noch aus der anderen Richtung lassen sich entsprechende Entwicklungen erkennen. Während in der Sozialraumdebatte die Geschlechterfrage eher eine „Blinddarm-Position" hat – zwar in der Regel dabei, aber nicht integriert und im Notfall auch verzichtbar – , sind sozialräumliche Öffnungen in der Mädchenarbeit und Jungenarbeit bisher kaum zu finden.[2] Eher lässt sich das Gegenteil beobachten: Tendenzen der Abschließung und Selbstbezogenheit sind relativ stark ausgeprägt, sieht man auf die Arbeitsansätze und fachlichen Vernetzungen. Gerade weil es eine sehr klare Vorstellung dazu gibt, wie Mädchen und Jungen benachteiligt sind und was Mädchen und Jungen zu ihrer geschlechtlichen Entwicklungsförderung brauchen – nämlich ein geschlechtshomoges Setting und spezifische emanzipatorische Inhalte –, ist es schwer, sich in den Sozialraum zu öffnen und aufzunehmen, wie das Leben der Mädchen und Jungen dort aussieht, was andere Menschen und gesellschaftlichen Instanzen dort für Mädchen und Jungen anbieten und welche Informationen sie zu Mädchen und Jungen haben. Wenn der Grundgedanke der Sozialraumorientierung ist, dass sich institutionelle Dienstleistungen dem Sozialraum anpassen müssen, dann verlangt sie von den Akteuren ein hohes Maß an innerer Flexibilität und Offenheit. Solange Mädchenarbeit und Jungenarbeit sich jedoch vorwiegend als Institutionen verstehen, die einen spezifischen, fest konturierten Arbeitsansatz etablieren wollen, sind sozialräumliche Sichtweisen kaum kultivierbar.

Wollen Mädchenarbeit und Jungenarbeit sich sozialräumlich qualifizieren, kommen sie nicht umhin, einen offeneren Begriff von geschlechtsbewusster Jugendarbeit zu entwickeln als bisher üblich. Es kann nicht darum gehen, ein spezifisches, inhaltlich und formal standardisiertes Praxiskonzept flächendeckend in den Sozialraum zu transportieren, sondern die scheinbar schon längst beantwortete Frage, was Mädchen und Jungen für ein gelungendes Mädchen- oder Junge-Sein brauchen, muss überhaupt erst wieder zur Disposition stehen. Das Problem der bisher praktizierten geschlechtsspezifischen Ansätze ist, dass sie „eine für *alle* Ansätze von Jugendarbeit fundamentale Tatbestandsbestimmung ..., nämlich der Verweis auf das Geschlechterver-

---

2 Als eine der Ausnahmen sei hier die gemeinwesenorientierte Mädchenarbeit im Berliner Mädchentreff Ma Donna genannt (Heinemann 2000).

hältnis als Grunddatum von Jugendarbeit, auf die Begründung eines speziellen *pädagogischen* Konzeptes zurückgestutzt" haben (Müller 1998, 45). Genau an diesem Punkt sind Demontierungen angesagt.

Warum gehen wir denn so selbstverständlich davon aus, dass die Mädchen- und Jungengruppenarbeit Chancengleichheit sichert? Warum meinen wir, dass diese Art der Versorgung die richtige ist? Warum meinen wir, dass andere geschlechtsunspezifische Angebote nicht das richtige sind, denn das schwingt ja als Unterstellung immer mit. Eine geschlechtsbewusste sozialräumliche Jugendarbeit kann nicht daran bemessen werden, wieviele Mädchen und Jungen mit Mädchen- und Jungengruppenangeboten versorgt werden, sondern nur daran, welche Bedarfe – welcher Art auch immer – sich bei Mädchen und Jungen zeigen und wie sie beantwortet werden.

Diese Bedarfe sind nicht qualitativ zu bewerten. Mädchen, die mit Jungen zusammen sein wollen, brauchen etwas anderes als Mädchen, die unter sich sein wollen, Mädchen, die Wettkampfsport betreiben wollen, brauchen etwas anderes als Mädchen, die sich im Verein ab einem bestimmten Alter nicht mehr aufgehoben fühlen, weil es nur noch Leistungsgruppen gibt, Mädchen, die in der Schule besser sein wollen, brauchen etwa anderes als Mädchen, die sich allein fühlen, Jungen, die angeln wollen und sich von den alten Vereinsmitgliedern schikaniert fühlen, brauchen etwas anderes als Jungen, die Computernetzwerk-Partys veranstalten oder Gesprächspartner für die erste Liebe haben wollen. Es kann sein, dass Mädchen und Jungen Angebote brauchen, in denen Raum zur expliziten Thematisierung der eigenen Geschlechtlichkeit eröffnet wird, es kann aber ebenso sein, dass sie Angebote brauchen, die dies genau nicht tun. Geschlechtsunspezifische Angebote können von daher möglicherweise ausgesprochen passend für Mädchen und Jungen sein, auch wenn die Geschlechterdebatte in der Jugendarbeit dies bisher eher anders gesehen hat und immer Ansätze propagiert hat, in denen in irgendeiner Weise das Geschlecht der Zielgruppen „bearbeitet" wird.

Eine geschlechtsbewusste sozialräumliche Jungendarbeit muss also mit einem relativ unbestimmten Begriff von Mädchenarbeit und Jungenarbeit arbeiten, der nicht normativ definiert ist, sondern allein dadurch, welches Geschlecht die AdressatInnen und AbnehmerInnen haben. Statt der normativ oder auch ideologisch besetzten Mädchenarbeit und Jungenarbeit empfehlen sich die Begriffe der „Arbeit mit Mädchen" und „Arbeit mit Jungen".[3] Diese Arbeit kann sehr wohl die bekannten Mädchenarbeits- und Jungenarbeitsangebote umfassen, geht aber eben nicht in diesen auf. Stattdessen muss *alles* in den Blick kommen, das Mädchen und Jungen geboten wird. Alles, was irgendwo von irgendwem Mädchen und Jungen geboten wird, muss als sozialräumlich relevante Dienstleistung begriffen werden. Dies mag manches der langjährigen Geschlechterdebatte in der Jugendarbeit auf den Kopf stellen

---

3 Von der Landesstelle Mädchenarbeit Sachsen-Anhalt e.V. ist z.B. zu hören, dass entsprechende begriffliche Unterscheidungen hier diskutiert werden, um die Geschlechterdebatte aus der langjährigen Reduktion auf Mädchenarbeit und Jungenarbeit zu befreien.

und somit verunsichern, doch es bietet die Chance, einen realitätsgerechteren, weil multiperspektivischen Blick auf Mädchen und Jungen zu erhalten.

5.2. Sozialraum gleich Stadtraum?

Ein Problem bei alledem ist, dass der Begriff der Sozialraumorientierung letztlich noch sehr schillernd ist und je nach Interessenslage unterschiedlich ausgelegt wird. Es finden sich verkürzte und funktionalisierte Formen der Umsetzung (Eichner/Feige 2002), es kursieren Missverständnisse und Unklarheiten. Was ist denn nun eigentlich der Sozialraum? Ist es der materielle Raum, die Raumarchitektur? Ist es der öffentliche Raum, der Außenraum oder der Innenraum? Oder ist es in einem weiten Sinne mein „gelebter und erfahrener Lebensraum..., den ich kenne, in dem ich mich auskenne, ein Raum, in dem ich über Beziehungen verfüge, auch über Ressourcen, in dem es Probleme gibt ..., in dem ich konkret meinen Alltag bewältigen muss, im Kontext der Vorgaben zwischen dem, was die Strukturpolitik an Wohnmöglichkeiten, auch an Arbeitsgelegenheiten bietet, was vielleicht an Spielflächen eingerichtet ist, was an Traditionen in einem Dorf oder in einem Stadtteil herrschen“ (Hamberger 2000, 25)? Es hat den Anschein, als wäre der Prozess der begrifflichen Konturierung noch längst nicht abgeschlossen.

In dieser diffusen Situation findet sich jedoch ein Begriffsverständnis, das sich in besonderer Weise hervortut. Sozialraumorientierung wird hier unter der Hand zum Synonym für Stadtraumraumorientierung. Man richtet den Blick auf die Aneignungspraxen und -möglichkeiten von Kindern und Jugendlichen in den städtischen Räumen: die öffentlichen Freiflächen, Spielplätze, Straßen, Plätze und Parks. Sozialräumliche Jugendarbeit transportiert auf dieser Grundlage eine doppelte Aufforderung. Zum einen geht es darum, sich offensiver für die Zugänglichkeit der Stadträume einzusetzen und zu sichern, dass Heranwachsende dort Platz finden. Zum anderen verweist sie aber auch auf eine aufsuchende Praxis als Arbeitsprinzip der Jugendarbeit: sich zu den Cliquen begeben, die sich draußen „auf der Straße“ aufhalten.

In einem solchen Verständnis sozialräumlicher Jugendarbeit ist die Geschlechterfrage bezeichnenderweise vergleichsweise gut vertreten, vielleicht lässt sich sogar behaupten, dass sie im Grunde genommen *nur* dort vertreten ist. Es finden sich in der entsprechenden Fachliteratur zahlreiche Ausführungen dazu, dass Mädchen nicht auf der Straße zu finden sind, dass sie verhäuslicht leben, geringe Bewegungsradien haben und sich nur in den städtischen Nahräumen aufhalten (u.a. Deinet 1999, 64, Flade/Kustor 1996). In der Konsequenz werden öffentliche Freiräume für Mädchen gefordert, und es finden sich viele Mädchenprojekte, die versuchen, Mädchen gezielt Außenräume zugänglich zu machen, um den diagnostizierten Benachteilungen entgegenzutreten.

Die Schwierigkeit dabei ist jedoch, dass wir es hierbei mit einem sehr reduzierten Verständnis von Sozialraum zu tun haben. Außen vor bleiben die so vielschichtigen Dimensionen eines Sozialraumbegriffs, der die gesamten Lebensverhältnisse in einem ganzheitlichen Sinne umfasst. Hierzu gehören zweifellos die städtischen Räume, aber eben auch Institutionen jeglicher Art, ob dies nun bürokratische, politische, kommerzielle, pädagogische, freizeitkulturelle sind, Privaträume, Netzwerke, ökonomisches und kulturelles Kapital, Kommunikations- und Informationsmedien, Mobilitätsressourcen. Erst in dieser komplexen Gesamtheit bestimmen sich Lebenslagen und Lebenschancen. Erst in dieser Mehrdimensionalität lässt sich die lebensweltliche Passung von Jugendarbeitskonzepten herstellen. Und dies war ja genau der wichtige Neuerungsimpuls der sozialräumlichen Jugendarbeit: möglichst vielschichtig erfassen, was jugendliche Lebenswelten ausmacht und rahmt und darauf die eigenen Angebote abstimmen.

Ein segmentierender sozialräumlicher Blick, der sich nur auf einzelne soziale Orte und die dort vorfindbaren Geschlechterverhältnisse kapriziert, steht immer in der Gefahr, nur die „halbe Wahrheit" zu begreifen und damit die eigentliche Stärke des sozialräumlichen Paradigmas ad absurdum zu führen. Denn, was die Nicht-Präsenz der Mädchen in städtischen Räumen letztlich bedeutet, das lässt sich nicht isoliert klären, sondern erst in einem Abgleich mit anderen Lebensräumen. Wenn weniger Mädchen als Jungen auf der Straße sind, kann ich noch lange nicht schlussfolgern, dass dies eine Benachteiligung ist. Hierzu muss ich wissen, wo sie stattdessen sind, warum sie nicht draußen sind – werden sie z.B. nicht rausgelassen, haben sie Angst oder haben sie attraktivere Alternativen? Ich muss auch etwas wissen über die Mädchen, die dennoch auch draußen sind. Und ich muss wissen, warum denn Jungen draußen sind und welche dies eigentlich sind. Was bedeutet es beispielsweise für die Deutung der Nicht-Präsenz der Mädchen, wenn wir registrieren müssen, dass der Aufenthalt auf der Straße historisch betrachtet zunehmend zu einer Erscheinung marginalisierter Gruppen wird (Zinnecker 1990, 152). Erst die Zusammenführung der unterschiedlichen Informationen erlaubt eine adäquate Einschätzung des Phänomens der Nicht-Präsenz von Mädchen in Außenräumen.

Der Blick auf lebensweltliche Teilsegmente wie z.B. die öffentlichen Räume ist zwar notwendig, reicht aber nicht aus. So besehen birgt die systematische Synthetisierung der Sozialraumorientierung mit der Geschlechterorientierung eine große Chance für die bereits langandauernden geschlechtsbewussten Qualifizierungsbemühungen in der Jugendarbeit. Sie weitet und vervollständigt den Wahrnehmungshorizont auf Mädchenwelten und schützt somit vor Blickverengungen und voreiligen Schlüssen, die den Lebensrealitäten nicht unbedingt gerecht werden.

5.3. Makroblick versus Mikroblick

Diese angedeutete sozialräumliche Blickerweiterung, an anderer Stelle als „sozialräumliche Kundigkeit" bezeichnet (Böhnisch/Münchmeier 1990, S. 110), ist eine eigene Kunstfertigkeit. Sie meint mehr als den Besitz von vielfältigen Informationen zu Lebensgeschichten, materieller und sozialer Infrastruktur im Stadtteil, auch wenn dies eine unerlässliche und wertvolle Basis darstellt. Noch unzureichend sind diese Informationen aufgrund ihrer relativen Zufälligkeit, Ungeordnetheit und Unreflektiertheit. Entscheidend ist von daher die Systematisierung dieses Alltagswissens wie die gezielte Erweiterung. „Gefordert ist eine Form der Beobachtung, Erkundung und Analyse des Sozialraums, welche über die Ebene des bloßen Alltagswissens hinausgeht, welche aber ... die Fehlerquellen einer wissenschaftlichen Analyse vermeidet, welche nur aus größerer Distanz heraus die Strukturen eines Sozialraums beschreiben kann“ (Schumann 1995, 212).

Sozialräumliche Kundigkeit meint von daher auch anderes als verallgemeinertes sozialwissenschaftliches Empiriewissen. Damit sind die „großen“ repräsentativen Lebensweltstudien nicht nutzlos, aber ihr Makroblick produziert seine eigenen Schwächen: die fehlende Präzision im Mikrosystem. Diese ist aber notwendig, wenn es um die Gestaltung einer lebensweltadäquaten Jugendarbeitsinfrastruktur geht. „Die Lebenswirklichkeit Jugendlicher vollzieht sich ... als eine lokal situierte Praxis. Deshalb kann aus den Ergebnissen quantitativer und qualitativer Jugendforschung ... nicht gradlinig abgeleitet werden, was die relevanten Erfahrungen, Bedürfnisse, Interessen, Deutungs- und Handlungsmuster usw. der konkreten Jugendlichen vor Ort sind.“ (Scherr 2000, 244) Biografieverläufe sind nicht sozialdeterministischer Abguss der Verhältnisse, sondern Ergebnis der subjektiven Verarbeitung der kulturellen Vorgaben eines spezifischen Raums, die variantenreich sein kann.

Was die geschlechtsbewusste Sozialraumorientierung betrifft, zeichnet sich damit eine besondere Herausforderung ab, nämlich die, Lebenswelten als Mädchen- und Jungenwelten zu erkunden und zu begreifen, ohne den Blick von den bereits vorhandenen Wissensbeständen zu Geschlechterverhältnissen leiten zu lassen – zumindest nicht zu sehr. Die Gefahr hierzu ist tatsächlich groß, gerade weil der Fundus an empirischen Befunden und theoretischen Analysen zu den weiblichen und männlichen Lebenswelten dank einer intensiven Mädchen-, Frauen-, Jungen-, Männer- und Geschlechterforschung inzwischen umfangreich ist und viele Erkenntnisse zum alltagstheoretischen Allgemeingut geworden sind.

So fällt auf, dass überall dort, wo lokale Lebenswelterkundungen, z.B. auch im Rahmen kommunaler Jugendhilfeplanung, unternommen werden, in der Regel so manche vermeintlichen empirischen Gewissheiten widerlegt werden oder soziale Besonderheiten sichtbar werden, die man nicht vermutet hätte (z.B. ISS 2001, Hoppe 2001, Stegbauer u.a. 1998)[4]. Hervorzuheben ist

4 Die regionale Studie von Stegbauer u.a. (1998) zur jugendlichen Freizeitsituation in einer Stadt widerlegte manche Bilder zum Freizeitverhalten von Mädchen und zur Nutzung der Jugendarbeit von Mädchen. Ebenso relativierten die Jugendbefragungen im Rahmen verschiedener kommunaler Jugendhilfeplanungsprozesse einige vielzitierte Befunde zu Mädchenwelten, z.B. die, dass Mädchen Geschwister zu versorgen haben (ISS 2001). Die Ergebnisse der wissenschaftlichen Begleitforschung des Mitternachtssports in Jena förderten zutage, dass es die *Jungen* gewesen waren, die vor Existenz dieses abendlichen Freizeitangebots sich zu Hause vor dem Fernseher auf-

hier die regionale Studie von Elke Schön, die exemplarisch deutlich macht, wieviele „Fakten“ zum angeblich defizitären räumlichen Aneignungsverhalten von Mädchen in ihrer dichotomisierenden Pauschalität und Zuschreibungswirkung fragwürdig sind und wieviel anderes und Differenzierteres sichtbar wird, wenn man einen begrenzten lokalen Raum untersucht und subjektbezogene Erhebungsverfahren einsetzt (Schön 1999, 2002). Entgegen der gängigen, Geschlechterbilder findet Schön bei ihrer Erhebung Mädchen, die sich durchaus nicht geschlechtsrollenkonform verhalten, die in scheinbar paradoxer Weise „gefährliche Orte“ aufsuchen, die die scheinbar so typischen Mädchenbewegungsspiele mit immer neuen Inhalten füllen, die sich auch weiter weg von zu Hause entfernen und in Gruppen und nicht nur in Paarkonstellationen durch die Stadt ziehen. Und es zeigt sich auch, dass sich Mädchen je nach Alter und soziokultureller Herkunft unterschiedlich in den städtischen Räumen bewegen (Schön 2002, 121ff.).

An diesem Beispiel offenbart sich eine tieferliegende Problematik. Immer wieder verewigen sich Befunde zu Mädchenwelten – das gleiche gilt sicherlich auch für die Befunde zu Jungenwelten[5] – unter der Hand zu immergültigen empirischen Fakten, die nun unentwegt weitertransportiert werden und zu „Wahrnehmungsröhren“ werden, bei denen „alles klar ist“. Es ist „klar“, wie Mädchen leben, und es ist ebenso „klar“, dass es nicht gut ist, wie sie – in diesem Fall „kleinräumig“ – leben. Dabei fußt dieses Bildes letztlich auf überalterten Daten. Viel zu oft wird völlig unterschlagen, wann die Daten, auf die man sich bezieht, erhoben wurden. Viel zu oft wird nicht einbezogen, dass manches Mal schon eine ganze Mädchengeneration dazwischen liegen kann, wenn nicht noch mehr. Viel zu oft wird auch übergangen, was allgemeine Kinder- und Jugendstudien zu den modernen Mädchenwelten diagnostizieren.

Dazu kommt, dass immer wieder aus dem Blick gerät, dass man es oftmals bei den Befunden mit Tendenz- und Mittelwertaussagen zu tun hat. Sie werden schleichend verabsolutiert, ohne noch die Streubreiten vor Augen zu haben. So kann dann aus der Formulierung „Mädchen haben im Durchschnitt einen kleineren Bewegungsraum als Jungen“ (Flade/Kustor 1996, 19) im Laufe unzähliger „gebetsmühlenartiger“ Zitierungen die vermeintliche Erkenntnis entstehen: *alle* Mädchen bewegen sich *immer* und *überall* kleinräumig. Differenzierungen, Abweichungen, Veränderungen sind damit verschwunden – ein Prozess, der weniger mit fehlender wissenschaftlicher Seriösität zu tun hat, sondern mit dem psychischen und letztlich wissenschaftlich getragenen Entlastungsmechanismus, Realität zu reduzieren und zu vereinfachen.

---

gehalten hatten, während die Mädchen auf Partys waren oder Freunde getroffen hatten (Hoppe 2001, 245) .

5 Wie schnell auch die Bilder zu Jungen zu klischeehaften „Wahrheiten“ erstarren, problematisieren Neubauer/Winter (2001) am Beispiel des Diskurses zur Jungensexualität, der Jungen beziehungsmäßige und kommunikative Inkompetenz und fehlenden körperlichen Selbstbezug bescheinigt, während die Ergebnisse einer eigenen Jungenbefragung ganz andere Seiten bei Jungen zutage förderten..

Sozialräumliche geschlechtsbewusste Kundigkeit erfordert von daher einen vorsichtigen Umgang mit den Befunden der repräsentativen Studien. Sie können anregende Wegweiser sein. Doch: was der Makroblick zutage gefördert hat, muss nicht im Mikrosystem zutreffen, weil hier aufgrund der lokalspezifischen Rahmungen besondere individuelle und kollektive Phänomene entstehen können, die in den Mittelwertberechnungen und Verallgemeinerungen zwangsläufig untergehen. Selbst wenn die Kleinräumigkeit des Mädchenlebens als allgemeine Tendenz zutreffend sein mag, kann das Bild in einzelnen Regionen ganz anders aussehen. Und wie schon gesagt: welche Folgen die möglicherweise registrierte Kleinräumigkeit für die Lebensperspektiven hat, dies kann nicht einfach linear aus dem empirischen Befund abgeleitet werden.

Dazu kommt: Die Groß-Produktion empirischen Wissens von der Erhebung bis zur Veröffentlichung und Rezeption ist langsam – ein Manko, das in einer schnellebigen Zeit dazu führt, dass das Wissen, wenn es bei den AbnehmerInnen angekommen ist, schon längst veraltet sein kann. Damit tut sich ein Spannungsfeld für eine geschlechtsbewusste Sozialraumanalyse auf: sie ist einerseits undenkbar ohne das reichhaltige Wissen zu den geschlechtsspezifischen Lebenswelten, ist durch dieses schließlich erst hervorgebracht worden, und muss doch andererseits sich permanent auf kritische Distanz zu diesem halten. Sie muss die Flexibilität zeigen, auch ganz „anderes", Unerwartetes, Sperriges, Irritierendes aufnehmen zu können, ohne es gleich zu entschärfen, indem es in die existierenden Routineraster eingefügt wird. Sie muss in der Lage sein, soziale Veränderungen aufzunehmen, sich immer wieder von einmal gewonnen „Wahrheiten" zu verabschieden, mehr noch: sie muss die unentwegten Veränderungen auch konzeptionell reflektieren, die Angebotsinfrastruktur der Jugendhilfe immer wieder neu zielgruppenpassend zuschneidern.

Hier kann Jugendarbeit sich einiges beim Konsummarkt „abgucken", der in direkterer und vorbehaltloserer Weise Lebensweltveränderungen zügig mit neuen Produktangeboten beantwortet. Eine geschlechtsbewusste Jugendarbeit tut sich hiermit noch sehr viel schwerer. So lässt sich bei den durch verschiedenen Angriffe (Bohn 1996, Meyer/Seidenspinner 1999) ausgelösten jüngsten Auseinandersetzungen beobachten, dass trotz mancher Relativierungen alter Fachstandards doch immer wieder auf der Notwendigkeit geschlechtshomogener Arbeit bestanden wird, als wenn die Vorstellung, dass Jugendarbeit Mädchen und Jungen auch auf andere Weise gerecht werden könnte, bedrohlich wirkt.

5.4. Diffusionen der Geschlechterdichotomie

Zu dieser Anpassungsfähigkeit gehört in letzter Konsequenz dann auch, die Basis des geschlechtsspezifischen Blicks selbst infrage stellen zu lassen: die dichotome Kategorie des Geschlechts. „Wir müssen wissen, dass die Instrumente, die wir zum Denken verwenden, mit ziemlicher Wahrscheinlichkeit sozial konstruiert sind ... Das ist der Grund, warum die Sozialwissenschaften so schwierig sind“, sagt Pierre Bourdieu (1997, S. 221), und er weist uns damit auf die prinzipielle Vorläufigkeit und Endlichkeit von Begrifflichkeiten in Abhängigkeit von historischen Konstellationen hin. Dies auch für die dichotome Geschlechterkategorie zuzulassen, mag zwar zunächst einmal als ungeheure Zumutung erscheinen, da ihre Durchsetzung noch so jung ist. Doch alle sozialen Differenzvariablen, die die Sozialwissenschaften hervorgebracht haben, sind begriffliche Reduktionen der Realität, die durch diese Realität selbst und ihre Wandlungsdynamiken immer wieder auf dem Prüfstand sind.

Dies gilt einmal mehr in einer Zeit, für die eine enorme Veränderungsgeschwindigkeit diagnostiziert wird. Wo Individualisierung, Pluralisierung, Mobilisierung, Medialisierung, Arbeitsmarktentwicklungen und Globalisierung Verhältnisse nicht mehr nur in der Generationenabfolge, sondern mittlerweile schon innerhalb einer einzelnen Generation umwälzen, können althergebrachte soziale Differenzlinien und Klassifikationsbegriffe kaum unverändert überdauern. Dies gilt auch für eine Kategorie wie Geschlecht, auch wenn uns hier biologische Fakten als unumstößlich-ewige, also unhistorische Grundlage des Differenzbegriffs erscheinen mögen.

Dies war schon bei der Entwicklung des marxistischen Klassenbegriffs zu erleben: was für eine bestimmte gesellschaftliche Situation durchaus passte, nämlich die begriffliche Zweiteilung in Kapitalisten und Arbeiter wurde nach und nach von den Arbeitsmarktentwicklungen überrollt, und heute können diese Kategorien nicht mehr die modernen Realitäten bezeichnen. Dass soziale Kategorien je nach gesellschaftlichen Erfordernissen „kommen und gehen“, dazu legt auch die Geschichte des Kindheits- und Jugendstatus ein beredtes Zeugnis ab. „Kinder“ und „Jugendliche“ gab es nicht schon immer, obwohl doch auch diese Kategorie durchaus eine scheinbar körperliche Grundlage hat, sondern sie waren erst Ergebnis der gesellschaftlichen Spezialisierungsentwicklungen, die es zunehmend notwendig machten, Heranwachsenden Sonderräume vor dem „Ernst des Lebens“ zur Verfügung zu stellen. Heute wird es wiederum immer schwieriger, den Kinderstatus und Jugendlichenstatus klar voneinander zu unterscheiden, Anfang und Ende präzise zu bestimmen. Vermeintliche Kinder zeigen jugendliche Verhaltensweisen, Jugendliche werden nicht erwachsen und wir haben es mit Daueradoleszenten zu tun. In den letzten Jahren tauchte gar eine dritte Alterskategorie auf, um eine neu entstandene Gruppe zwischen dem Kinder und Jugendalter zu bezeichnen: die „Lückekinder“, die weder zur einen noch zur anderen Gruppe passen. Dies sind Beispiele dafür, dass alle soziale Ordnungskategorien immer in Bewegung sind, nichts statisches, sondern hochflexibel sind. Dies gilt prinzipiell auch für die Geschlechterkategorie, auch wenn dieser Gedanke zweifellos schwer fällt.

So plädiert Corinna Voigt-Kehlenbeck zu Recht für einen offenen Blick jenseits der dichotomisierenden Raster in der Geschlechterpädagogik, der Unterstützungsbedarfe „nicht mehr allgemein und damit nicht mehr ausschliesslich über das Geschlecht (also über allgemeine Termini wie *Mädchen brauchen, Jungen brauchen* ...) begründet" (2001, 252). Dies „erfordert auch eine Auseinandersetzung mit Jugendkulturen, die sich möglicherweise quer zur Zweigeschlechtlichkeit" entwickeln (252). Damit ist nicht nur auf aktuelle soziale Phänomene des undoing-gender verwiesen, die den gewohnten stabilen Geschlechterbegriff fragwürdig werden lassen, sondern es ist auch eine überaus anspruchsvolle Aufgabe umrissen: unter Nutzung der dichotomisierten Geschlechterkategorie gleichzeitig ihre Ausdifferenzierung bis zur Dekonstruktion zu erfassen. Dies unterstellt keineswegs, dass wir tatsächlich in einer Gesellschaft leben, in der Geschlecht als biografische Bezugsgröße völlig bedeutungslos wird und Heranwachsende sich in „spielerischer Freiheit" darstellen können (250), sondern es verweist nur auf das komplizierte und miteinander verwickelte Nebeneinander von Präsenz und Nicht-Präsenz dieser Bezugsgröße. Neben der Diffusion von Geschlechternormalitäten finden gleichzeitig Prozesse der Konstruktion und Reproduktion von Geschlechterdifferenzen statt.

Anspruchsvoll erscheint die von Voigt-Kehlenbeck angedeutete Aufgabe auch deshalb, weil hier gegenläufige historische Diskursentwicklungen zusammentreffen. Einerseits ist in der Jugendhilfe der Prozess noch in vollem Gange, sodass sich der dichotome geschlechtsspezifische Differenzbegriff erst veralltäglicht. Es geht immer noch darum, im main-stream der Jugendarbeit – in ihrer Theorie, ihrer Praxis und ihrer Politik – Kinder und Jugendliche überhaupt sprachlich zu vergeschlechtlichen – ein Prozess, der dazu noch für Mädchen und Jungen zeitlich versetzt verläuft. Während Mädchen früher vergeschlechtlicht wurden, beginnt dieses für die Jungen erst jetzt. Angesichts dessen erscheint es geradezu aberwitzig, diesen dichotomen Geschlechterbegriff nun schon wieder zu flexibilisieren. Es ist die Ungleichzeitigkeit von Diskursentwicklungen in den unterschiedlichen Fach- und Politikkulturen, die hier zu Verquerungen führt, die kaum lösbar erscheinen.

5.5. Angemessenes Handwerkszeug

In direkter Verbindung zu diesen verwirrenden Fragen wirft die geschlechtsbewusste sozialräumliche Jugendarbeit methodische Fragen auf: auf welche Art sind überhaupt angemessen Kenntnisse zum Sozialraum zu erschließen? Solche Debatten sind in der Wissenschaftsgeschichte nicht neu. Eine besondere Kniffligkeit erhalten sie dort, wo es weniger um die Erfassung von materiellen Realitäten, sondern von subjektiven Realitäten geht. Dies betrifft ganz direkt die sozialräumliche Jugendarbeit, denn: wo die AdressatInnen- und Dienstleistungsorientierung zur Handlungsmaxime erhoben wurde, müssen Wege der Betroffenenpartizipation gefunden werden, die es erlauben, Subjektives zum Ausdruck zu bringen. Gerade auch in der Frauen- und Geschlechterforschung spielten diese Überlegungen von Beginn an eine große Rolle, weil es hier immer darum ging, Realitäten sichtbar zu machen, die das dominante akademische Instrumentarium erfolgreich unsichtbar gehalten hatte. Die Propagierung qualitativer Verfahren, die Forderung der Verschränkung von wissenschaftlichem Subjekt und Objekt in der feministischen Methodologiedebatte waren und sind Versuche, dem Ausgegrenzten auf die Spur zu kommen und Gehör zu verschaffen.

Besonders hervorgetan hat sich hierzu die Forschungsgruppe um das Tübinger Institut für frauenpolitische Sozialforschung. Sie hat den Begriff der weiblichen Verdeckungszusammenhangs geprägt. Dieser meint: Das Muster männlicher Lebenswelt wird zum Normalen erhoben, angesichts dessen weibliche Lebensrealitäten immer das Besondere, das Abweichende, aber auch das gesellschaftlich Entwertete, Nicht-Bedeutungsvolle, das Privatisierte und Sprachlose darstellen (Funk u.a. 1993). Das methodische Handwerkszeug muss von daher in der Lage sein, Verdeckungszusammenhänge aufzudecken, und es wurden mittlerweile eine Reihe von Leitlinien entwickelt, die dieses sicherstellen sollen (Bitzan 2000, Tübinger Institut 1998). Zentral ist dabei das Bestreben, Formen zu entfalten, in denen die Betroffenen sich selbst „aufdeckend" artikulieren können, d.h. sie müssen die Möglichkeit haben, nicht nur Normalitätsbestätigendes von sich zu präsentieren, sondern die hinter diesen Vordergründigkeiten liegenden Konflikte und Ambivalenzen zur Sprache zu bringen. Förderlich ist hierzu ein Raum, in dem die Beteiligten von den Zwängen der Repräsentation des Geschlechts befreit sind und Wertschätzung erfahren, Methodenvielfalt – also nicht nur verbalisierende Verfahren – und ein intensiver Dialog zwischen Forscherin und den Befragten, um nicht vorschnellen Deutungen aufzusitzen, sondern den biografischen Sinnzusammenhängen möglichst nah zu kommen. In neueren Publikationen zeichnet sich mittlerweile ab, dass Verdeckungszusammenhänge nicht mehr unbedingt weiblichkeitsexklusiv sind, sondern sich ebenso in männliche Lebenswelten finden lassen (Böhnisch 2001), was in der Konsequenz bedeuten würde, die Leitlinien feministischer Sozialforschung ebenso auf die Untersuchung männlicher Lebenswelten anzuwenden.

Wie eine aufdeckende sozialräumliche Lebenswelterkundung konkret aussehen kann, lässt sich beispielsweise in der Studie von Elke Schön (1999) nachvollziehen. Hier wurde über mehrere Jahre mit unterschiedlichen kreativen Ausdrucksmethoden ein offener dialogischer und diskursorientierter Prozess zwischen Forscherin und Mädchengruppen installiert, in dem die Mädchen aktiv an der Erkenntnisproduktion beteiligt waren. Schön schlussfolgert abschließend zu diesem Verfahren: „Erst die Art des Vorgehens und die Fragerichtungen ermöglichten einen Zugang zu aktiven Auseinandersetzungs- und Aneignungsprozessen dieser Mädchen. In Einzelinterviews wäre das Eigenleben und die Selbstorganisation der Mädchen ganz sicher nicht sichtbar geworden." (2001, 126).

Die Frage ist hier, ob solche methodischen Verabsolutierungen notwendig sind. Zweifelsohne bietet das propagierte Verfahren besondere Qualitäten. Es führt in vorbildlicher Weise vor, wie von außen her Zugang zu kulturellen Innensichten und Selbstarrangements herzustellen ist, und es markiert damit in aller Deutlichkeit, was subjektbezogene, aufdeckende Methoden von quantitativ-standardisierten Verfahren unterscheidet. Doch „sozialräumliche Kundigkeit" lässt sich auch auf anderem Wege herstellen. Monopolansprüche – von welcher Seite sie auch immer kommen – sind wohl immer bedenklich.

Der Grundsatz des Aufdeckens unterstellt, dass all das Vordergründige per se als lebensweltliche Informationsquelle unbrauchbar ist, weil es Konfliktverdeckungen transportiert und bestehende Verhältnisse absichert. Doch ist das Vordergründige nicht auch aufschlussreich? Können uns für eine sozialräumliche Jugendarbeit nicht auch Fragebogenerhebungen, institutionelle Nutzungsauszählungen, Auswertungen der Sozialdaten, der Blick auf Dokumente jugendlichen Selbstausdrucks und auf Konsumprodukte wichtige Informationen zu Lebenswelten und ihren Konfliktpotentialen liefern, ohne dass es zu intensiven dialogischen Prozessen kommt? Müssen es tatsächlich immer die aufwendigen aktivierenden Verfahren sein? Diese Frage ist angesichts der grundsätzlich immer begrenzter Ressourcen in der Jugendarbeit legitim und fordert dazu auf, die Entwicklung sozialräumlicher Kundigkeit immer auch unter der Perspektive der pragmatischen Machbarkeit zu betrachten – eine Perspektive, die oft genug vernachlässigt wird (Eichner/Feige 2002, 110). Die z.T. berechtigte Idealisierung aufwendiger qualitativer, partizipativer Verfahren ist also immer mit Vorsicht zu sehen. Es gilt wohl eher: Jede Informationsquelle hat ihren eigenen Wert. Der sozialräumliche geschlechtsbewusste Blick ist letztlich auf alle angewiesen.

Und noch ein Einwand: Es wird der Eindruck erweckt, dass vor allem Mädchen keine Artikulations- und Repräsentationsmöglichkeiten haben und ihnen erst gezielt ein Setting – dies ist dann in der Regel ein geschlechtshomogenes – hierfür geschaffen werden muss. Aber ist der Alltag nicht voll von Artikulationen und symbolischen Repräsentationen von Mädchen? Wir müssen nur hinschauen, was sie machen, was sie nicht machen, womit sie sich vergnügen, welche Musik sie hören, was sie lesen, in welchen virtuellen Welten sie sich bewegen, was sie kaufen, wie sie sich kleiden, herrichten und inszenieren. Sozialräumliche Kundigkeit heißt dann: dies alles neugierig zur Kenntnis nehmen, sich vorbehaltlos darauf einlassen, seine Sinnhaftigkeit verstehen wollen. Dies setzt jedoch voraus, sich von der eigenen Lebenswelt und ihren Werten distanzieren zu können, ohne in der eigenen Identität damit bedroht zu werden.

5.6. Die Offenheit des ethnografischen Sehens

Dies alles verweist auf die Notwendigkeit eines offenen, nicht-normativen, suchenden, interessierten Blickes, der noch nicht alles weiß und der vorbehaltlos genug ist, auch das aufzunehmen, was irritierend und überraschend ist. Doch was für Pädagogik insgesamt gilt, gilt ebenso für die Geschlechterpädagogik und Mädchenarbeit: Auch wenn Mädchenarbeit dies nie gewollt hat und sie bemüht ist, sich über aufdeckende Verfahren, wie die oben skizzierten den subjektiven Innenwelten von Mädchen verstehend zu nähern, hat ihr parteilicher Blick doch zur Dominanz einer stark adultistischen Perspektive geführt. Wir haben viele gesellschafts- und patriarchatskritische Deutungen zum modernen Mädchenleben verfügbar, und dennoch oder auch gerade deshalb ist unser Wissen zu Mädchen – und genaugenommen auch zu Jungen – gleichzeitig merkwürdig begrenzt und eng.

Beispielsweise finden wir zahlreiche Ausführungen dazu, wo Mädchen warum benachteiligt sind und welche ausgleichenden Maßnahmen einzuleiten sind. Aber wo sind Mädchen eigentlich einmal gefragt worden, wo sie sich konkret benachteiligt fühlen. Vielleicht käme dabei ganz Neues und Aufschlussreiches für die Jugendarbeitspraxis zustande? Wie Mädchen und Jungen die Welt erleben, wie sie sich einrichten – zu Hause und draußen, unter Ihresgleichen und mit Andersartigen, mit den Kommunikationsmedien und als Konsumenten, in den pädagogische Einrichtungen, den Familien und Nachbarschaften, dazu haben wir im Grunde immer noch sehr holzschnittartige Bilder. Die ethnografische „Schule des Sehens" (Zinnecker 1995, 34) wieder intensiver zu pflegen, böte von daher die Chance, der Erwachsenen- und Feministinnen-Zentriertheit in einer geschlechtsorientierten Jugendarbeit entgegenzuwirken und sie konsequenter von den Mädchen und Jungen aus zu denken und weniger von den politischen Idealen.

Bezeichnenderweise mehren sich denn auch seit kurzem die Verweise auf die Ethnografie als gewinnbringende methodische Orientierung (Friebertshäuser 2001, Lindner 2000) in einer sozialraumorientierten Jugendarbeit. So plädiert Michael Schumann für eine ethnografische Arbeitsweise, „da sie brauchbares Praxiswissen schafft, welches im Vergleich zu sozialwissenschaftlichen Analysen nah genug an Alltag und Lebenswelt ist und welches im Vergleich zum bloßen Alltagswissen genügend analytisch ist" (1995, S. 212). Dazu kommt für ihn als Gewinn die der Ethnografie immanente maximale Offenheitsforderung, „nicht nur gegenüber dem Untersuchungsfeld, sondern erst recht auch gegenüber den eigenen Einstellungen und normativen Wertungen" (Schumann 1995, 212). Zum Einsatz kommt eine vielseitige Palette von Verfahren, die allesamt spezifisch eigenes leisten und sich wechselseitig ergänzen (Schumann 1994, S. 465). Typologisch lassen sich grob unterscheiden: Umfelderkundungen (Sozialstatistik, Archivstudium, Bildanalysen, Verbraucheranalysen, Experteninterviews, Inventarisierung und Lokalisierung der soziokulturellen Infrastruktur...), subjektorientierte Lebenswelterkundung (teilnehmende Beobachtungen, subjektive Landkarte, narrative Interviews und Gruppengespräche...).

Es spricht einiges dafür, sich zur Entwicklung „sozialräumlicher Kundigkeit" ethnografischer Methoden zu bedienen, auch oder gerade dann, wenn es um ihre geschlechtsbewusste Qualifizierung geht. Denn bezeichnenderweise hat diese Fachdisziplin eindrucksvolle Porträts zu Geschlechterkulturen hervorgebracht[6], und dies ohne den angestrengten und ideologiebehafteten Duktus moderner Frauen-, Mädchen- und Geschlechterforschung, sondern *nur*, indem sie mit dem Grundsatz des präzisen Hinschauens und sich-Hineinbegebens konsequent ernst gemacht hat. Während Geschlechterforschung Wissen zu den Geschlechterwelten zutage fördern will durch den gezielten, parteilichen, geschlechtsspezifischen Blick, verläuft der ethnografische Prozess zur Produktion geschlechtsspezifischen Wissens eher „andersherum“: Das Bestreben nach kultureller Nähe erzeugt es aus sich heraus zwangsläufig. Weil präzise hingeschaut wird, geraten in Geschlechterdifferenzen in den Fokus.

Diese spezifische Dynamik lässt die Ethnografie gerade dann zu einer passenden Methode werden, wenn Sozialräumlichkeit und Geschlechterorientierung synchronisiert werden sollen. Ihre ideologische Unbelastetheit und Leidenschaftslosigkeit empfiehlt sie um so mehr, als das Geschlechterthema durch langjährige politische Kämpfe emotional und konfrontativ aufgeladen ist – ein Umstand, der geschlechtsbewusste Qualifizierungen erheblich erschwert. Denn in dieser Stimmung bleibt es nicht aus, dass entsprechende Qualifizierungsaufforderungen als Zumutung erlebt werden, die dann „hintenherum“ boykottiert werden. Ein ethnografisches professionelles Selbstverständnis kann hier möglicherweise eine gute Hilfe sein, weil dieser Fachdiskurs ein neutralisierter ist, was die Geschlechterfrage betrifft. Dies ist insofern bedeutungsvoll, als eine sozialraumorientierte Jugendarbeitspraxis auf eine tragfähige Kommunikations- und Kooperationskultur zwischen den verschiedenen Institutionen und Akteuren angewiesen ist. Das bisherige konfrontative Diskursmuster der Geschlechterdebatte ist hierzu sicherlich nicht angetan. Es trennt mehr als dass es die Herstellung von Geschlechtergerechtigkeit in der Jugendarbeit zu einer gemeinsamen und fachlich indizierten Aufgabe macht.

Im Grunde genommen liegen ethnografische und feministische Sozialforschungsmethoden nicht weit auseinander. Doch der entscheidende Unterschied liegt in ihrer verschiedenartigen diskursiven Einbettung. Vielleicht macht eine neutralisierte Ethnografie es den Jugendhilfefachkräften tatsächlich leichter, eine sozialräumliche Kundigkeit zu entwickeln, die dann quasi „automatisch“ geschlechtsbewusst ist? Mit ihr wäre es keine Frage der Gesinnung mehr, geschlechtsbewusst zu schauen, und es wäre auch nicht mehr unbedingt spezielle Aufgabe der geschlechtergleichen Fachkräfte, sich der Zielgruppen des gleichen Geschlechts parteilich anzunehmen – eine Forderung, die in der Mädchen- und Jungenarbeit immer wieder zu hören ist.

---

6 Zu denken wäre hier beispielsweise an die Studien von Margaret Mead bei verschiedenen Südseevölkern aus den 20er und 30er Jahren (1979).

5.7. Ausblick

Geschlechtergleichstellung in der Jugendarbeit – dies wurde bisher zuerst und vorwiegend als eine institutionenbezogene Aufgabe gedacht. Die Anfänge der geschlechterkritischen Debatte waren ausgelöst durch die Beobachtung, dass Mädchen in den Jugendhäusern zahlenmäßig kaum vertreten waren. Jugendarbeit war de fakto Jungenarbeit – zumindest gemessen am Geschlecht der Nutzer – so lautete die Kritik. Die Unterrepräsentanz der Mädchen wurde als Indikator für eine Geschlechterungerechtigkeit angesehen. So waren die Bestrebungen darauf gerichtet, den Mädchenanteil in den Einrichtungen zu erhöhen oder aber – weil dieses Unterfangen trotz aller engagierter Bemühungen so wenig erfolgreich war – eigene Einrichtungen für Mädchen durchzusetzen. Der Mädchentreff sollte dann im Sinne der Gerechtigkeit ausgleichen, dass das Jugendhaus nur ein Ort für Jungen war. Beide Strategien haben jedoch etwas isolierendes und segmentierendes. Es werden nur institutionelle Ausschnitte in den Blick genommen und geschlechterkritisch überprüft und bearbeitet. Dies macht durchaus Sinn, doch es bleibt dabei vieles außen vor, was aktuelle Geschlechterrealitäten betrifft.

So bleibt außen vor, in welchen Jugendarbeitsangeboten denn viele Mädchen sind. Damit verstellt man sich den Blick dafür, dass Mädchen möglicherweise andere institutionelle Orte haben statt der Jugendhäuser. Diese Orte gibt es, denken wir z.B. an musisch-kreative Angebote, Jugendbildungswerke, Kinder- und Jugendbüchereien, spezifische Sportangebote, Pferdehöfe. Es gibt eine eigentümliche Tendenz in der Geschlechterdebatte, diese Orte zu unterschlagen, für bedeutungslos zu erklären. Hierbei spielt sicherlich auch eine Rolle, dass sie im Verdacht der Geschlechtskonformität und Traditionalität stehen. Quantitative Gleichstellungsberechungen werden jedoch falsch, wenn diese Daten nicht einbezogen werden. Eine normativ begründete Ausgrenzung bringt für eine geschlechtsbewusste Prüfung unheilvolle Verwicklungen, denn wer will beurteilen, was nicht gezählt werden darf und welche normativen Kriterien werden an die von Jungen frequentierten Orte gelegt?

Außen vor bleibt auch, welche Jungen eigentlich in den Jugendhäusern ihren Platz so gut finden. Letztlich werden nur ein Bruchteil der Heranwachsenden von diesen Angeboten erreicht, es gibt also auch sehr viele Jungen, die dort keinen Platz finden. Zugespitzt: die Mehrheit der Mädchen wie auch der Jungen sind *nicht* JugendhausbesucherInnen, die angenommene Geschlechterungleichheit relativiert sich damit also.

Und außen vor bleibt schließlich auch, dass es lebensweltlich Sinn machen kann, dass einzelne Jugendarbeitsorte von einer Geschlechtergruppe dominiert werden. Wenn sich Jugendliche in subkulturellen Cliquen stilisieren und abgrenzen und dabei auch die Geschlechterlinie eine Identitätsfigur ist, dann muss Jugendarbeit diese Absonderungspraxen ernst nehmen. Ein Bestehen auf gleichen Zugang für beide Geschlechter ist hier wenig sinnig – was nicht bedeutet, dass für die ausgegrenzten Gruppen nicht für Ausgleich zu sorgen ist.

Dies alles läuft auf eines raus: Eine geschlechtsbewusst qualifizierte Jugendarbeit ist nur über eine sozialräumliche Perspektive zweckmäßig zu praktizieren. Es ist neben der institutionenbezogenen Prüfung immer auch die Infrastruktur der Kinder- und Jugendarbeit eines gesamten lokalen Feldes einer Analyse zu unterziehen. Es ist das ganze lokale System zu betrachten, nicht nur die Einzelteile. Dieses System umfasst: offene Kinder- und Jugendarbeit, Jugendverbandsarbeit, Schulangebote am Nachmittag, öffentliche Spiel- und Bewegungsräume.

- Was wird Kindern und Jugendlichen wo von wem im Stadtteil geboten?
- Wer nimmt was wo in welcher Intensität wahr? Wo sind Mädchen, wo sind Jungen?
- Wer ist kaum zu finden und wer wird überhaupt nicht versorgt?
- Wie passen diese Angebote in die Lebensverhältnisse?

Erst das Zusammenführen und Aufeinanderbeziehen dieser sozialräumlichen Daten erlaubt eine angemessene Einschätzung zu möglichen Gechlechterungleichheiten in der Jugendarbeit. Geschlechtergerechtigkeit in einer sozialräumlichen Jugendarbeit kann nicht heißen, Chancengleichheit in allen einzelnen Einrichtungen der Kinder- und Jugendarbeit herzustellen, sondern muss sichern, dass in einem Sozialraum für Mädchen und Jungen ebensoviel und ebenso gutes zur Verfügung gestellt wird.

Literatur

Bitzan, M. (1998): Zwischen Struktur und Person. In: F. Peters u.a. (Hg.): Integrierte Erziehungshilfen, 52-72

Bitzan, M. (2000): Geschlechtshierarchischer Verdeckungszusammenhang. Überlegungen zur sozialpädagogischen Mädchen- und Frauenforschung. In: D. Lemmermöhle u.a. (Hg.): Lesarten des Geschlechts. Opladen, 146-160

Bohn, I. (1996): Von der mädchengerechten zur integrierten mädchenbewussten Jugendhilfeplanung (hrsg. vom BMFSJ). Stuttgart

Böhnisch, L.; Münchmeier, R. (1990): Pädagogik des Jugendraums. Weinheim, München

Böhnisch, L. (2001): Männlichkeiten und Geschlechterbeziehungen. In: M. Brückner u.a. (Hg.): Geschlechterverhältnisse. Weinheim, München, 39-118

Bourdieu, P. (1997): Eine sanfte Gewalt. Pierre Bourdieu im Gespräch mit Irene Dölling und Margareta Steinrücke. In: I. Dölling, B. Krais (Hg.): Ein alltägliches Spiel. Geschlechterkonstruktion in der sozialen Praxis. Frankfurt/M., 218-230

Deinet, U. (1999): Sozialräumliche Jugendarbeit. Opladen

Eichner A.; Feige, K. (2002): Unausgeschöpfte Potentiale mobilisieren. Sozialräumliche Orientierung in der Offenen Kinder- und Jugendarbeit. In: deutsche jugend 3, 103-111

Flade, A.; Kustor, B. (Hg.) (1996): Raus aus dem Haus. Mädchen erobern die Stadt. Frankfurt, New York

Friebertshäuser, B. (2001): Fremde Lebenswelten verstehen. Ethnographische Feldforschung und Kulturanalysen in der Erziehungswissenschaft (im Druck)

Funk, H. u.a. (1993): Gegen den alltäglichen Realitätsverlust. sozialpädagogische Frauenforschung als aktivierende Praxis. In: T. Rauschenbach u.a. (Hg.): Der sozialpädagogi-

sche Blick. Lebensweltorientierte Methoden in der Sozialen Arbeit. Weinheim, München, 155-174
Ginsheim; G. v., Meyer, D.(Hg.) (2001): Gender Mainstreaming. Neue Perspektiven für die Jugendhilfe. Berlin
Hamberger, M. (2000): Lebensweltorientierte Jugendhilfe und das Arbeitsprinzip der Sozialraumorientierung. In: EREV-Schriftenreihe 41. JG., 1, 16-32
Heinemann, G. (2000): Mädchenarbeit im Stadtteil. In. Stiftung SPI, MÄDEA (Hg.): Mädchen in sozialen Brennpunkten. Berlin, 193-207
Hoppe, U.: Sportangebote contra Langeweile und Randale. In. Jugend, Beruf, Gesellschaft 4/2001, 241-246
ISS (Hg.): Geschlechterdifferenzierte Jugendhilfeplanung und Gender-Mainstreaming-Prozesse. – So geht's. Frankfurt/M. 2001
Lindner, W.: Ethnografische Methoden in der Jugendarbeit. Opladen 2000
Mead, M. (1979): Jugend und Sexualität in primitiven Gesellschaften (3 Bände). München
Meyer, D., Seidenspinner, G. (1999): Mädchenarbeit. Plädoyer für einen Paradigmenwechsel. In: AGJ: 50 Jahre AGJ. Einheit der Jugendhilfe. Bonn 58-71
Müller, B.: Entwurf einer mehrdimensionalen Theorie der Jugendarbeit. In: D. Kiesel, A. Scherr, W. Thole (Hg.): Standortbestimmung Jugendarbeit. Schwalbach 1998, 37-64
Neubauer, G.; Winter, R. (2001): Jungen – Geschlecht – Identität. In: deutsche jugend 49. Jg. Nr. 2, 71-75
Scherr, A. (2000): Subjektivitätsformen Jugendlicher. In: V. King, B. K. Müller (Hg.): Adoleszenz und pädagogische Praxis. Freiburg, 233-250
Schön, E. (1999): „... da nehm‘ ich meine Rollschuh‘ und fahr hin...“. Mädchen als Expertinnen ihrer sozialräumlichen Lebenswelt. 1999
Schön, E. (2002): Neue Befunde aus der Mädchenforschung für die Praxis einer sozialraumorientierten Kinder- und Jugendarbeit. In: deutsche jugend 3, 120-127
Schumann, M. (1994): Sozialräumliche und biographische Perspektiven in der Jugendarbeit. In: Neue Praxis 5, 459-474
Stegbauer, C. u.a. (1998): Blinde Flecken traditioneller Jugendhilfe. Eine empirische Studie zur Jugendhilfeplanung. Frankfurt/M.
Tübinger Institut für frauenpolitische Sozialforschung (Hg.) (1998): Den Wechsel im Blick. Methodologische Ansichten feministischer Sozialforschung. Pfaffenweiler
Voigt-Kehlenbeck, C. (2001): ... und was heißt das für die Praxis? Über den Übergang von einer geschlechterdifferenzierenden zu einer geschlechterreflektierenden Pädagogik. In: B. Fritsche u.a. (Hg.): Dekonstruktive Pädagogik. Opladen, 237-254
Zinnecker, J. (1990): Vom Straßenkind zum verhäuslichten Kind. In: I. Behnken (Hg.): Stadtgesellschaft und Kindheit im Prozess der Zivilisation. Opladen, 142-162
Zinnecker, J. (1995): Pädagogische Ethnographie. In: I. Behnken u.a. (Hg.): Kindheit und Schule. Weinheim u.a., 21-38

6. Methoden einer sozialräumlichen Lebensweltanalyse

(Richard Krisch)

6.1 Einleitung

Die hier vorgestellten Methoden sind Verfahren, die in der Jugendarbeit angewendet, von JugendarbeiterInnen durchgeführt werden können und sich in der Praxis bewährt haben. Die vorliegende Beschreibung der Methoden verfolgt den Blickwinkel des Sozialpädagogen/der Sozialpädagogin, der/die über bestimmte Zeitressourcen verfügt, sich nicht explizit mit qualitativer empirischer Sozialforschung auseinander gesetzt hat, aber auf Grund der Arbeit mit Kindern und Jugendlichen viel über deren alltagsweltliche Deutungen weiß und vor allem in der Kontaktaufnahme kein Problem hat.

Die in einer beliebigen Reihenfolge dargestellten Methoden sind:

1. Die Stadtteilbegehung mit Kindern und Jugendlichen
2. Die Nadelmethode
3. Das Cliquenraster
4. Die Institutionenbefragung
5. Die Strukturierte Stadtteilbegehung
6. Die Autofotografie
7. Die Subjektiven Landkarten
8. Die Zeitbudgets
9. Die Fremdbilderkundung

Das Erkenntnisinteresse

Das Ziel der hier beschriebenen Verfahren ist es, Verständnis dafür zu entwickeln, wie die Lebenswelten Jugendlicher in engem Bezug zu ihrem konkreten Stadtteil, zu ihren Treffpunkten, Orten und Institutionen stehen und welche Sinnzusammenhänge, Freiräume oder auch Barrieren Jugendliche in ihren Gesellungsräumen erkennen. Der Fokus des Erkenntnisinteresses richtet sich daher auf die lebensweltlichen Deutungen, Interpretationen und Handlungen von Heranwachsenden im Prozess ihrer Aneignung von Räumen.

Dies beinhaltet immer auch, den Blick nicht nur auf Kinder und Jugendliche, sondern auch auf deren Chancen, sich Räume anzueignen, zu werfen.

Denn „Kinder und Jugendliche entwickeln sich vor allem auch über Prozesse sozialräumlicher Aneignung, in denen sie die räumliche Umwelt für sich zu entdecken und gestalten suchen, um sich zu erleben und zu erfahren. Gleichzeitig tritt ihnen diese räumliche Umwelt schon besetzt, gesellschaftlich vordefiniert und funktionalisiert gegenüber.“ (Böhnisch 1996: 149)

Die Deutungen von Jugendlichen müssen daher immer auch vor dem Hintergrund der Funktionsbeschreibungen und Einflüsse der politisch-institutionellen Öffentlichkeiten interpretiert werden. Eine zentrale Rolle in der Definition der Chancen, Möglichkeiten oder Barrieren eines Sozialraumes spielen die ansässigen Institutionen. Sie können Aneignungsmöglichkeiten fördern oder einschränken, entsprechende Angebote setzen oder verhindern, prägen aber auch die öffentliche Meinung sowohl über Kinder und Jugendliche und deren Problemstellungen, wie auch über die Bedeutung und Funktion der Jugendarbeit.

Die hier vorgeschlagenen Methoden beziehen sich daher zwar vor allem auf Kinder und Jugendliche, versuchen aber auch die gesellschaftlichen Strukturen – vermittelt über Politik, Institutionen, aber auch die BewohnerInnen – zu ergründen.

Beschreibung der Methoden

Die Darstellung der Verfahren in diesem Buch orientiert sich an der Praxis der Jugendarbeit und versucht konkrete Handlungsschritte und Fragestellungen bei ihrer Durchführung aufzugreifen.

Der größere Teil der ausgewählten Methoden – die „Stadtteilbegehung mit Kindern und Jugendlichen“, die „Nadelmethode“, die „Subjektiven Landkarten“, die „Autofotografie“ – stellen den subjektiven Blick und die lebensweltlichen Interpretationen bedeutender Orte und sozialräumlicher Zusammenhänge aus der Sicht von Kindern und Jugendlichen in den Vordergrund. Die „Strukturierte Stadtteilerkundung“ versucht deren Interpretationen durch den Blickwinkel der JugendarbeiterInnen zu verdichten. Das „Cliquenraster“ wirft einen differenzierten Blick auf die Jugendkulturen des Stadtteils oder der Region. Die Methoden der „Institutionenbefragung“ und die „Fremdbilderkundung“ erkunden die Sichtweisen der bestimmenden Öffentlichkeiten über die Situation der Heranwachsenden.

Obwohl die Methoden ganz verschieden sind, weisen sie doch ähnliche Intentionen auf und können daher immer wieder aufeinander bezogen bzw. auch Elemente einer Methode in die Anwendung eines anderen Verfahrens integriert werden.

Diese Methoden sind an qualitative Forschungsmethoden angelehnte Verfahren, bei denen es sich im weiteren Sinn um strukturierte Formen der Befragung und der teilnehmenden Beobachtung handelt.

Sie verfolgen aber keinen wissenschaftlichen Anspruch, da sie den Gegebenheiten der Jugendarbeit angeglichen sind. Dementsprechend sind diese

Verfahren den alltagsweltlichen Ausdrucksformen der Jugendlichen angepasst, beinhalten in der Kontaktaufnahme bzw. Durchführung animative Elemente und lassen sich ohne großen Aufwand im Stadtteil oder auch in der Einrichtung durchführen. Um aber zu verwertbaren Ergebnissen zu kommen, wird diesen Methoden auch eine entsprechende Form der Ergebnissicherung und Auswertung zugrunde gelegt.

In Abhängigkeit vom Fachwissen der handelnden Personen, des Zeitaufwandes und des Umfanges des Projektes können die Aussagen – gemessen an wissenschaftlichen Kriterien – durchaus Gültigkeit, bezogen auf bestimmte Personengruppe, haben oder auch das Kriterium der Wiederholbarkeit erfüllen.

Zur Anwendung der Methoden im Rahmen der Jugendarbeit

Albert Scherr hat im Rahmen einer Diskussion über die Bedeutung ethnographischer Methoden in der Jugendarbeit, die Methodenanwendung als „Art und Weise, Vertrautheit mit den Lebenswirklichkeiten der Jugendlichen im Stadtteil zu erreichen“ beschrieben und damit deren Zielsetzung sehr präzise ausgedrückt. Sie ist keine wissenschaftliche Feldforschung, sondern soll im Rahmen und mit den Möglichkeiten der Jugendarbeit durchgeführt werden.

Schon die Durchführung einzelner Elemente erweitert die „sozialräumliche Kundigkeit“ (Böhnisch/Münchmeier 1990: 110). Die Anwendung verschiedener Verfahren intensiviert die Auseinandersetzung, wobei sich die verschiedenen Blickwinkel – die der Kinder und Jugendlichen, der Fachkräfte der Jugendarbeit und der Interpretation durch maßgebliche Institutionen – immer mehr überlagern.

Die Durchführung führt aber auch zu intensiven Gesprächen mit Heranwachsenden über den Stadtteil, holt ihn gleichsam in die Jugendarbeit und wird zum Thema der Jugendarbeit.

Wir schlagen auch einen pragmatischen Zugang vor, der sich vor allem auf die Dokumentation und Interpretation von gesammeltem Datenmaterial bezieht. Eine eineinhalb-stündige Stadtteilbegehung mit Jugendlichen wörtlich zu transkribieren, ist in der Jugendarbeit nicht machbar. Mit allen Cliquen eines Parks Interviews zu machen, auch nicht. Daher haben wir praktischen und einfach durchführbaren Formen der Auswertung in den jeweiligen Beschreibungen der Methoden breiten Platz eingeräumt.

Im Anschluss an die Vorstellung der Methoden ist ein eigenes Kapitel den Vorgangsweisen und Problemen gewidmet.

Zur Verantwortung: Drei Anmerkungen zur Durchführung

Die Grenzen der Informationsweitergabe beachten!

Die hier beschriebenen methodischen Ansätze dienen ausschließlich dazu, der Jugendarbeit ein breiteres Wissen über die sozialräumlichen Qualitäten des Umfeldes zu schaffen und damit die Grundlagen der eigenen Arbeit zu erweitern. Die Kompetenz der Jugendarbeit, sehr differenzierte Beschreibungen und Aussagen über Handlungsformen, Nutzung von öffentlichen Räumen etc. zu leisten, schafft z.T. aber auch Wissensbestände, die sich gegen Jugendliche richten könnten – es besteht daher die Gefahr, „Herrschaftswissen“ bereit zu stellen! Bei Veröffentlichungen oder auch Präsentationen, die ja auch eine positive Öffentlichkeit für die Lebenssituation von Kinder und Jugendliche schaffen können, muss daher immer die Frage nach der Grenze der Informationsweitergabe handlungsleitend sein.

Keine Erwartungen wecken!

Die Durchführung von Methoden unter Beteiligung von Heranwachsenden darf keine Erwartungen bei ihnen wecken. Die Frage „Was wünschst du dir?“, oder „Was hättest du hier gerne?“, kann bei Kindern und Jugendlichen leicht die Erwartung wecken, dass ihre Vorschläge – von den JugendarbeiterInnen – auch umgesetzt werden. Hier ist jeweils darauf zu achten, dass Fragen so gestellt werden, dass dieser Eindruck nicht entsteht bzw. die Chancen der Realisierung von infrastrukturellen Veränderungen seitens der Jugendarbeit klar angesprochen werden.

Die Einschätzung von Mädchen wahrnehmen!

Klar ist uns auch, dass durch den Blick auf öffentliche Räume Mädchen durch die hier beschriebenen Formen der Lebensweltanalysen in einem geringeren Ausmaß wahrgenommen werden wie männliche Jugendliche. Dies bedingt einerseits, sehr bewusst immer wieder zu überprüfen, ob auch die Einschätzungen von Mädchen genügend Platz finden. Zum anderen wird es auch darum gehen müssen, Methodenrepertoires weiter zu entwickeln, die Mädchen besser erreichen und den Blickwinkel von Mädchen stärker berücksichtigen.

6.2. Stadtteilbegehung mit Kindern und Jugendlichen

Abstract
Die Stadtteilbegehung mit weiblichen und männlichen Kindern und/oder Jugendlichen stellt eine zentrale Methode zur Erforschung ihrer lebensweltlichen Sicht bestimmter Orte in einer Siedlung und der subjektiven Bedeutung, die diese für sie haben, dar. Sie basiert auf einer Idee von Norbert Ortmann (vgl. Ortmann in Deinet 1999: 74): Mit einer kleinen Gruppe von Heranwachsenden wird der Stadtteil auf einer von ihnen eingeschlagenen Route begangen und zugleich ihre Interpretationen der sozialräumlichen Qualitäten dieser Räume mittels Diktiergerät und Fotoapparat dokumentiert.

Nachdem die Nutzungs- und Aneignungsformen der Orte eines Stadtteils, aber auch die Mobilität von Kindern, jüngeren Jugendlichen und Jugendlichen, von Mädchen und Jungen äußerst unterschiedlich sind, werden jeweils eigene Begehungen mit den verschiedenen Altersgruppen und Geschlechtern durchgeführt. Dies erlaubt eine unmittelbare, aber auch differenzierte Wahrnehmung der Streif- und Lebensräume eines Stadtteils aus der Sicht von Kindern und Jugendlichen.

Wird die Begehung mit mehreren Gruppen durchgeführt, können die begangenen Wege und Orte auf einem Stadt(teil)plan eingetragen werden, wodurch ein komplexes Bild von Streifräumen, „Knotenpunkten" oder aber gemiedenen Orten im Stadtteil entsteht. Die Zusammenfassung der Aussagen der verschiedenen, den Stadtteil begehenden Gruppen ermöglicht einen differenzierten Eindruck der sozialräumlichen Qualitäten der Treffräume eines Stadtteils.

Stadtteil-Erkundungen bieten sich aber auch für Projekte der Jugendarbeit an, in denen gemeinsam mit Kindern und Jugendlichen Ausstellungen oder Dokumentationen über den Stadtteil erstellt werden.

Idee und Intention

In der Vorstellung der „Stadtteilerkundung mit Schlüsselpersonen" begründet Ortmann die Intention dieser Methode folgendermaßen: „Der Blickwinkel der PädagogInnen, die im Stadtteil arbeiten, ist zum einen zunächst nicht der Blickwinkel der Bürger, also auch nicht der Kinder und Jugendlichen, die im Stadtteil leben und ist zum anderen in der Regel maßgeblich durch ‚Komm-Strukturen' bestimmt. Beides führt dazu, dass nur ausgewählte Erscheinungen aus dem Stadtteil zum Pädagogen/zur Pädagogin finden." (Ortmann in Deinet 1999: 74) Daher schlägt er vor, den Stadtteil aus dem Blickwinkel einer Schlüsselperson zu analysieren, wobei dies in seinem Entwurf genauso Erwachsene wie Kinder und Jugendliche sein können, die sich im Stadtteil auskennen und daher viele Zugänge erschließen können. In der Weiterentwicklung dieser Methode haben wir sie speziell auf Kinder und Jugendliche bezogen, weil sich die Durchführung einer Stadtteilbegehung mit Heranwachsenden in der Praxis sehr stark von einem Streifzug mit Erwachsenen unterscheidet.

Während bei Gesprächen mit Kindern oder Jugendlichen über das tägliche Leben im Stadtteil, die *in* der Einrichtung geführt werden, nur bestimmte Orte und Ausschnitte benannt werden, vermittelt eine gemeinsame Begehung vielschichtige, direkte und – vor allem – unmittelbare Interpretationen. Man/frau wird durch den Stadtteil geleitet, erfährt bestimmte Abkürzungen oder bedeutsame Ereignisse, die an bestimmten Stellen stattgefunden haben und wird auf sozialräumliche Qualitäten aufmerksam gemacht, die sich aus dem „erwachsenen" Blickwinkel nicht erschlossen hätten: „Informelle Treffs, besondere Abkürzungen, aber auch die Oberflächengestaltung von Plätzen, die für die Frage nach deren Nutzung (Inline-Skates!) wichtig ist, gewinnen dann plötzlich eine geänderte Bedeutung, häufig eine emotionale Aura und einen Stellenwert, der den Fachleuten zuvor so nicht zugänglich war." (Ortmann in Deinet 1999: 74) Zudem kann das „Gespräch während der Stadtteilerkundung ... interessante Details über Cliquen und Gruppen im Stadtteil sowie deren gegenseitige Wahrnehmung und deren Verfügung über die Möglichkeiten des Stadtteils erbringen." (ebd.)

Nachdem sich die sozialräumlichen Formen der Aneignung und Nutzung bei Kindern und Jugendlichen, aber auch bei Mädchen und Burschen deutlich unterscheiden, bringen Stadtteilbegehungen mit verschiedenen Gruppen oft ganz andere Erkenntnisse. Oft sind gerade von Jungen präferierte Orte solche, die Mädchen meiden; ebenso unterscheiden sich deren Streifräume oder informelle Treffpunkte.

Aber auch die von Ortmann vorgeschlagene Begehung mit einer Gruppe von eher nach außen orientierten Kindern und Jugendlichen hat u. E. nur einen begrenzten Aussagewert bezüglich der Heranwachsenden. Denn gerade Begehungen mit Kindern und Jugendlichen, die nicht so sehr im Stadtteil präsent sind und sich auch nicht sofort aufdrängen, eine Stadtteilbegehung zu machen, eröffnen bedeutende Einblicke in Prozesse der Verdrängung, denen sie sich ausgesetzt sehen und die sie veranlassen, sich in Rückzugsräumen, in Nischen der öffentlichen Räume anzusiedeln. Besonders Stadtteilbegehung mit Mädchen ermöglichen Erkenntnisse über deren Verhältnis zum öffentlichen Raum, die mit anderen Methoden kaum zu gewinnen sind.

Die Erfahrungen, die bei der Anwendung dieser Methode gemacht werden, bestätigen, dass die subjektiven Interpretationen über die Qualität von Räumen äußerst differenziert sind und kaum Verallgemeinerungen über die Bedeutungen von Orten zulassen.

Dies weist aber auch auf die besondere Qualität dieser Methode hin: Sie schafft Vertrautheit mit der lebensweltlichen Sicht von unterschiedlichen Kindern und Jugendlichen, ermöglicht differenzierte Einblicke in Aneignungsformen und Verdrängungsprozesse von verschiedenen Gruppierungen und gibt subjektiv gefärbte Auskünfte über erwachsene AkteurInnen, welche die Nutzungsmöglichkeiten von Freiräumen eröffnen bzw. verschränken.

Mehrere Begehungen mit verschiedenen Gruppen führen aber Stück für Stück zu einer komplexeren Wahrnehmung der vielen Wechselwirkungen zwischen Räumen und handelnden Personen des Stadtteils.

Die Methode in der Praxis

Die Zeitfrage: Vorbereitung und Durchführung

Eine Stadtteilbegehung bedarf prinzipiell keiner großen Vorbereitungszeit, da sie meist von der Einrichtung ausgeht und somit jederzeit durchgeführt werden kann. So muss sie vorher nicht unbedingt angekündigt werden, sondern kann relativ spontan mit Interessierten erfolgen.

Anders verhält sich dies natürlich, wenn Stadtteilbegehungen als Partizipationsprojekt der Kinder- und Jugendarbeit gemeinsam mit Kindern oder Jugendlichen durchgeführt und die Ergebnisse öffentlich präsentiert werden sollen. In diesem Fall müssen die Begehungen gemeinsam vorbereitet, ein Modus festgelegt und ein Zeitplan für die Streifzüge erstellt werden.

Ein Stadtteil-Rundgang sollte nicht länger wie zwei Stunden dauern und ist in Hinblick auf das zeitliche Ausmaß von der Konzentration und der Beteiligung der Kinder und Jugendlichen abhängig.

Kleine Gruppengröße – große Qualität

Die Anzahl der Kinder oder Jugendlichen sollte keinesfalls zu groß sein. Schon Ortmann wies zu Recht darauf hin, dass es keinen Sinn macht, mit einer ganzen Gruppe loszugehen, (vgl. Ortmann in Deinet 1999: 74) weil „die innere Dynamik einer solchen Gruppe von einzelnen Beobachtungen ablenkt und es kaum möglich ist, die Blickwinkel einzelner Kinder und Jugendlicher zu differenzieren und dokumentarisch zusammenzuführen.“ (ebd.)

Die Konzentration der JugendarbeiterInnen liegt auf Aussagen der Einzelnen, die nicht allzusehr durch gruppendynamische Prozesse beeinflusst werden sollten. Dementsprechend erscheint bei einer Stadtteil-Erkundung mit zwei JugendarbeiterInnen eine Gruppengröße von drei bis maximal fünf Kindern oder Jugendlichen zielführend. Wenn nur ein/e JugendarbeiterIn einen Streifzug durchführt, sind drei TeilnehmerInnen das Höchstmaß.

Die Motivationen der TeilnehmerInnen

Natürlich unterscheidet sich eine Stadtteilbegehung mit Jugendlichen von einem Rundgang mit Kindern. Erfahrungsgemäß genießen Kinder oder jüngere Jugendliche durchaus die Aufmerksamkeit der Erwachsenen und beschreiben sehr ernsthaft ihre Eindrücke. Sie brauchen deshalb keine besondere Motivation oder einen besonderen Anlass für die Beteiligung an einer Begehung. Gerade bei den ersten Stadtteil-Erkundungen scheint es einfacher, jene Kinder anzusprechen, die eher „außenorientiert“ sind und über große Mobilität in ihrem Lebensumfeld verfügen.

Bei Jugendlichen zeigt sich, dass sich jene, die im öffentlichen Raum eher unauffällig agieren – das sind besonders die Mädchen –, aufgrund des Interesses der JugendarbeiterInnen an ihren Lebens- und Streifräumen leichter zu einem Stadtteil-Rundgang motivieren lassen als dominante Jugendliche, bei denen eine Stadtteilbegehung mitunter auch zu einem Zur-Schau-Stellen ihrer Macht, sich Räume anzueignen, wird. In diesem Fall bietet sich die Einbettung dieser Methode in ein gemeinsames (Film- oder Homepage-) Projekt an, welches thematisch den Stadtteil und nicht so sehr ihre Aneignungsformen in den Vordergrund rückt.

Der Weg – die Orte – die Gespräche

Der begangene Weg wird weitgehend von den Kindern bzw. Jugendlichen bestimmt, sollte aber an ihren wichtigsten Aufenthaltsorten vorbei führen. Sie werden während der Begehung befragt, wie oft sie dorthin gehen, was sie dort machen, mit wem sie sich treffen und was das Besondere an den Plätzen ist. Von großer Bedeutung sind aber auch die verbindenden Wege, die ja ebenfalls nach subjektiven Kriterien gewählt werden. Sie werden aber auch auf Orte angesprochen, die sie eher meiden, oder die als Angsträume empfunden werden.

Bei Kindern kann als Einstieg hilfreich sein, die Räume und Wege eines typischen Tagesablaufes zu rekonstruieren, z.B. den Weg zur Schule, zu den Spielplätzen und FreundInnen.

Die Route der Stadtteilbegehung kann teilweise von den JugendarbeiterInnen gesteuert werden und Orte beinhalten, die für MitarbeiterInnen von großem Interesse sind. Wenn Stadtteilbegehungen – im Rahmen einer strukturierten Stadtteilbegehung – nach der Stadtteil-Beobachtung (vgl. „Strukturierte Stadtteilbegehung“) durchgeführt werden, können JugendarbeiterInnen ihre, durch die vorhergehende Beobachtung gewonnenen Eindrücke nun mit den lebensweltlichen Interpretationen der Kinder oder Jugendlichen vergleichen.

Bei Jugendlichen kann die „Begehung“ bei weiter auseinander gelegenen Orten auch – für Jugendliche obligate – Fahrten mit öffentlichen Verkehrsmitteln beinhalten, wodurch sich wiederum spannende Einblicke in (vergangene) Geschehnisse während der Fahrten eröffnen. Natürlich kann – als Variante der Methode – die Stadtteilbegehung auch über den Stadtteil hinaus auf jene „Inseln“ erweitert werden, die im sozialräumlichen Zusammenhang der Jugendlichen eine bedeutende Rolle spielen.

Die Materialien und die Form der Dokumentation

Ein Fotoapparat und ein Aufnahmegerät (Diktaphon, MD-Rekorder) stellen die notwendigen Materialien für eine Stadtteil-Erkundung dar.

Zur Dokumentation der Orte und Wege wird ein möglichst einfach zu bedienender Fotoapparat verwendet, die Gespräche werden mit dem Aufnahmegerät aufgezeichnet. Zu jedem Foto werden die entsprechenden Interpretationen von den Kindern und Jugendlichen auf Band gesprochen oder in Form eines „Live-Mitschnittes" aufgenommen. Diese werden von den JugendarbeiterInnen sofort durch etwaige Anmerkungen und Kommentare – wie z.B.: „G. hat schon vorher darauf hingewiesen, dass an diesem Ort ..." – ergänzt. Natürlich können wichtige Aussagen und Bemerkungen auch notiert oder fotografierte Plätze und Wege gleich auf einem Stadt(teil)plan eingetragen werden.

Bei der Stadtteil-Erkundung mit Kindern ist es auch möglich, die Kinder bei jenen Orten, die sie für wichtig erachten, zu bitten, diese selbst zu fotografieren. Gleichzeitig wird die Motivation, warum gerade dieser Ort gewählt wurde, notiert oder auf einem Tonband aufgenommen. Danach fotografiert der/die JugendarbeiterIn ebenfalls diesen Ort – aus der subjektiven Sicht eines/er Erwachsenen. Die Gegenüberstellung der Fotos und somit der Blickwinkel dokumentieren später sehr schön die unterschiedlichen Sichtweisen.

Auch die Verwendung einer Polaroid-Kamera ist denkbar. Sie hat den Vorteil, dass die Bilder sofort angeschaut werden können. Darüber hinaus können die Fotos nach der Rückkehr in die Einrichtung aufgehängt und nochmals mit den Beteiligten interpretiert werden. Es können sich dann in der Einrichtung auch interessante Gespräche und Diskussionen über diese Abbildungen mit jenen ergeben, die nicht am Rundgang beteiligt waren. – Der Nachteil der Nutzung von Polaroid-Kameras liegt in der schlechten Qualität der Fotos, die somit auch kaum für eine Dokumentation oder Präsentation geeignet sind.

Statt dem Fotoapparat kann schließlich eine Videokamera verwendet werden. Sie eignet sich besonders für Stadtteilbegehungen mit Jugendlichen, die sich ja vor der Kamera oft gerne selbst darstellen und die daher diese Form der Dokumentation als Anreiz betrachten. Auch hier könnte diese Methode in ein Projekt der Jugendarbeit einfließen, indem im Anschluss mit den Jugendlichen gemeinsam ein Film über das Leben im Stadtteil produziert werden könnte. Bei dieser Form der Dokumentation, bei der beispielsweise die Beteiligten einzeln direkt an ihren gewählten Orten gefilmt werden und vor der Kamera die Bedeutung dieser Plätze vermittelt wird, entsteht ein filmisch festgehaltener Streifzug, der nach dem Schnitt den Stadtteil aus der Sicht von Jugendlichen darstellt. – Mit entsprechendem digitalen Equipment ist es auch möglich, aus Videofilmen einzelne Bilder herauszulösen, sodass das Videomaterial nicht nur für einen Film, sondern auch für eine Fotoserie – die sich auch als Homepage-Präsentation eignet – verwendet werden kann.

Der Vorteil des Videofilms als animierendes Medium beinhaltet aber auch den Nachteil dieser Dokumentationsform: Während ein/e JugendarbeiterIn mit dem Filmen beschäftigt ist, ein/e andere/r mit den Interviews oder der Regie, bleibt oft keine Zeit, genauer nachzufragen oder Aussagen zu notieren. Die Dynamik des Filmens überlagert ein Stück weit die Intention, die sozialräumliche Qualität der Lebensorte der Jugendlichen zu verstehen.

Auswertung

Im ersten Schritt werden direkt nach Abschluss der Begehung die wichtigsten Eindrücke aus der Sicht der JugendarbeiterInnen in einem „ExpertInnen-Dialog" ausgetauscht und kurz in einem Gedächtnisprotokoll zusammengefasst. In diesem Protokoll sollten auch Hinweise auf besonders interessante Stellen des Tonbandmitschnittes vermerkt werden.

Im nächsten Schritt – am selben oder nächsten Tag – wird der Streifzug unter Verwendung eines Farbstiftes, welcher dieser Erkundungsgruppe zugeordnet wird, auf der Stadtteil-Karte eingetragen und die fotografierten Orte bezeichnet und numeriert. Nun wird das Tonband abgehört und die bedeutendsten Aussagen oder Zitate jeweils auf einem Blatt Papier – mit der dazugehörigen Nummer – notiert. Diese Beschreibungen werden entweder neben die Karte gepinnt oder in einem entsprechend nummerierten Hängeordner gesammelt.

Nach mehreren Begehungen entstehen so vielfältige Interpretationen und Blickwinkel über allgemein bedeutende Orte und ein Mosaik von verschieden genutzten Segmenten des Stadtteils. Die von den unterschiedlichen Gruppen – in jeweils verschiedenen Farben auf dem Plan eingezeichneten – eingeschlagenen Wege ergeben ein komplexes Bild von Streifräumen, „Knotenpunkten" und gemiedenen Orten im Stadtteil. Die Zusammenfassung der Aussagen der verschiedenen Begehungsgruppen verdichten sich mit der Zeit zu einem komplexen Eindruck der sozialräumlichen Qualitäten der Treffräume eines Stadtteils.

Beispiel

Die folgende Abbildung des Wiener Jugendzentrums Per-Albin-Hansson-Siedlung zeigt die Zusammenschau aller Kinderspielplätze, der Plätze für Jugendliche und informelle Treffpunkte, welche durch mehrere Stadtteilbegehungen mit Kindern, Jugendlichen und Mädchen in Erfahrung gebracht wurden.

Im Projektbericht wird der Zugang zu den jungen BegleiterInnen folgendermaßen beschrieben: „ Wir baten sie, uns durch die Gegend, in der sie wohnen und die sie deshalb auch am besten kennen, zu führen, uns Plätze zu zeigen, die es für sie gibt, die sie auch nutzen, sowie informelle Treffpunkte. Es interessierte uns, ob und wie sie welche Plätze nutzen, welche Plätze sie meiden und warum, welche Orte speziell Anlaß für Konflikte geben, mit wem sie die Konflikte haben und wie sie bereinigt werden können, welche Lösungsmöglichkeiten gefunden wurden bzw. werden. Wichtig war uns auch, zu erfahren, welche Schwierigkeiten sich bei der Aneignung verschiedener Orte ergeben, welche Mängel Plätze aufweisen, was den Kindern und Jugendlichen in ihrer Wohnumgebung fehlt."

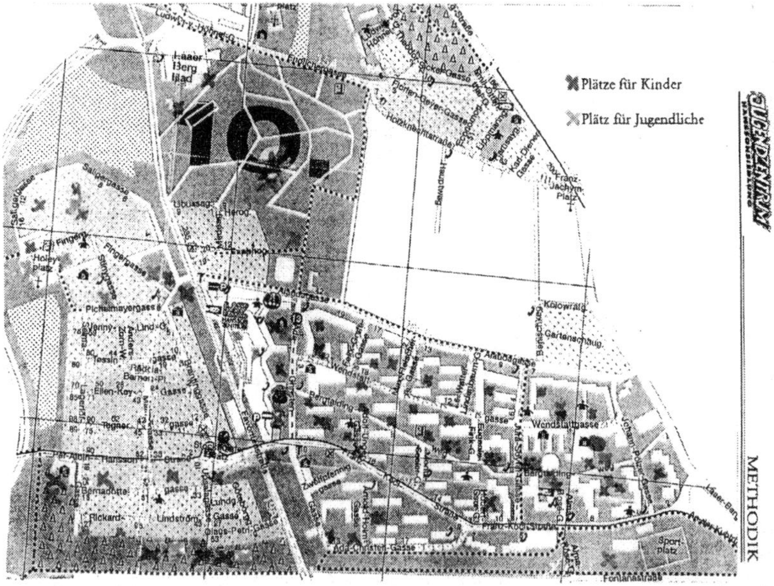

Die Orte wurden auch fotografiert. Das folgende Foto zeigt einen für Wien typischen „Käfig“, in dem Ballsportarten betrieben werden können. In diesem Fall beklagten die Jugendlichen, dass er immer versperrt sei, weil aufgrund der zu niedrigen Zäune öfters Fensterscheiben zu Bruch gegangen wären.

Die Stadtteilbegehung fand im Rahmen einer strukturierten Stadtteilbegehung statt und verfolgte im Rahmen einer umfassenden Konzeptentwicklung mehrere Zielsetzungen. Es sollten Plätze gefunden werden, die sich für Außenaktionen eignen, die mit Kindern und Jugendlichen gemeinsam genutzt oder bei denen sie bei der Aneignung unterstützt werden könnten. Darüber hinaus wurde von den KollegInnen des Jugendzentrums Per-Albin-Hansson-Siedlung das Ziel formuliert, vermehrt ExpertInnen für diesen Stadtteil zu werden.

Öffentliche Präsentation

Wie in den nachfolgenden Beispielen gezeigt wird, eignen sich Teile der Auswertung der Stadtteilbegehung für öffentliche Präsentationen. In Form von Bildbänden, Fotoausstellungen oder ähnlichen Präsentationen kann der Stadtteil aus der Sicht von Kindern, Mädchen, Burschen oder Jugendlichen dargestellt werden.

Erfahrungsgemäß kann auf diese Weise Verständnis bei Erwachsenen für die anderen Wahrnehmungsformen von Heranwachsenden erreicht und auch mit Forderungen nach Sicherung oder Verbesserung der Infrastruktur verbunden werden.

Hier ist aber streng zwischen den Zielen der Stadtteilbegehung als Methode der Jugendarbeit und der Zielsetzung einer Veröffentlichung zu unterscheiden. Die Aussagen, die vor dem Hintergrund des Vertrauensverhältnisses zwischen JugendarbeiterInnen und Kindern oder Jugendlichen getroffen wurden, tragen zu einem gegenseitigen Verständnis bei. Viele Darlegungen sind dabei weder zur Veröffentlichung geeignet, noch sollten sie anderen Institutionen zugänglich gemacht werden.

Eine Dokumentation der Aneignungsformen von Jugendlichen könnte sich leicht unter dem – ja sehr beliebten – Blickwinkel der Devianz gegen Jugendliche richten oder ihre informellen Treffpunkte preis geben. – Hier bietet sich natürlich die Vorgangsweise der direkten Beteiligung von Jugendlichen bei der Erstellung der Präsentation an, die eine entsprechende Auswahl und Gestaltung der Veröffentlichung gewährleisten würde.

Ganz wichtig ist natürlich auch immer die rechtliche Absicherung bei der Verwendung namentlich bezeichneter Beiträge, wie Interviews oder Bilder.

Drei Beispiele für öffentliche Präsentationen

Wie unterschiedlich Stadtteilbegehungen eingesetzt werden können, zeigen die folgenden Beispiele, denen zwar unterschiedliche Intentionen zugrunde lagen, die aber alle zum Ziel hatten, eine breite Öffentlichkeit – im Sinne einer Lobbyarbeit für Kinder – zu erreichen. Auch hier galt dennoch, entsprechend behutsam mit den Aussagen umzugehen, die Auswertung einfühlsam vorzunehmen und bei einer Veröffentlichung jedenfalls rechtliche Absicherungen im Sinne aller Beteiligten zu treffen.

1. Beispiel: Stadtstrukturen aus Kindersicht
Mit dem Ziel, allgemeine Stadtstrukturen mit Kindern zu analysieren und ihre Sichtweisen kennenzulernen, unternahm im Rahmen eines von uns wissenschaftlich begleiteten Projektes ein auf Stadtanliegen ausgerichteter Verein in Kooperation mit einem Jugendzentrum des VJZ und einer Volksschule Stadtteilbegehungen in Wien und Umgebung. Nach einer Vorbereitungsphase, in der ein Leitfaden erstellt wurde, gingen die an diesem Projekt beteiligten PädagogInnen und JugendarbeiterInnen in einer viermonatigen Begehungsphase jeweils mit kleinen Gruppen von Kindern im Alter zwischen acht – wenige Kinder waren sogar noch jünger – und zwölf Jahren die gewohnten Stadtteile ab. In narrativen Interviews wurden die Kinder zu den städtischen Strukturen und ihren lebensweltlichen Erfahrungen befragt. Die Aussagen, die alle sofort handschriftlich festgehalten wurden, wurden durch später angefertigte Zeichnungen ergänzt und entsprechend der Intention, die Empfindungen der Kinder unter Wahrung der Authentizität der Aussagen in eine für Erwachsene verständliche Form zu bringen, in einer Broschüre – „Lebensraum Stadt aus Kindersicht. Ein lexikalisches Lesebuch für Kinder und Erwachsene" (Verein Stadtforum für Kinder: 1994) – zusammengefasst und österreichweit an Interessenten verschickt.

2. Beispiel: Eine Kleinstadt aus Kindersicht
Beim Projekt „Lebens- und Spielraum Mödling aus Kindersicht" wurde der zentrale Altstadtkern, in dem sich auch die meisten Schulen und Kindergärten befinden, einer niederösterreichischen Kleinstadt mit der Methode der Stadtteilbegehung von Kindern „analysiert". Auch hier galt es, zunächst das Ziel festzulegen, nämlich die Stadt aus subjektiver Kindersicht kennenzulernen und sodann einen Fragenkatalog zu skizzieren. Die während der Stadt-Begehungen in kleinen Gruppen aufgesuchten Orte, die von allgemeinen Plätzen über Straßen, Parks, Hinterhöfe bis zu den vielen, meist nicht kindergerecht ausgestatteten Spielplätzen reichten, wurden von den Kindern – im Alter von vier bis zwölf Jahren – in den narrativen Interviews beschrieben, analysiert, manchmal gelobt, oft kritisiert. Im Anschluss daran wurden noch einmal Gespräche geführt und gegebenenfalls nachgefragt sowie die Kinder gebeten, kleine Aufsätze zu verfassen oder Bilder zu malen. Vor allem aber hatten die insgesamt 60 teilnehmenden Kinder die Möglichkeit, ihren Lebensraum zu beschreiben, sodass sich bald abzeichnete, was als schön, was als beengend empfunden wird und was sich die Kinder eigentlich wirklich wünschen würden. Die Ergebnisse wurden mit finanzieller Unterstützung der Gemeinde zusammengefasst, wobei die Aussagen so wortgetreu wie möglich wiedergegeben wurden. Ein österreichweit ausgestrahlter Fernsehbeitrag, bei denen die Kinder noch einmal zu ihren Wünschen interviewt wurden, zeigte ihnen zudem, wie sehr ihre Meinung ernst genommen wird. Schließlich wurde die Broschüre „Lebens- und Spielraum Mödling aus Kindersicht" (Verein Stadtforum für Kinder: 1995), die mit dem Kapitel „Wenn ich BürgermeisterIn wäre" schloss, den PolitikerInnen der Stadt übergeben.

3. Beispiel: Ein Streifzug mit Kindern
Eine auf mehreren Ebenen interessante Form eines „Streifzuges mit Kindern" findet sich in einem umfangreich dokumentierten Projekt „Mehr Platz! Für Kinder" (Stadtentwicklung Wien, MA 18 – Stadtentwicklung und Stadtplanung 2002) und wurde von der Gruppe „Plansinn" durchgeführt. Der Stadtteilbegehung wurde ein dem Nadelprojekt vergleichbares Verfahren vorgeschaltet. Auf einer Stadtteil-Karte zeichneten Kinder ihre Schulwege ein und markierten mit Klebepunkten Orte, die für sie wichtig waren. Auf „post-its" wurden die jeweiligen Bedeutungen notiert. Diese Vorarbeit ermöglichte die Festlegung einer somit spannenden Route, weil sie alle, den Kindern offensichtlich bedeutenden Orte enthielt.

Der spezielle Fokus dieser Begehung lag bei den Formen des Spiels der Kinder im öffentlichen Raum bzw. der Frage, „warum bestimmte Spielformen an bestimmten Orten stattfinden" (ebd.: 16). Hier sollten aber auch Fragen nach kindergerechteren Umwelten einfließen, ohne aber auf die Ebene unrealistischer Wunschvorstellungen zu kommen.

Dementsprechend gestalteten sich die Interviews während des Streifzuges an die Kinder: „Wir fragten prinzipiell zuerst nach dem, was ist, erst danach nach dem, was sein soll. (Was stört euch hier? Warum kann man hier nicht spielen? Was müsste hier verändert werden, damit ihr hier spielen könntet? Was müsste verändert werden, damit ihr hier noch besser spielen könntet?)" (ebd.)

Originell ist auch die Idee, durch den Streifzug Spuren im Stadtteil zu hinterlassen: Mit Kreide wurden auf den Gehsteigen Spielfelder eingezeichnet und die Begehung durch Tempelhüpf-Wettbewerbe andauernd aufgelockert.

6.3. Nadelmethode

Abstract

Die Nadelmethode ist ein Verfahren zur Visualisierung von bestimmten Orten, die jederzeit in der Jugendarbeit angewandt werden kann und augenblicklich zu Ergebnissen führt. Bei dieser aktivierenden Methode, die von Norbert Ortmann (vgl. Ortmann in Deinet 1999: 76ff) entworfen wurde, werden von Kindern oder Jugendlichen verschiedenfarbige Nadeln auf eine große Stadtteilkarte gesteckt, um bestimmte Orte wie Wohngegenden, Treff- und Streifräume, „Angsträume" etc. im Stadtteil zu bezeichnen.

Werden entsprechend bestimmter Kriterien wie Alter oder Geschlecht, Nadeln in allen möglichen Farben verwendet, sind nach Abschluss des Projektes differenziertere Aussagen beispielsweise über von Mädchen präferierte Orte möglich.

Die Nadelmethode kann in einer Einrichtung praktiziert werden. Sie kann aber auch im Freien durchgeführt werden – der Stadtplan ist auf einer mobilen Stellwand oder auf einer Styroporplatte befestigt – und somit dazu dienen, Informationen über spezifische Orte zu erhalten und solcherart einen kommunikativen Zusammenhang auf der Straße zu schaffen. Selbstverständlich kann das Verfahren mittels einer weiteren Stellwand und zusätzlichen Nadeln durch andere inhaltliche Fragestellungen und Positionierungen wie z.B. präferierte Freizeitaktivitäten o. ä. m. erweitert werden.

Idee und Intention

Ortmann bezeichnet die Nadelmethode „als eine praktische Methode die sozialräumliche Verankerung von offenen Türen festzustellen." (Ortmann 1991: 396) Ausgangspunkt seiner ursprünglichen Überlegungen war, ein Verfahren der Datenerhebung zu entwerfen, welches in einer animativen und einfachen Art und Weise Auskünfte über Wohn- und Freizeitorte von Kindern und jugendlichen BesucherInnen einer Jugendeinrichtung vermittelt.

Erweiterte Formen der Anwendung der Nadelmethode beschränken sich thematisch nicht nur auf die Dimensionen „Wohnort" und „Freizeitorte". Wie in den folgenden Beispielen dargelegt, lassen sich durch eine geeignete Kombination von bestimmten Farben der Nadeln mit spezifischen anderen Merkmalen, oder die Verwendung verschiedener Kartendimensionen alle möglichen sozialräumlichen Zusammenhänge erschließen.

Das Ziel des Nadelprojektes kann es sein,

- erste Erkenntnisse über bestimmte sozialräumliche Gegebenheiten zu erhalten, die dann möglicherweise Ausgangspunkt weiterer Anwendungen von Methoden sind.
- Sie kann aber auch nur verwendet werden, um Diskussionen auszulösen.
- Weiters kann „für die Mitarbeiter ... die Methode ein erster Schritt sein, um sich danach mit differenzierenden Methoden die informellen Orte und Lieblingsorte genauer anzusehen und zu analysieren"(Ortmann in Deinet 1999: 76ff), und
- „die Nadelmethode eignet sich für einen Methodenmix, etwa in der Kombination mit einer Cliquenbeobachtung oder einem Cliquenportrait. Sie ist parallel zum Jugendhaus-Alltag relativ leicht durchzuführen, und die Besucherinnen und Besucher werden sehr aktiv beteiligt. Angesichts des Nadelplans entstehen eigentlich ständig Gespräche über Lieblingsorte, informelle Plätze." (ebda)
- Die Nadelmethode kann aber auch in Form eines in sich geschlossenen Projektes bestimmte Fragestellungen hinlänglich beantworten.

Dementsprechend ist je nach Intention des Projektes die Aussagekraft der Ergebnisse verschieden. Dient die Nadelmethode beispielsweise als erster Schritt, um informelle Orte und Treffpunkte im Stadtteil in Erfahrung zu bringen, deren Ergebnisse in der Folge durch andere Methoden weiter erforscht werden, ist bereits eine geringe Zahl von Nadeln von Bedeutung. Soll hingegen das Einzugsgebiet aller BesucherInnen einer Einrichtung oder der Bekanntheitsgrad einer Jugendeinrichtung bei den SchülerInnen einer nahegelegenen Schule erforscht werden, muss eine festzulegende Anzahl von Bewertungen erreicht werden.

Die besondere Qualität der Nadelmethode liegt in ihrer aktivierenden und animierenden Wirkung bei Kindern, Jugendlichen aber auch Erwachsenen. Sie ist äußerst niederschwellig und ermöglicht auch bei Anwendung außerhalb der Einrichtung leicht den Kontakt zu Unbekannten. Durch die augenblickliche Visualisierung der Bedeutung verschiedener Orte – sofort wird der Stadtteil dreidimensional – führt sie zur Kommunikation über den Stadtteil.

Allerdings sagen die Positionen der Nadeln nichts über die spezifische Qualität des bezeichneten Ortes aus. Diesbezügliche Aussagen während des „Nadelns" müssten eine eigene Dokumentation erfahren.

Die Methode in der Praxis

Der geeignete Plan

Auf einer großen Stellwand mit ca. zwei m² Fläche ist ein Stadtteil in Form eines Bezirks- oder Stadtplans befestigt, auf dem dann an ausgewählten Orten die Nadeln befestigt werden. Als besonders geeignet erweisen sich Karten mit Maßstäben von 1: 1000 bis 1: 15 000. Die Auswahl des Maßstabes ist, soweit dies aufgrund des verfügbaren Kartenmaterials überhaupt möglich ist, von großer Bedeutung und richtet sich nach dem Erkenntnisinteresse des Nadelprojektes. Je kleiner der Maßstab, desto präziser und damit besser erkennbar sind die Elemente der Siedlung. Dies wäre beispielsweise bei einem Projekt mit Kindern, die ihre Lieblingsorte in der nächsten Umgebung der Jugendeinrichtung nadeln sollen, von Relevanz. Steht aber z.B. der ganze Bezirk in Hinblick auf die Frage nach dem präferierten Aufenthaltsort am Sonntag bei Jugendlichen zur Diskussion, ist ein Stadtplan mit einem großen Maßstab notwendig.

Vorbereitung

Die Anzahl der Pinwand-Nadeln oder Stecknadeln mit bunten Köpfen sowie die Farbauswahl ergeben sich aus der Zielsetzung des Nadelprojektes. Ebenso wird eine Erklärung des Verfahrens sowie der ausgewählten Kriterien für die Beteiligten verfasst.

Das „Nadeln“: Einsatz und methodische Erweiterungen

Die JugendarbeiterInnen händigen den ProjektteilnehmerInnen die Nadeln in den jeweiligen Farben aus und bitten sie, diese am entsprechenden Ort zu befestigen. Oft ist Unterstützung nötig, um den gewünschten Ort auf der Karte auch zu finden. Wird ein derartiges Projekt mit Kindern durchgeführt, muss generell mehr Zeit aufgewendet bzw. der Einsatz mehrerer MitarbeiterInnen eingeplant werden.

Erfahrungsgemäß ist es zudem günstig, immer bei der Pinwand zu stehen, da der Reiz, bereits gepinnte Nadeln wieder umzustecken sehr groß zu sein scheint. Um Zwischenergebnisse zu sichern, empfiehlt es sich, die Nadeln durch gleichfarbige Klebepunkte zu ersetzen. Dies ermöglicht auch eine spätere Auswertung, bei der die Karte von der Stellwand entfernt werden kann. Sicherheitshalber kann zwischendurch auch eine Digitalfotografie von der „genadelten“ Karte angefertigt werden.

Bei manchen Nadelprojekten können auch verschiedenfarbige Gummiringe verwendet werden, um mehrere Pinwand-Nadeln zu umspannen und so einen sozialräumlichen Zusammenhang abzustecken. Sie können aber auch zwei Nadeln verbinden und solcherart Mobilitätsströme – beispielsweise zwischen Wohnort und präferierten Aufenthaltsorten – kennzeichnen. Um auch Orte zu erfassen, die außerhalb des angebrachten Stadtplanes liegen, können Zusatzkärtchen an der Peripherie des Stadtplanes angebracht werden, die für angrenzende Regionen stehen.

Da die Stellwand mit der Stadtkarte in der Regel großes Interesse erweckt und gerne „genadelt" wird, bietet sich natürlich an, die gewonnene Aufmerksamkeit gleich für weitere Befragungen oder Gespräche über die Qualität der festgelegten Orte zu nutzen. Es können aber auch andere Fragestellungen mit den Orten in Verbindung gebracht und auf einer weiteren Stellwand inhaltliche Positionierungen – z.B. präferierte Freizeitaktivitäten – durch weitere Nadelsetzungen in entsprechenden Feldern auf einer weiteren Stellwand abgefragt werden.

Das erste Nadelprojekt: Festlegung des Einzugsbereiches der BesucherInnen einer Jugendeinrichtung

Das ursprüngliche Nadelprojekt, so wie es von Ortmann 1991 durchgeführt wurde, erlaubt die Festlegung des Einzugsbereiches der BesucherInnen einer Jugendeinrichtung und ermöglicht einen Überblick über präferierte Freizeitorte.

Dabei wurde und wird in der Einrichtung ein großer Stadt(teil)plan auf einer Stellwand befestigt, verschiedenfarbige Nadeln aufgelegt und „die BesucherInnen aufgefordert, mit farbigen Nadeln – nach Geschlecht und Alter differenziert – auf einem vorbereiteten Stadtplan die Wohnung und den liebsten Aufenthaltsort zu markieren." (Ortmann 1991: 398) Die Nadeln hatten bei Ortmann entsprechend der Altersstufen 6 bis 14 Jahre und ab 14 Jahre unterschiedliche Farben und wurden zudem nach Geschlecht zugeordnet. Nach der Aufforderung an Kinder und Jugendliche – „Habt ihr schon genadelt?" – diese Orte auf dem Stadtplan zu suchen und mittels der Nadeln zu bezeichnen, konnte hier ein genauer Einblick über das Einzugsgebiet der Jugendzentrums-BesucherInnen erworben werden. Zum anderen konnte, differenziert nach Mädchen, Burschen und Altersgruppen, festgestellt werden, welche informellen und formellen Orte im Freizeitbereich Bedeutung haben bzw. erlangen.

	bis 14 J. weibl.	bis 14 J. männl.	über 14 J. weibl.	über 14J. männl.
Wohnung	weiß	rot	schwarz	grün
Lieblingsort	blau	orange	braun	gelb

Bezüglich der Lieblingsorte resp. der Wohnung machte Ortmann eine wichtige Erfahrung mit der Methode, die tatsächlich eine besondere Vorsorge erfordert: „Interessiert man sich für Lieblingsorte und informelle Treffs, dann muß man Jugendhaus und eigene Wohnung als Nadelorte ausschließen (weil die sonst meist als Lieblingsort genannt werden). Will man also Informationen über den Einzugsbereich der Einrichtung haben, so sollte man unbedingt nach der Wohnung fragen und zusätzlich nach anderen Lieblingsorten." (Ortmann in Deinet 1999: 76ff)

Andere Anwendungen der Nadelmethode

Beispiel: eine speziellen Fragestellung

In einem neu etablierten Kinder- und Jugendtreff des Vereins Wiener Jugendzentren, dem Jugendzentrum Leberberg, in einem gerade fertig gestellten Stadtentwicklungsgebiet an der Peripherie von Wien wurden in der Anfangsphase des Betriebes der Einrichtung immer nur dieselben Kinder erreicht. Es stellte sich nicht nur die Frage, warum andere Kinder die Einrichtung nicht besuchten, es war auch unklar, wo und wie viele Kinder mittlerweile im Einzugsgebiet der Einrichtung wohnten. Auch der zuständigen statistischen Abteilung der Stadt Wien war der momentane Besiedlungsgrad der neu errichteten Wohnblöcke unbekannt.

Wir entschieden uns, ein Nadelprojekt in der neu eröffneten Volksschule des Siedlungsentwicklungsgebietes durchzuführen, weil wir von der Annahme ausgehen konnten, dass ein Großteil der 6- bis 10-jährigen BewohnerInnen auch diese neue Schule besuchen würde. Im Eingangsbereich der Schule fragten wir die Kinder – differenziert nach ihrem Geschlecht -, ob sie (a) den Kindertreff kennen und dort hingehen, (b) ihn zwar kennen, aber nicht besuchen bzw. (c) ob er ihnen nicht bekannt ist. Entsprechend ihrer Antwort überreichten wir ihnen eine entsprechend gefärbte Nadel, die sie auf einer 1: 1000 Karte an ihrem Wohnort befestigten. – Über 90 Kinder beteiligten sich an diesem Nadelprojekt, das schließlich wesentliche Erkenntnisse lieferte:

Der Kindertreff	Kinder weibl.	Kinder männl.
kenne ihn, gehe hin	blau	gelb
kenne ihn, gehe nicht hin	rot	grün
kenne ihn nicht	schwarz	weiß

Belegt wurde, dass bestimmte Wohnbauten an der Peripherie der Siedlung noch kaum oder gar nicht besiedelt sind. Darüber hinaus konnte festgestellt werden, dass Kinder, die nicht im direkten Sichtbereich der Einrichtung wohnen, den Kindertreff zum Teil deswegen nicht kennen, weil sie andere Wege in der Siedlung benutzen und so nie am Kindertreff vorbeikommen. Dies gilt besonders für einen großen Wohnblock, der nur hundert Meter entfernt, aber nicht im Sichtbereich der Einrichtung liegt. Hinzu kommt, dass viele Kinder offensichtlich nicht über die Kinderangebote der Einrichtung informiert sind. Sie besuchen den Treff nicht deswegen nicht, weil die Angebote zu wenig attraktiv sind, sondern weil sie diese bisher nicht wahrgenommen haben. Aufgrund dieser Erkenntnisse kann nun gezielt Öffentlichkeitsarbeit in den angesprochenen Siedlungsteilen durchgeführt werden.

Beispiel: Kombination mit einer Befragung

In einem großen Schulkomplex wurde im Erdgeschoß eine neue Jugendeinrichtung des Vereins Wiener Jugendzentren „BasE 20", eröffnet. Für die gemeinwesenorientierte Konzeption des Jugendtreffs war einerseits die Frage von Bedeutung, ob die SchülerInnen auch im Stadtteil lebten und somit Zielgruppe der Einrichtung wären. Andererseits sollten nicht Angebote vorgegeben werden, sondern diese aus dem präferierten Freizeitbedarf der Jugendlichen entwickelt werden.

In Abstimmung mit der Schulleitung wurde die Nadelwand im Eingangsbereich der Schule aufgestellt und die Jugendlichen, die verschiedenfarbige Nadeln je nach Alter und

Geschlecht bekamen, gebeten ihre Wohnorte zu nadeln. Jene SchülerInnen, die außerhalb des auf dem Plan abgebildeten Stadtteils wohnten, steckten ihre Nadeln auf entsprechend gekennzeichnete Kärtchen, die die jeweils angrenzenden Bezirksteile bezeichneten. Auf einer weiteren Stellwand waren Felder mit verschiedensten Freizeitaktivitäten angebracht. Die Jugendlichen wurden nun auch gebeten, mit Nadeln ihre Prioritäten zu kennzeichnen. Auf einem freien Feld konnten sie Bedarfe auch schriftlich hinzufügen.

Hatten wir erwartet, in der Schule viele Stadtteiljugendliche ansprechen zu können, stellte sich bei der Auswertung dieses einwöchigen Projektes das Gegenteil heraus. Nur ein geringer Anteil der SchülerInnen lebte und verbrachte seine Freizeit im Stadtteil. Dies führte in unserer Konzeptentwicklung dazu, dass mit der Schule einzelne Kooperationen – ähnlich der oft von den Jugendlichen gewünschten „Disco zu Mittag" – ausgemacht wurden, die Angebote aber für Jugendliche entwickelt wurden, die in weiterer Folge an öffentlichen Orten des Stadtteils angesprochen wurden.

Beispiel: Mobilitätsströme in einer ländlichen Region
In einem Projekt mehrerer dörflicher Jugendeinrichtungen in einer ländlichen Region stand die Frage der Mobilität der Jugendlichen am Wochenende im Vordergrund. Es sollten gemeinsame Überlegungen zur Verbesserung der Infrastruktur – durch Nachtbusse, Shuttle-Dienste etc. – angestellt werden. Hier ging es einerseits darum, den Jugendlichen den Besuch von größeren Städten am Wochenende zu ermöglichen, andererseits sollte die Gefahr, mit dem Auto alkoholisiert heimzufahren, reduziert werden.

Um einen Einblick in die präferierten Aufenthaltsorte am Samstagabend zu bekommen, wurden in den beteiligten Jugendeinrichtungen Stellwände mit einer Karte, welche die ganze Region umfasste, aufgestellt und die Jugendlichen gebeten, ihre „Samstagstreffs" zu nadeln:

	bis 16 J. weibl.	bis 16 J. männl.	über 16 J. weibl.	über 16 J. männl.
Samstagstreff	schwarz	weiß	blau	gelb

Mittels Gummiringen wurden die Nadeln mit einer zweiten Nadel, die den Wohnort kennzeichnete, verbunden so dass die „Mobilitätsströme" der Jugendlichen sichtbar wurden.

6.4. Cliquenraster

Abstract

Durch die Beschreibung von Cliquen in Form eines Cliquenrasters soll ein differenzierter Blick auf verschiedene Jugendcliquen und -szenen einer bestimmten Region ermöglicht werden. Über Befragungen und/oder Beobachtungen von Cliquen werden spezifische Lebensformen und -stile von Jugendkulturen erkundet und können zu einem vielschichtigen Bild der Jugend(en) aber auch ihrer Bedürfnisse, Problemstellungen und Sichtweisen führen.

Das Erkenntnisinteresse richtet sich zwar auch auf „objektive" Merkmale wie Gruppengrößen, Alter, Geschlecht, soziale Herkunft etc., es betont aber vor allem „lebensweltliche" Dimensionen, welche sich in Treffpunkten, Musikstilen, Symbolen, Abgrenzung gegenüber anderen etc., vermitteln.

Die vielschichtige Beschreibung der Jugendkulturen und ihrem Verhältnis zueinander führt zu einem besseren Verständnis der sozialräumlichen Aneignungsprozesse der Jugendlichen. Aber auch die Veränderungen der NutzerInnengruppen eines Ortes, bspw. eines belebten Parks, können durch die Überprüfung der sog. Cliquenportraits nach einem bestimmten Zeitraum erkannt werden.

Das vorgeschlagene Cliquenraster mit der Betonung bestimmter Dimensionen hat methodisch zwei Funktionen. Es stellt einerseits einen Beobachtungs- und Befragungsleitfaden dar, andererseits entsteht durch die Eintragungen der Beschreibung verschiedener Cliquen ein Aufriss von Jugendkulturen, der ihre Unterschiedlichkeit in den Vordergrund stellt. Dabei variiert natürlich der Differenzierungsgrad der Cliquenbeschreibungen abhängig von der Zielsetzung der Verwendung des Cliquenrasters und dem damit verbundenen Aufwand.

Idee und Intention

Hinter dem verallgemeinernden Topos „die Jugendlichen“ stehen verschiedenste Individuen oder Gruppen, die sich aufgrund ihrer Lebenslagen, Lebensformen und Lebensstile (vgl. Böhnisch 1989: 177) grundsätzlich von einander unterscheiden. Dementsprechend unterschiedlich stellen sich auch deren Ausprägungen und Formen der Raumaneignung dar: Jugendliche halten sich ja nicht einfach in Räumen auf, sondern stellen sich durch ein bestimmtes Verhalten im Raum als Clique dar. Böhnisch (1996: 158ff) weist darauf hin, dass der Zusammenhang zwischen Raumaneignung und Stil deren jugendliche Subkultur bestimmt: „So geben die Peergroup und Clique dem Raum seine soziale Gestalt, in ihr spielen sich Abgrenzungs- und Widerspiegelungsprozesse ab. Sozialer Raum und Praxis der Peergroups sind miteinander verbunden. Der Raum wird benutzt, genutzt, umgewidmet, besetzt. Gruppen und Cliquen drücken ihre Einheit und Zugehörigkeit vor allem über diese von ihnen gestalteten Räume und ihre symbolischen Markierungen aus.“ (Böhnisch 1996: 159) Vor diesem Hintergrund greift eine Unterscheidung von Jugendkulturen bezogen auf ihr Alter, möglicherweise eine ethnischen Zugehörigkeit, ihren Wohnort oder ihre bevorzugten Tätigkeiten zu kurz.

Um die sozialräumliche Dimensionen eines Stadtteils zu verstehen, muss die lebensweltliche Bedeutung verschiedener Orte für Jugendliche genauso in Erfahrung gebracht werden, wie auch umgekehrt die Prägungen dieser Orte durch deren NutzerInnen. Es geht also weniger darum, die Hintergründe der Herausbildung bestimmter Handlungs-, Lebens- und Artikulationsformen zu analysieren, sondern Jugendliche in ihren vielfältigen, auch sozialräumlich vermittelten Ausprägungen differenziert zu betrachten.

Die differenzierte Beschreibung von Jugendszenen und deren Verhaltensweisen in Form eines Cliquenrasters stellt ein Verfahren dar, in dem Cliquen und Zusammenschlüsse von Jugendlichen in einem Stadtteil erfasst werden sollen und ihre Unterscheidungen auf lebens- und alltagsweltlichen Ebenen benannt werden. Dies führt nicht nur zu einer intensiven Form der

Auseinandersetzung mit jenen Jugendlichen, die nicht als BesucherInnen der Einrichtungen bekannt sind, sondern bedingt auch einen beobachtenden – nicht gleich „pädagogisch-bewertenden" – Zugang der JugendarbeiterInnen. Schließlich geht es bei der Erstellung des Cliquenrasters weder darum, Probleme oder Konflikte vor Ort zu lösen, noch neue Zielgruppen für die Einrichtung zu sichten.

Die Erstellung von Cliquenporträts kann durchaus verschiedene Erkenntnisinteressen verfolgen. So kann die Eintragung von Cliquen in ein Raster am Ende einer umfassenden Beobachtung von Jugendlichen im Stadtteil angewandt werden und solcherart einen Überblick über die verschiedensten Bedürfnisgruppen darstellen, zum anderen kann aber das Ausfüllen von Cliquenporträts in einer assoziativen Form als Methode einen Prozess der Auseinandersetzung über die Ausdifferenzierung von Jugend(en) zwischen JugendarbeiterInnen, aber auch unter Jugendlichen ermöglichen.

Natürlich sind Cliquenporträts immer nur Momentaufnahmen, da sich Cliquen und Szenen ja andauernd verändern und verschiedensten Prozessen unterliegen. Sie geben nur bedingt Auskunft, wie Jugendliche sich selber sehen und bilden immer eine Zusammenfassung der Interpretation von Erwachsenen.

Die Methode in der Praxis

Der Cliquenraster und seine Kategorien

Die Beobachtungen bzw. die Ergebnisse der Gespräche mit Cliquen werden in den dem Cliquenraster eingetragen. Die einzelnen Kategorien stellen dementsprechend auch den Leitfaden für die zu beobachtenden und zu erfragenden Ausprägungen von Jugendkulturen dar.

Das Cliquenraster

Gruppe, Clique oder Szene; Alter, Geschlecht, ethnische Zugehörigkeit; Cliquennamen	Verhalten, Tätigkeiten, Outfit, Musik, Weltbild, Sprache	Treffpunkte, Orte	Problemlagen, Bedürfnisse, Interessen; kommunikative Anknüpfungspunkte	Ansprüche, Anforderungen, Kontakte; mögliche Ansatzpunkte der Jugendarbeit

Anmerkungen zu den einzelnen Kategorien:

Gruppe, Clique oder Szene; Alter, Geschlecht, ethnische Zugehörigkeit; Cliquennamen
In der ersten Kategorie wird versucht, die spezifische Homogenität der jugendlichen Gesellungsformen, der unterschiedliche Grad des Angewiesenseins bzw. der Abhängigkeit voneinander zu beschreiben. Als „Gruppe" wird

in dieser Beschreibung, ein Zusammenfinden von Menschen, dass sich vor allem über eine bestimmte Tätigkeit oder ein gemeinsames Interesse wie Fußball, Basketball o.ä.m. bestimmt, bezeichnet. Zwar gibt es auch bei einer „Clique" gemeinsame Tätigkeiten, im Vordergrund steht aber hier die Gemeinsamkeit und Geschlossenheit als homogener Zusammenhang. Und eine „Szene" stellt ein loses Geflecht von Jugendlichen mit sich stets ändernden Gruppenkonstellationen dar, die sich allerdings über ein ähnliches Verhalten und gemeinsame Interessen definieren.

Leicht zu beobachten und zu vermerken ist das Alter bzw. das numerische Verhältnis zwischen Mädchen und Jungen einer Clique. Ebenso spielen mitunter ethnische Zugehörigkeiten eine Rolle.
Um eine leichtere Zuordnung zu erreichen, erweist sich eine assoziative Zuschreibung eines Cliquennamens, den sich die Clique u. U. auch selber gibt, verbunden mit der Anzahl der Jugendlichen, als von Vorteil.

Verhalten, Tätigkeiten, Outfit, Musik, Weltbild, Sprache
In diese Kategorie werden vorherrschende Tätigkeiten, bestimmte körpersprachliche Ausdrucksformen, spezifische und bezeichnende Kleidungsstücke, aber auch jugendkulturelle Symbole wie Insignien, Tatoos, Haarschnitte etc. eingetragen. Welche Musikstile spielen für diese Gruppe eine zentrale Rolle? Was ist das Spezifikum ihrer sprachlichen Ausdrucksform? Welche Rituale der Begrüßung und des körperbezogenen Umganges gibt es? Mitunter sind auch bestimmende Alltagstheorien und „Weltbilder", denen sich diese Gruppe verpflichtet fühlt, in Erfahrung zu bringen („Wir sind ‚Hiphoper' ‚Rechte' etc., oder: „Kein Bock...", „Alles ist Scheiße!", „Die Ausländer sind an allem schuld" etc.)

Treffpunkte, Orte
Hier geht es um jene Punkte und Orte, von denen aus die Jugendlichen Mobilität entfalten. Welche Orte werden regelmäßig oder unregelmäßig aufgesucht? Welcher Ort ist der zentrale Cliquentreffpunkt?

Problemlagen, Bedürfnisse, Interessen; kommunikative Anknüpfungspunkte
In der vierten Kategorie werden subjektive oder objektiv definierte Problemlagen von Jugendlichen beschrieben. Sie beziehen sich zumeist auf die Familien- oder Wohnsituation, auf Ausbildung und Beruf, Konflikte mit Institutionen etc. Ebenso – oft in Abhängigkeit zu Problemstellungen – werden elementare Bedürfnisse und Interessen angeführt. Über diese Themen kommt man/frau auch mit den Jugendlichen ins Gespräch.

Ansprüche, Anforderungen, Kontakte; mögliche Ansatzpunkte der Jugendarbeit
Diese Kategorie zielt auf Ansatzpunkte möglicher pädagogischer Interventionen oder Ansatzpunkte der Jugendarbeit ab: Welche Ansprüche und Forderungen mit großer lebensweltlicher Priorität haben die Jugendlichen? Welche Anforderungen würde sich hier an die Jugendarbeit ergeben? Mit wem haben

die Jugendlichen im Bereich der sozialen Arbeit Kontakte? Über welche Personen findet man auch Kontakte zur Gruppe? Über welche Jugendlichen könnte der Kontakte hergestellt werden? Wo liegen Ansatzpunkte von Angeboten der Jugendarbeit oder anderen möglichen AnbieterInnen?

Anmerkung: Gerade die letzte Fragestellung weist bereits auf konkrete Überlegungen zur Arbeit mit angetroffenen Cliquen hin. Dies ist aber nicht das erkenntnisleitende Interesse der Beobachtung, sondern könnte am Ende der Beschreibung einer Clique denkmögliche (!!!) Ansätze benennen. Das primäre Ziel des Verfahrens ist es möglichst differenziert Gruppenzusammenhänge zu beschreiben.

Naheliegende Unterstützungsformen müssen aber auch nicht zwangsläufig von der Jugendeinrichtung selbst angeboten werden. Ins Kalkül zu ziehen wäre ebenso – im Sinne des sozialräumlichen Ansatzes – , wie in Vernetzung mit anderen Institutionen Problemstellungen oder Interessenslagen aufgegriffen werden könnten.

Das Instrumentarium: Beobachtung – Befragung – Dokumentation

Die ersten drei Kategorien – teils auch die vierte – können sehr gut durch die Methode der nicht-teilnehmenden Beobachtung erfasst werden. Für Aussagen über Bedürfnisse, Ansprüche, Interessen, d.h. die fünfte und teils die vierte Kategorie – ist es notwendig, mit den Jugendlichen Gespräche zu führen.

Wird die Methode der Beobachtung gewählt, so muss diese öfters durchgeführt werden, um zu aussagekräftigen Portraits zu gelangen. Ein intensiverer Einblick ist natürlich durch die Kontaktaufnahme und das Gespräch mit den Jugendlichen zu erreichen, wobei die Kategorien des Rasters als Leitfaden für Fragestellungen dienen können.

Erfahrungsgemäß ergibt sich dieser Kontakt meist von selbst, wenn der/die JugendarbeiterIn öfters beobachtend in der Nähe einer Clique sitzt: „Ich bin aus dem Jugendhaus. Wir schauen welche Cliquen es gibt, was diese tun, wer sie sind, was sie wollen – und ich versuche gerade, euch zu beschreiben.“ – Gute Erfahrungen wurden mit beschrifteten Kappen oder Jacken gemacht, die den/die BeobachterIn als MitarbeiterIn des Jugendzentrums ausweisen. Von Bedeutung ist jedenfalls der Hinweis, dass die hier gesammelten Informationen nicht oder nur in beschränkter Form veröffentlicht werden.

Die Cliquenraster sind als Dokumentationsunterlagen – in verschiedenen Formatierungen – für MitarbeiterInnen sehr leicht handhabbar, insofern die Kategorien übersichtlich und die Spalten je nach Grad der erfolgten Auseinandersetzung relativ schnell und einfach auszufüllen sind. Es kann selbstverständlich jede Clique auf einem einzelnen Blatt beschrieben werden und eine Zusammenfassung in der Einrichtung auf einem großen Raster übertragen werden. Schließlich können die Cliquenporträts nach einem bestimmten Zeitraum, beispielsweise bezogen auf einen bestimmten Stadtteil oder Park, wiederholt werden, um damit Veränderungen bei Jugendkulturen und deren Aufenthaltsorten feststellen zu können.

Die Erstellung eines Cliquenrasters in der Praxis

In der Wiener Siedlung „Am Schöpfwerk" wurde seitens der BezirkspolitikerInnen immer wieder von „vielen", „bis zu hundert" Jugendlichen – gesprochen, die drogenabhängig, gewaltbereit o. ä. m. seien und ein großes Problem darstellen würden. Aus der Einschätzung der dort ansässigen Jugendeinrichtungen war aber hier nicht einzelfallorientierte Jugendsozialarbeit notwendig, sondern zunächst einmal eine differenzierte Analyse der „auffälligen" Jugendlichen gefragt, um dann entsprechende und vielfältige Angebote machen zu können.

Das Jugendzentrum lud daher bestimmte „Schlüsselpersonen", wie die ansässigen PolizistInnen, LehrerInnen, die auch in der Siedlung wohnen, interessierte MitarbeiterInnen des Amtes für Jugend und Familie etc. ein, um an einem Vormittag anhand eines Cliquenrasters ein differenziertes Bild der „auffälligen" Jugendlichen zu entwerfen. Im Anschluss daran wurden die solcherart gesammelten Aussagen über die Wahrnehmungen im Stadtteil von den JugendarbeiterInnen noch präzisiert und dann noch einmal den „Schlüsselpersonen" vorgelegt: Aus den „hundert auffälligen" Jugendlichen waren viele Jugendcliquen – mit differenzierten Lebenslagen und Bedürfnissen – geworden:

Gruppe, Clique oder Szene; Alter, Geschlecht, ethnische Zugehörigkeit; Cliquennamen	**Verhalten, Tätigkeiten, Outfit, Musik, Weltbild, Sprache**	**Treffpunkte, Orte**	**Problemlagen, Bedürfnisse, Interessen; kommunikative Anknüpfungspunkte**	**Ansprüche, Anforderungen, Kontakte; mögliche Ansatzpunkte der Jugendarbeit**
XY-Partie durchschnittlich 15 J., InländerInnen, wenige Mädchen, 8 – 10 Personen aus dem Gemeindebau	extrem „cool", anpassungsfreudig, guter „Schmäh", „Schleimer"; netter Umgang untereinander; gut informiert über die Siedlung	Stiege 20, vor der Kirche	Vandalismus, Konflikte mit Alkohol, weniger Drogen, kein Schulabschluss, Sonderschule, kleinere Straftaten (Diebstähle), wenig Perspektiven (Arbeit)	Sport: Fußball, Eröffnung von Möglichkeiten bzgl. Schulabschluss/ Arbeit, Geld verdienen ⇒ Selbstbewusstsein steigt ⇒ Moped
Drogen-Partie harter Kern: 5-10 Pers., 18-25 J., MitläuferInnen: nebulos (Anzahl), oft Veränderungen/Kleindealer	Gefängnis- Erfahrung, viele Lügen/heiße Luft, starker Wechsel	vor Stiegen, Wohnungen, Keller, Stiegenhaus (Hochhaus), U-Bahn-Station	Heroin/Kokain, Konsumentenverhalten	?
Moped-Partie 10-15 Pers., ca. 16 J.; wenige Mädchen, wechseln ständig	Moped und alles, was damit zu tun hat, * Disco fahren – aus der Siedlung wegfahren, meist Lehrlinge	Discos, Stiege 9 u. 11, vor dem JZ	Fußball, geringe Drogenproblematik, Moped ⇒ Lärmbelästigung	Disco, Sport, Freundin, Outfit

Gruppe, Clique oder Szene; Alter, Geschlecht, ethnische Zugehörigkeit; Cliquennamen	**Verhalten, Tätigkeiten, Outfit, Musik, Weltbild, Sprache**	**Treffpunkte, Orte**	**Problemlagen, Bedürfnisse, Interessen; kommunikative Anknüpfungspunkte**	**Ansprüche, Anforderungen, Kontakte; mögliche Ansatzpunkte der Jugendarbeit**
SportlerInnen relativ gr. Gruppe: 10-30 Pers. im Wechsel ca. 50 Pers., 1/3 Mädchen, 10-18 J.	Lehrlinge, GymnasiastInnen; Disco, Sport: Fußball, Basketball oft vereinsmäßig organisiert	***Käfig***	wenige Konflikte, bekannt (Anrainer – Hochhaus – Lärm)	Sport, Rollerskater-Anlage, U-Bahn-Platz gestalten, Infrastruktur
Platzhirsche Burschen, österr., 14-18 J., aus sozial benachteiligten Familien, ca. 5. Jgdl.	„Turnschuh-Generation"; Schimpfwörter	Stiege 11, Arkaden, Hobbyraum, wenig mobil	keine Lehrstelle/ Arbeit, wenig Geld, Zeit totschlagen, PassantInnen verbal anstänkern, Mutproben (z.B. kleine Ladendiebstähle,	AnsprechpartnerInnen, Zuwendung, Beratung, Hilfestellungen, Alternativen zum „Rumhängen"
Mädchen der 2. u. 3. Generation/ Türkei 12-17 J., besuchen Hauptschule/Lehre, ca. 10 Mädchen	gestylt, Hitparadenmusik	wohnen auf den Stiegen 11 bis 13, Disco mit einer männl. Begleitung	Konflikte mit Elternhaus, weglaufen), dürfen seitens d. Eltern nicht ins JZ, Balance zw. verschiedenen Herkunftskulturen	Unterstützung u. Beratung bei Problemen mit dem Elternhaus, Selbsterfahrung
Arbeitslose Jgdl. ca. 15-18 J., 60% männl., 40% weibl., österr., aus sozial benachteiligten Familien, Hauptschule teilweise abgebrochen, Lehre ebenso	Mädchen übertrieben geschminkt, Auffälligkeiten (z.B. Ratten, Tatoos, Piercing), Kino, Video, wechselnde Beziehungen	an vielen Orten präsent, sehr mobil im „Grätzl" u. Bezirk: JZ, Nachbarschaftszentrum, Eisgeschäft, „GIGI", private Wohnungen, Stiegenhäuser	Geldbeschaffung am Rande der Legalität, teilw. Konsum weicher Drogen, unrealistische Vorstellungen von Beruf/Arbeit	Berufsberatung, Zuwendung, erlebnispädagogische Angebote – außerhalb der Siedlung (wegfahren)
Hauptschulgruppe (und MittelschülerInnen) 12-18 J., 50% Mädchen, österr., ca. 20 Jgdl.	wechselnde Cliquen, modisches Outfit, teilweise Markenware, Top-Ten-Musik, Bravo	Nachmittag ab 14/15 Uhr Eisgeschäft, Stiegenhaus, JZ, Nachbarschaftszentrum, mobil am Schöpfwerk kreisend	Interessen: Sport (Volleyball, Skaten, Tischtennis, Fußball, Klettern), auf Orientierungssuche, verführbar: Alkohol, Drogen, Schule schwänzen etc.	fehlende Nachmittagsbetreuung, Unterstützung – Schul-Abschluss, „Räume", Sportangebote

Dieses Cliquenkataster, das die Vielschichtigkeit von jugendlichen Cliquen aufzeigt, wurde letztlich den BezirkspolitikerInnen vorgelegt und führte dazu, nicht Streetwork, sondern Herausreichende Jugendarbeit in Anbindung an das Jugendzentrum zu initiieren.

Andere Zielsetzungen des Cliquenrasters

Über die Beschreibung von Cliquen in Form von Beobachtungen und Befragungen durch JugendarbeiterInnen hinaus, kann die Erstellung von Cliquenraster auch andere Ziele verfolgen. Dies macht u. U. veränderte Beobachtungskategorien erforderlich und verändert natürlich auch den Grad der Ausdifferenzierung der Beschreibungen.

Einige Varianten, die sich in der Praxis der Jugendarbeit bewährt haben sind:

a. Die ausdifferenzierten Cliquenportraits
b. Das Jugendkulturenraster
c. Das assoziative Cliquenraster – ein Verständigungsmuster zwischen JugendarbeiterInnen
d. Die kontinuierlichen Cliquenbeobachtungen an einem bestimmten Ort

A. Die ausdifferenzierten Cliquenportraits

Das Cliquenportrait von Sturzenhecker (in: Deinet 1999: 80) stellt eine weitaus differenziertere Beschreibung von Jugendkulturen dar. Sie erweitert die Beschreibung in Richtung Struktur einer Clique und versucht die Funktion der Clique für die einzelnen Jugendlichen zu beschreiben.

Dieses Erkenntnisinteresse bedingt einen intensiven Kontakt zu den Jugendlichen, der sich in Form eines gemeinsamen Projektes oder einer Wochenendfahrt herstellen lassen kann. Im Vordergrund würde aber gerade nicht das Angebot der Jugendarbeit, sondern die intensive Beobachtung stehen. Das Verständnis für die Handlungsformen der Clique und dem persönlichen Angewiesen-Sein auf diese könnte in weiterer Folge natürlich zu entsprechenden und cliquenadäquaten pädagogischen Interventionen führen.

Ausdifferenziertes Cliquenportrait

1. Beschreibung
- Größe, Alter, Geschlecht
- Eltern, Familie, Nationalität, soziale Herkunft
- Schule, Ausbildung, Beruf
- Outfit, Geld, Zeit

2. Handlungsformen
- Was tun sie überhaupt, was tun sie untereinander?
- Treffpunkte, Orte, Räume
- Sprache, Symbole, Musik, jugendkulturelle Zeichen
- Tätigkeiten, Interessen, Beschäftigungen (manifeste, latente Bedürfnisse)
- Raumverhalten, Mobilität
- Zeichen, Abgrenzungen, Verhalten gegenüber anderen Cliquen
- Konsumpraxis
- Drogen
- Mythos (die Idee oder die Geschichte der Clique)

3. Struktur
- Soziogramm innerer Beziehungsstrukturen
- Starke, Schwache; Meinungsführer, Opposition, Randständige
- Kontinuität und Fluktuation
- Verhältnis von innerem sozialen System zu anderen Systemen in der Lebenswelt (Vernetzung)

4. Funktionen
- Lebensbewältigung
- Freizeit
- Einzelne Mitglieder
- Clique gesamt
- Umwelt

(Sturzenhecker in Deinet 1999: 80)

B. Das Jugendkulturenraster

Eine ganz andere Perspektive eröffnet die Verwendung eines Cliquenrasters bei dem Jugendliche selbst andere Cliquen beschreiben. Basierend auf dem von Ortmann entworfenen Jugendkulturen-Katasters (vgl. Deinet 1999: 79) werden Jugendliche gebeten, andere Cliquen im Stadtteil zu beschreiben. Dies führt nicht nur zu einem Einblick in die verschiedenen Cliquenzusammenhänge, sondern erlaubt – über den Diskussionsprozess beim Ausfüllen des Rasters – auch wesentliche Einblicke in alltagsweltliche Deutungen und das Selbstverständnis der Beteiligten.

Ähnlich wie beim Cliquenraster werden Jugendkulturen unter der Vorgabe bestimmter Blickwinkel auf einem großen Flip-Chart beschrieben. Die Kategorien sind dabei bewusst viel einfacher gehalten.

Kernstück der Methode ist nach Ortmann „ein Raster, in dem Eindrücke zu unterschiedlichen Jugendkulturen erfasst werden und das auffordert, zu bestimmten Kategorien Stellung zu beziehen." (1999: 78) Das Cliquenkataster soll, so der Vorschlag Ortmanns, auf einer großen Pinwand aufgelistet werden. Kategorien sind in seinem Beispiel: Äußeres, Verhalten, Musik, Politik, Weltbild und Menschenbild. Für erste Assoziationen können Cliquenbezeichnungen wie bspw. „Gruftis", „Hackers", „Hippies", „Junkies", „Skater", „Skins" oder „Technos" verwendet werden.

Diese Vorgehensweise leicht abwandelnd, schlagen wir vor, zunächst mit Jugendlichen gemeinsam eine Übersicht der vorhandenen Jugendkulturen im Stadtteil zu erstellen, diese zu benennen, sich dann in einem zweiten Schritt auf festzustellende und zu beschreibende Merkmale zu verständigen und diese dann jeweils anzuwenden. Es wird also nicht das vorgefertigte Kataster der Gruppe vorgelegt, sondern dessen Erarbeitung zum Einstiegsthema gemacht. Ausgangspunkt des Entwurfs der Beschreibungsvorlage könnte folgendes Raster sein:

Bezeichnung der Clique	Äußeres	Verhalten	Musik	Treffpunkte

Ortmann beschreibt die Chancen der Methode darin, „dass der Blickwinkel beispielsweise der Hauptamtlichen einer Jugendeinrichtung wesentlich erweitert wird und sie so Zielgruppen und Szenen in den Blick bekommt, die weit über das Jugendhaus-Spektrum hinaus gehen." (Ortmann in Deinet 1999: 78)

Ähnlich wie bei der Nadelmethode handelt es sich hier um einen Einstieg in die Lebensweltanalyse, da man mit Hilfe des Jugendkulturenrasters nur subjektive Eindrücke einfangen kann und diese nicht selbst untersucht. Führt man die Erstellung eines Jugendkulturenrasters an mehreren Stellen – wie z.B. dem Jugendhaus, mehreren Schulen usw. – durch, so kann man sehr schnell einen Überblick über vorhandene Jugendkulturen im Sozialraum erhalten und weitere Methoden zu seiner Erkundung planen.

Im Gegensatz zur Erstellung von Cliquenbeschreibungen, ist die (halb)öffentliche Anfertigung eines Jugendkulturen-Katasters eine eigenständige Methode: Über die Anfertigung werden bereits Auseinandersetzungen über die Einschätzung bestimmter Jugendcliquen angeregt. Die Erstellung des Jugendkulturenrasters sagt nichts über die tatsächliche Lebenslage, Lebensformen oder das Selbstverständnis der Cliquen selber aus. Es bildet aber Meinungen und Vorurteile über bestimmte soziale Gruppen ab.

Beispiel eines Jugendkulturenrasters:
Mit den Jugendlichen einer Schulklasse in Wuppertal-Oberbarmen wurden zunächst die Begriffe Jugendkulturen, Cliquen, Szenen geklärt und dann in einer Kartenabfrage möglichst viele Gruppierungen gesammelt. Die einzelnen Karten wurden dann auf einer Tafel geclustert und verdichtet, so dass eine Übersicht über die folgenden Szenen und Kulturen entstand:

Punks, Techno-Szene, Metaller, Hip-Hopper, Sprayer, Skater, Biker, Öko-Freaks, Individualisten, Tanzschüler, Sportgemeinschaften, Volleyballer, Handballer, Segelflieger, Gangstaz, Rechte Szene, Rollenspieler, Fanclubs, Satanisten, Junkies, Säufer, S-Bahn-Surfer, GTI-Club, Sekten.

Diese wurden dann genauer beschrieben und gemeinsam diskutiert.

Ein Ausschnitt des Jugendkulturenrasters (4 von 24)

Bezeichnung	Äußeres	Verhalten	Musik	Weltbild/Politik	Treffpunkte
Rechte Szene	Extreme (Glatze, Bomberjacke, Springerstiefel) politisch Interessierte (seriöses Auftreten)	oft Gewalt/konflikt-orientiert, extrem asozial, kriminell, politisch Interessierte: normal, Propaganda am Rande der Legalität	Onkelz (deutsche Texte), Rock/Metal, politisch Interessierte: Klassik und Volksmusik	„Ausländer raus", Deutschland den Deutschen, „Herrenrasse"	überall (verstärkt Innenstädte)
Rollenspieler	keine besonderen Merkmale (außer Liferollenspieler, z.B. mittelalterliche Kostüme)	häufiges Treffen/ manche sind realitätsfremd (Identifikation mit dem Helden)	Metal/Rock (häufig), stimmungsvolle Musik, die zum jeweiligen Rollenspiel passt	relativ normal/individuell	meistens zu Hause/beim Liferollenspiel im Freien oder in angemessener Umgebung (Burg)

Gangstaz	Helly-Hannsen-Jacken, Buffaloes, Lackhosen, Schmalzfrisur, Goldketten	Aggressiv, wollen cool sein, Profilisierungssucht (scheinbar selbstbewußtes Auftreten)	Hip-Hop, Rap	Kein Interesse an Politik, Naivität	Öffentliche Plätze, vor allem Bahnhöfe
Skater (Boarder)	Weite Hosen, Kapuzenpullis, Skateschuhe, Cappys	Cool, lässig, provokant, tolerant, dennoch individualistisch	Hip-Hop, Punk (sechziger, siebziger Jahre, Jimmy Hendrix, Doors)	Politisch neutral (kein starkes Engagement), wenn dann Links	Geeignete Plätze (legal und illegal), z.B. Schulhöfe, freie Plätze, Hallen

C. Das assoziative Cliquenraster – ein Verständigungsmuster zwischen JugendarbeiterInnen

JugendarbeiterInnen, die auch öfters im Stadtteil unterwegs sind, kennen natürlich auch Jugendliche, die nicht zu den BesucherInnen der Einrichtung zählen. Dasselbe gilt natürlich auch für andere, mit Jugendlichen befasste Institutionen.

Nicht nur bei gemeinsamen Einschätzungen über die Situation von Jugendlichen, auch bei gemeinsamen Überlegungen zu sozialräumlichen Konzeptentwicklungen ist es hier von Bedeutung, die verschiedenen Wahrnehmungen von Cliquen vergleichbar zu machen.

Auch in diesen Fällen bietet sich das Cliquenraster als Schablone der gemeinsamen Verständigung zwischen JugendarbeiterInnen oder anderen VertreterInnen von Institutionen an. Ähnlich wie bei der Erstellung eines Jugendkulturenrasters werden alle bekannten Cliquen und Jugendkulturen assoziativ beschrieben und in einen Raster eingetragen. In Einzelarbeit oder in Kleingruppen wird zuerst versucht, möglichst differenziert Jugendliche des Stadtteils entsprechend der Unterscheidungskategorien des Cliquenrasters zu beschreiben. In einem zweiten Schritt werden alle Cliquenbeschreibungen auf einer Pinwand aufgelistet und in einer „Verständigungsrunde" vorgestellt: Welche Cliquen werden von allen genannt und ähnlich eingeschätzt? Wo gibt es verschiedene Wahrnehmungen? Werden auch immer die selben Cliquen gemeint? Welche Cliquen werden nur vereinzelt wahrgenommen? Usw. usf.

Über diese intensive Auseinandersetzung kann das Cliquenraster Stück für Stück präzisiert werden und führt zu einer gemeinsamen Verständigung über die Jugendkulturen und deren Aneignungsformen im Stadtteil.

Beispiel aus der Praxis: Drei Jugendeinrichtungen – ein assoziatives Cliquenraster
Die Teams der drei benachbarter Jugendeinrichtungen Pantucekgasse (JZ 11 Pan), „Jam" und des Siedlungstreffs Leberberg (StL) arbeiten an einem gemeinsamen Konzept (vgl. Kap. 8: VIS – Vernetzungsinitiative Simmering), welches ein ausdifferenziertes, ausbalanciertes und aufeinander abgestimmtes Angebot für möglichst viele Cliquen der ganzen Region beinhalten soll.

Um ein gemeinsames Bild der bekannten Cliquen zu erhalten, wurden von den MitarbeiterInnen aller drei Einrichtungen assoziativ alle bekannten Cliquen aufgezählt und nach

Möglichkeit beschrieben. Bei der gegenseitigen Vorstellung des Rasters stellte sich u.a. heraus, dass einige Cliquen alle Einrichtungen besuchten, manche die eine oder andere und manche Cliquen von keiner Einrichtung angesprochen wurden. Aufgrund dieser Auflistung konnte nun überlegt werden, welche Zugänge und Angebote im sozialräumlichen Zusammenhang zu einer Erweiterung der Zielgruppen führen würde.

Wie im folgenden Ausschnitt des Rasters ersichtlich, kennen die Fachkräfte die meisten Jugendlichen beim Namen und können auch sehr präzise Charakteristiken der Cliquen erstellen. Die Erarbeitung des Rasters dient zur gegenseitigen Verständigung und Vergewisserung der JugendarbeiterInnen und skizziert notwendige oder bereits bestehende Angebote der Jugendarbeit.

Cliquenraster VIS (Ausschnitt: 6 von 37 Cliquen)

Gruppe, Clique oder Szene; Alter, Geschlecht, ethnische Zugehörigkeit; Cliquennamen	**Verhalten, Tätigkeiten, Outfit, Musik, Weltbild, Sprache**	**Treffpunkte, Orte**	**Problemlagen, Bedürfnisse, Interessen; kommunikative Anknüpfungspunkte**	**Ansprüche, Anforderungen, Kontakte; mögliche Ansatzpunkte der Jugendarbeit**
Prandl-Partie 15-16 J., österr; Thomas P., Alex S., Mani, Seppi	rechtsorientiert (FPÖ), ausländerfeindlich, gepflegtes Äußeres, Techno (Hardcore), proletarische Sprache	JZ11 Pan („Wuzler“, Bar, Disco)	„wuzeln“, Themen: Arbeit, Wochenende	„Quatsch“-Abteilung, suchen Orientierung, sind sehr fordernd
Thürnlhof-Partie 13-17 J. , österr.; Oliver, Oliver D., Thomas B., Richard und Gerhard R., Karli, Rudi, Kevin, Andrè, Berni, Martin F.	„alt eingesessen im JZ“, sportlich, durchschnittlich gestylt, raue Sprache, ausländerfeindlich	JZ11 Pan: Bar, Internet, Wuzeln, vor Jz Pan, Käfig, Turnsaal	gemeinsam provokativ, „ihr Jugendzentrum“	hoher Aufmerksamkeitsbedarf; Jüngere: Sport u. Spiel, Ältere: „Rauswachsen“ . Notwendigkeit der partiellen Unterstützung
Dollischels 16-20 J.; Emine, Schiri, Esma, Konsti, Hüssein, Belal, Sedat; griech., türk.-österr.	gegen Ausländerfeindlichkeit, großes „Spektrum“, anpassungsfähig, gut gekleidet, keiner Jugendkultur zugehörig, „gepflegter“ Umgang	STL, JZ11 Pan (Couch, Pooltisch), Café Orange, Merkur-Café, Park	Elternhaus (restriktiv bis Prügel), Loslösung, Sexualität, Beziehung, Eigenständigkeit	Politik, Problemlösung, auf der Suche, Elternarbeit
Skater 14-16 J.; Daniel-Negro M., Thomas, Christian, Robert; österr.	weiterführende Schulen, teures Skater-Outfit, ho-hes technisches Wissen, Videokultur, wenig Toleranz, kein Alkohol	STL-Ressourcen nutzen (Videocam), sehr mobil, Skater-Events, großer Radius (Donauinsel)	„Macho-Gehabe“, um Schwächen zu verdecken, Video, Probleme mit Mädchen	Videoprojekt, PC-Interesse, Burschenarbeit notwendig

Gruppe, Clique oder Szene; Alter, Geschlecht, ethnische Zugehörigkeit; Cliquennamen	**Verhalten, Tätigkeiten, Outfit, Musik, Weltbild, Sprache**	**Treffpunkte, Orte**	**Problemlagen, Bedürfnisse, Interessen; kommunikative Anknüpfungspunkte**	**Ansprüche, Anforderungen, Kontakte; mögliche Ansatzpunkte der Jugendarbeit**
Amazonen 12-4 J.; Verena, Nadja, Simone; österr.	aggressives Verhalten, raue Sprachkultur, ro-mantischer Mainstream bis Bravo-Hits, burschenhaftes Verhalten	STL, Park, Straße, „Hofgartl", „Fahrradkeller",	Drogen/Alkohol, polizeibekannt, vernachlässigtes Familienverhältnis, Selbstdarstellung zw. „Hure u. treue Geliebte", hohes Mitteilungsbedürfnis, Sexualität	Mädchenarbeit, Förderung (Tanz), Selbstverteidigungskurs
Kicker 13-17 J.; Sascha, Thomas H., Heini, Robert R., Georg, Karli, Patrik Z., Thomas Th., Christian Th., Patrick Z., Harald K., Georg Sz.	Outfit durchschnittlich, teils ausländerfeindlich, politisches Desinteresse, einfache Ausdrucksweise, sportlich, Bewegung	teilw. JZ11 Pan, MHW-Spielplatz, Käfige	Fußball, sportliche Angebote	Fußball, Sport, strukturierte Angebote

D. Die kontinuierlichen Cliquenbeobachtungen an einem bestimmten Ort

Eine Abwandlung des oben beschriebenen Cliquenrasters stellt das vereinfachte Beobachtungsschema zur Beschreibung der BesucherInnengruppen von belebten Stadtteil-Treffpunkten dar.

Das Ziel ist hier, eine Momentaufnahme der vielfältigen BenutzerInnen eines öffentlichen Ortes, die verschiedenen Nutzungsformen sowie mögliche Konfliktlinien und Bedürfnisse zu beschreiben. Die vorgeschlagenen Unterscheidungen des Rasters ermöglichen den Vergleich der Wahrnehmungen von verschiedenen JugendarbeiterInnen. Diese Beschreibungen erlauben es auch, die Beobachtung zu einem anderen Zeitpunkt zu wiederholen und so Veränderungen an einem öffentlichen Ort zu erkennen.

Das Raster unterscheidet sich vom Cliquenraster dadurch, dass in den Spalten drei, vier und fünf nicht genauere Beschreibungen der Personengruppen, sondern Aneignungs- und Nutzungsformen/-konflikte beschrieben werden.

Raster: BenutzerInnengruppen eines Parks

Gruppe, Clique, Szene, Einzelne; Alter, Geschlecht, ethnische Zugehörigkeit; Cliquennamen	Verhalten, Tätigkeiten, Outfit, Musik, Weltbild, Sprache	Wo halten sie sich im Park auf? Latente/manifeste Konflikte mit anderen BenutzerInnen?	Bedürfnisse, Interessen: „Was tun sie wie?"; Anknüpfungspunkte für Gespräche	Assoziation: mögliche Ansatzpunkte der Stadtteilarbeit

Neben der Beschreibung der Personengruppen sollten jeweils auch subjektive Anmerkungen über die Vorgänge während der Beobachtungszeit notiert werden. In Form einer Skizze könnten auch die Aufenthaltsräume der NutzerInnengruppen eingezeichnet werden.

Ort:	Datum: Uhrzeit: Wetter:
Betätigungen und Verhalten: Was wird genutzt, was nicht?	
Atmosphäre, Stimmung, Nutzungskonflikte	
Skizze: Der Park und seine BesucherInnengruppen	

Diese Protokolle, die gleich möglichst deutlich verfasst werden sollten, werden abgelegt und können jederzeit verglichen, aber auch zur Vorbereitung für den Parkbesuch herangezogen werden.

Bei der Untersuchung eines neuen Parks können die MitarbeiterInnen als Einstieg diesen unabhängig voneinander besuchen und jeweils diese Parkprotokolle anfertigen. Anschließend werden diese gegenseitig vorgetragen. Über die Diskussion von gleichen bzw. unterschiedlichen Einschätzungen entsteht gemeinsames sozialräumliches Verständnis bzw. eröffnen sich Aspekte, die in Hinkunft genauer betrachtet werden müssen.

Auswertung und Präsentation

Bei der Erstellung von Cliquenporträts geht es in der Regel nicht darum, *alle* Cliquen des Stadtteils zu beschreiben. Sollte dieser Anspruch bestehen, müsste eine abschließende Überprüfung, ob die Cliquen wirklich sichtbar oder an den angegebenen Orten zu erreichen sind, erfolgen. Ein Cliquenraster hat dann seinen Zweck erfüllt, wenn aufgrund der vorliegenden Cliquenbeobachtung die Wiedererkennbarkeit einer Clique auch für andere (JugendarbeiterInnen) gegeben ist.

Prinzipiell ist vor einer öffentliche Präsentation der Cliquenbeschreibungen zu warnen. Tatsächlich ist es so, dass differenzierte Beschreibungen von Cliquen auf größtes Interesse von Seiten der Stadt(teil)-Öffentlichkeit stoßen und von Außenstehenden in der Regel mit Spannung und großem Interesse aufgenommen werden. Hier gilt es aber zu sehen, dass die Kompetenz der Jugendarbeit, sehr differenzierte Beschreibungen und Aussagen über Handlungsformen, Nutzung von öffentlichen Räumen etc. zu leisten, aber Wissensbestände schafft, die sich gegen Jugendliche richten können. Cliquenraster beinhalten Informationen, die bspw. der Polizei Ansatzpunkte für Intervention bieten könnte, benennt informelle Treffpunkte, die für Jugendliche eine große Bedeutung haben und die so entwertet würden etc.

Methodenkombination

Das Cliquenraster eignet sich auch sehr gut für die Zusammenfassung der Beobachtungen bei strukturierten Stadtteil-Begehungen: Auf der Stadtteil-Karte wird der Treffpunkt einer Clique markiert und mit einem Symbol versehen. Entsprechend der Zuordnung zu diesem Symbol, werden die beobachteten Charakteristika der Clique auf einem, neben dem Plan aufgehängten Cliquenraster eingetragen.

6.5. Institutionenbefragung

Abstract
Die sozialen Institutionen einer Region bestimmen in einer oft unterschätzten Weise die Aneignungsmöglichkeiten von Kindern und Jugendlichen eines Stadtteils. Mit der ihnen in der Öffentlichkeit zugeschriebenen Kompetenz sind sie maßgeblich an der Bewertung der Situation von Heranwachsenden in sozialräumlichen Zusammenhängen beteiligt.

Mittels Befragungen wird daher versucht neben der spezifischen Einschätzung, die sich aus der Arbeitsfeld-Beschreibung jeder Institution begründet, vor allem ihre Einschätzung bezüglich der sozialräumlichen Stärken und Schwächen des Stadtteils in Hinblick auf die Situation von Kindern und Jugendlichen zu eruieren. Zudem gilt es auch in Erfahrung zu bringen, wie sehr die Institutionen die Arbeit anderer Institutionen kennen bzw. deren Qualität einschätzen. Denn möglicherweise verhindern Kommunikationsdefizite einen Aufbau von Netzwerken für Heranwachsende.

Die Gespräche und Befragungen werden anhand eines Leitfadens geführt. Dabei beziehen sich die Fragen auf die vorhandene soziale Infrastruktur des Stadtteils, auf die Problemstellungen im Gemeinwesen, auf die Einschätzung der Situation der Heranwachsenden und auf das Wissen über die verschiedenen Jugendkulturen des Einzugsgebietes.

Dieses Verfahren ist aber nicht nur für Interviews mit MitarbeiterInnen von Institutionen von Interesse: Auch außerhalb der Institutionen gibt es Erwachsene, die in einem Siedlungsteil eine wichtige Rolle spielen. Ortmann definierte solche „Schlüsselpersonen als Menschen im Stadtteil, die aufgrund ihres Berufes, ihrer Position und ihrer Erfahrungen über spezifische Wissensvorräte über Strukturen, Veränderungen und Entwicklungen des Stadtteils verfügen." (Ortmann in Deinet 2000: 78) Mittels Leitfadeninterviews mit Schlüsselpersonen wird versucht, ein differenziertes Bild der – auch historisch gewachsenen – Vorgänge im Gemeinwesen zu erhalten. Die Befragung kann auch in Form einer Stadtteilbegehungen durchgeführt werden, was zu einer noch differenzierteren Beschreibung des Stadtteils führen kann.

Idee und Intention

Die im Stadtteil ansässigen Institutionen definieren Problemstellungen von und mit Heranwachsenden. Da ihnen in der Öffentlichkeit des Stadtteils meist der Status von „ExpertInnen" zugeschrieben wird, bestimmen sie wesentlich die Aneignungsmöglichkeiten der Heranwachsenden im sozialräumlichen Zusammenhang eines Stadtteils mit: Ob beispielsweise ein Konflikt zwischen Jugendlichen und Erwachsenen als nachvollziehbarer Nutzungskonflikt des oftmals begrenzten öffentlichen Raumes bestimmt wird oder aber als Ausdruck abweichenden Verhaltens einer problematischen Jugendclique – das hat bedeutende Konsequenzen für die Ansätze der Problemlösung.

Zu beobachten ist aber auch eine – nicht nur unter PolitikerInnen – weit verbreitete Annahme, dass alle Institutionen, die im Bereich der sozialen Arbeit tätig sind, vernetzt arbeiten und somit über geeignete Informationen über die Arbeitsfelder und Zielgruppen anderer Institutionen verfügen würden. Dementsprechend wird oft von Netzwerken für Kinder und Jugendliche ausgegangen, in denen die Angebote aufeinander abgestimmt, gemeinsam spezifische Problemstellungen von Heranwachsenden in einer bestimmten Region diskutiert und Änderungsvorschläge eingebracht werden.

In Wirklichkeit existieren nicht nur traditionelle fachliche Konfliktlinien und Kommunikationsdefizite wie beispielsweise zwischen schulischer und außerschulischer Jugendarbeit, auch müssen sich Institutionen vor dem Hintergrund knapper werdender Ressourcen vermehrt über ihre spezifischen Eigenleistungen definieren und legitimieren, was einem vernetzten Denken mitunter widerspricht.

So ist es für eine sozialräumlich orientierte Jugendarbeit von großer Bedeutung, die unterschiedlichen Meinungsbilder über die Situation der Heranwachsenden in Erfahrung zu bringen bzw. mögliche sozialräumliche Ressourcen zu erkennen. Die Institutionenbefragung versucht daher nicht, die spezifische Einschätzung, die sich aus der Legitimation jeder Institution begründet, abzufragen, sondern vielmehr die Einschätzung bezüglich der Stärken und Schwächen der Infrastruktur für Kinder und Jugendliche. Dies bedingt auch, zum einen in Erfahrung zu bringen, in welchem Maße soziale Institutionen die Arbeit anderer Institutionen kennen und wie sie deren Qualität einschätzen, zum anderen gilt es, Kommunikationsdefizite zu ergründen.

Die Methode in der Praxis

Erster Schritt: Erstellung einer Liste

Zu Beginn des Projektes werden alle sozialen Institutionen, aber auch Freizeitanbieter etc. im Stadtteil aufgelistet. Dies kann in Assoziationsrunden, in denen Fragen wie: „Welche Institutionen, Vereine etc. gibt es hier? Welche fallen dir/Ihnen ein?", gestellt werden, passieren, die dann durch Eintragungen aus speziellen Informationsbroschüren ergänzt werden sollten. Denn erfahrungsgemäß entspricht die Auswahl der Institutionen oft den alltäglichen Erfahrungen in der Jugendarbeit bzw. gegebenen Vernetzungszusammenhängen, die durch persönliche Kompatibilität bestimmt werden. Dementsprechend werden nicht selten KooperationspartnerInnen und Institutionen der Jugendarbeit vergessen, die möglicherweise von großer Bedeutung sein könnten.

Auswahlverfahren und Sample

In einem anschließenden Auswahlverfahren werden nun einerseits die Institutionen festgehalten, deren Zielgruppe Kinder oder Jugendliche sind, andererseits auch jene, die in Form der ihnen zugewiesenen Definitionsmacht in politisch institutionellen Gremien über die Situation von Kindern und Jugendlichen im Stadtteil mitentscheiden. Zu diesem Sample gehören also sowohl Schulen, Kindergärten, Jugendeinrichtungen oder Sportvereine als auch Behörden wie die Polizei, Bezirksvorstehungen oder jugendpolitische MandatarInnen.

Interviews mittels Gesprächsleitfaden

Nach telefonischen Terminvereinbarungen werden die halb- bis dreiviertelstündigen Interviews geführt. Als Ziel der Interviews wird, erstens, das Interesse genannt, alle Meinungen der „Fachleute" über die Stärken und Schwächen der sozialen und sozialräumlichen Infrastruktur des Stadtteils zu sammeln. Zweitens sollen ihnen die Ergebnisse nach Abschluss und Auswertung der Befragungen zur Verfügung gestellt werden.

Die offenen Fragestellungen beziehen sich auf

- die vorhandene bzw. gewachsene soziale Infrastruktur des Stadtteils,
- die Problemstellungen im Gemeinwesen,
- die Einschätzung der Situation der Heranwachsenden und
- das Wissen über die verschiedenen Jugendkulturen des Einzugsgebietes.

Ein Leitfaden soll das Gespräch erleichtern. Die Themenbereiche werden zwar grob strukturiert, um die Vergleichbarkeit der Einschätzungen zu ermöglichen.

Die bewusst offen gestellten Fragen, die keine Antwortvorgaben beinhalten, sollen allerdings genügend Spielraum für Ausführungen und Erklärungen lassen.

Beispiel für ein Leitfadeninterview

Leitfadeninterview

Zur sozialen Infrastruktur im Stadtteil:
Welche Personen/Institutionen gibt es?
  Was machen sie?
Wie hat die Lage vor fünf Jahren ausgesehen?
  Was hat sich geändert?
  Was haben diese Institutionen/Personen dazu beigetragen?

Zur Einschätzung der Situation der Jugendlichen im Stadtteil:

Stärken generell +
Was funktioniert gut im Stadtteil?

Schwachstellen generell -
Welche Probleme siehst du/sehen Sie im Stadtteil für Kinder und Jugendliche?
  Wie ist die Struktur der Probleme?
  Wer ist beteiligt?
  Wo ist die Ursache?
  Gibt es Ansätze zur Selbsthilfe?

Stadtteilsitutation im Detail +/-

Treffpunkte von Kindern und Jugendlichen
Welche Treffpunkte haben die Jugendlichen im Stadtteil?
  Kommerziell?
  Privat?
  Institutionalisiert?
  Informell?
Welche Mängel gibt es?
  Versorgung mit Treffpunkten?
  Ausstattung von Treffpunkten?
  Sonstiges

Mobilität
Wie mobil sind Jugendliche, um die Freizeit nicht im Stadtteil zu gestalten?
Wie attraktiv ist es für sie, die Freizeit nicht im Stadtteil zu gestalten?

Jugendkulturen
Was für unterschiedliche Jugendcliquen/-szenen kennst du/kennen Sie?
  Wie viele sind das?
  Wie alt sind die Jugendlichen? Was machen sie?
  Welche Jugendkultur?
Welche Entwicklungen in der Jugendszene sind dominant?
Welche Entwicklungen findest du/finden Sie besonders bemerkenswert?
Welche Jugendszenen prägen den Stadtteil?

Kinder- und Jugendarbeit
Welche Rolle spielt die Kinder- und Jugendarbeit im Stadtteil?
Was sagst du/sagen Sie zu den Aktivitäten der einzelnen Vereine?
Wie bewertest du/bewerten Sie die Elemente der Offenen Kinder- und Jugendarbeit?

Netzwerk
Welche Formen des Kontaktes oder der Zusammenarbeit zwischen der Institution und der Jugendarbeit gibt es derzeit?
Welche Kontakte und Kooperationen wären wünschenswert/realisierbar?

Dieser Entwurf wurde in Abwandlung und auf Basis eines von Ortmann entworfenen „Leitfadeninterviews für Schlüsselpersonen" entwickelt. Bei Institutionen, zu denen kaum Kontakte bestehen kann einleitend das Wissen über die Jugendeinrichtung in Form von Fragestellungen der Fremdbilderkundung („Welche Jugendlichen, glauben Sie, kommen zu uns? Welche Angebote sind Ihnen bekannt?" etc.) voran gestellt werden.

Als sehr effektiv erweist sich die Mitnahme eines Cliquenrasters („Welche Jugendlichen konkret machen Ihrer Meinung nach die Probleme?") und eines übersichtlichen Stadtteilplans, um über bestimmte Stadtteilausschnitte („Wo ist das genau?") detailliert sprechen zu können, da alleine die Existenz dieser doch ungewöhnlichen Dokumentationsbehelfe das differenzierte Vorgehen der „SozialraumexpertInnen" der Jugendarbeit bescheinigt.

Die Dokumentation des Interviews erfolgt zwar über ein Aufnahmegerät, bedeutende oder zentrale Aussagen sollten sofort notiert werden.

Interviewauswertung

Da es weder zeitlich durchführbar, noch zielführend ist, das ganze Gespräch zu transkribieren, werden lediglich zentrale Aussagen für die Auswertung wörtlich übernommen. Abhängig davon, ob das Gespräch alleine oder zu zweit geführt wurde, schlagen wir folgende Auswertungsformen sofort im Anschluss an das Gespräch vor:

War es bei einem allein geführten Gespräch der MitarbeiterIn möglich, die wichtigsten Aussagen dennoch zu notieren, wird das Band noch einmal abgehört und die Notizen gegebenenfalls ergänzt. War dies nicht der Fall, bietet sich das „Band zu Band"-Verfahren an, bei dem die Interview-Aufzeichnung abgespielt und wesentliche Aussagen, Zitate oder Zusammenfassungen gleichzeitig auf ein 2. Diktiergerät gesprochen und erst von diesem Band transkribiert werden.

Bei zwei InterviewerInnen ist es fast immer möglich, wichtige Aussagen während des Gespräches zu notieren, sodass in einem „Analyse-Gespräch" direkt nach dem Gesprächstermin die wichtigsten Aussagen ausgetauscht, verglichen, bewertet und diskutiert und sodann auf ein Diktiergerät gesprochen oder gleich schriftlich zusammengefasst werden.

Hilfsmittel: ein Institutionenraster

Um eine Übersicht über die befragten Institutionen und ihre Aussagen zu erhalten, bietet sich ein Institutionenraster an, das in der Einrichtung immer weiter ergänzt wird. Dieser sollte Namen und Funktion der Einrichtungen sowie bedeutende Einschätzungen über Stärken und Schwächen des Sozialraumes beinhalten.

Name der Institution, des Vereins	Allg. Problemstellungen in der Region	Stärke der Region für Kinder u. Jugendliche	Schwächen der Region für Kinder u. Jugendliche	Wer oder was könnte zur Verbesserung beitragen?	Einschätzungen über Jugendkulturen	Ansatzpunkte für Kooperationen

Beispiel einer erweiterten Institutionenbefragung
Bei einer umfangreichen Institutionenbefragung einer Jugendeinrichtung wurde zusätzlich besonders die Außenwahrnehmung der Jugendeinrichtung durch die Institutionen abgefragt. In Anlehnung an die Fragestellungen der Fremdbilderkundung wurde das Image der Jugendeinrichtung mit Fragen wie: „Wer arbeitet dort? Was bietet die Einrichtung an? Was wäre erwünscht?“, eruiert und in einem entsprechend adaptierten Institutionenraster zusammengestellt:

Institutionen	Image *positiv*	Image *negativ*	Kooperationswünsche	Wünsche
Sportverein Donau	– Ausgebildete BetreuerInnen – Freizeitgestaltung unter Aufsicht – Spiele, gute Erfahrungen – große Bedeutung für Jugendliche	– zu locker – Aufführen in der Siedlung	Zusammenarbeit – Nachwuchs	– Vandalismus verhindern – Verbindlichkeit mit Jugendlichen eingehen – Rücksicht auf andere nehmen
Städtische Bücherei	– Beschäftigung (besonders für Jugendliche) – intensive Mädchenarbeit – Ansprechpartner für Probleme der Kinder und Jugendlichen	– sollten auch vor Jugendzentren intervenieren	Beratung/Unterstützung bei Bücherverleih	– Nachbetreuung von Jugendlichen
Städtische Kindertagesstätte	– Sozialarbeiter und ErzieherInnen – Anlaufstelle – aktiv Freizeit gestalten – dass es das JZ gibt	– zu wenig streng	Programme schicken/Infos Gruppenbesuch ermöglichen	– mehr Öffentlichkeitsarbeit

Institutionen	Image *positiv*	Image *negativ*	Kooperations-wünsche	Wünsche
Bezirksvorsteher		– das Jugendzentrum ist verschlossen – keine Wochenendbetreuung – nicht herausreichend – keine älteren Jugendlichen – Identifikation mit der Siedlung fördern – Ausbildungen z.T. nicht bekannt	Kontakt pflegen Info Austausch	– Programm zuschicken – Vernetzung zwischen Jugendlichen und älteren Menschen schaffen
Pfarre	– sozialpädagogische Ausbildung – dass es das JZ gibt – Neues ausprobieren (innovativ) – persönliche Zuwendung – Menschlichkeit/Würde/ Wert – sinnvolle Freizeitgestaltung	– wenig Vermischung mit anderen Kindern und Jugendlichen – keine Wochenendarbeit	Großveranstaltungen (z.B. Volxkino) im Gespräch bleiben	– Präsenz verstärken – Café/Räume – Elternarbeit
Interessens-gemeinschaft – Kaufleute	– ausgebildet (sozialpsychologische Helfer und Persönlichkeiten) – nur Positives gehört – JZ arbeitet gut: Situation hat sich gebessert	– Sonntag nicht offen – mehr Outreach	Mitgestaltung bei Festen	– Beratung bei Problemen – mehr Öffentlichkeitsarbeit
Volksschule I	– Sozialarbeiter und Ausgebildete – offenes Ohr für Kinder – auf Schulwünsche eingehen – unheimlich wichtig	– Kommunikation	gemeinsame Projekte überlegen mit anderen Schulen Zusammenhalt und „Wir-Gefühl" entwickeln	– Infos – aus der Siedlung weg fahren – mehr Sport
Bewährungshilfe	– Ausgebildete	– Wochenendarbeit – Drogenabhängige und Randgruppen	Infoabende Vernetzung (Rechtsberatung)	– Setting für Drogenabhängige anbieten

Offensichtlich wird hier, dass – erstens – das Image der ebenfalls seit vielen Jahren bestehenden Einrichtung nicht nur positive Aspekte aufweist und – zweitens – der Wunsch nach mehr Information über die Jugendeinrichtung oft geäußert wird. Zentrale – und unerwartete – Erkenntnis war, dass der neu bestellte Bezirksvorsteher kein positives Bild (siehe leeres Feld) von der professionellen Arbeit des Teams des Jugendzentrums hat und das, obwohl er als wichtiger Entscheidungsträger eigentlich erster Adressat der Öffentlichkeitsarbeit ist.

Variante der Institutionenbefragung: Befragung von Schlüsselpersonen

Eine ähnliche Intention wie die Institutionenbefragung steht hinter der Befragung von jenen Personen im Stadtteil, die über Wissen und/oder Kontakte zu verschiedensten Bevölkerungsgruppen verfügen – und meist schon lange im Stadtteil wohnen. (vgl. dazu auch Ortmann in Deinet/Sturzenhecker 2001: 33) Denn oft sind ja bestimmte Konflikte zwischen Jugendlichen und Erwachsenen, Umgangsformen mit Kindern und Jugendlichen oder spezifische Entwicklungen der Infrastruktur einer Siedlung durch historische Entwicklungen geprägt, die auf das „Klima“ einer Siedlung weiter wirken, ohne dass dies bewusst wahrgenommen wird. Hier können „Schlüsselpersonen“, die – um bei diesem Bild zu bleiben – Zugänge zu den verschiedenen Vorgängen im Stadtteil aufschließen und differenzierte Bilder der verschiedenen beteiligten Gruppierungen und Lobbyisten entwerfen.

Solche Personen können natürlich nicht „konzeptiv“ gesucht werden, sondern meist werden sie in verschiedenen Gesprächssituationen häufig genannt, man/frau trifft sie öfters bei Spaziergängen im Stadtteil, bei BewohnerInnenversammlungen oder anderen Ereignissen im Stadtteil. Sie haben Zugänge zu verschiedenen Kulturen eines Stadtteils, zu Parteien, Stadtteilvereinen o. ä. m., mitunter auch Kontakte zu Jugendlichen. Erfahrungsgemäß gibt es keine „idealtypischen“ Schlüsselpersonen. Das Spektrum dieser Personengruppe reicht vom/von der HauswartIn über den/die in der Siedlung ansässige/n Kinderarzt/ärztin bis zur Mutter von acht Kindern bzw. Jugendlichen.

Neben diesen Interviews bieten sich auch Stadtteilspaziergänge an, da so die Möglichkeit besteht, jeweils an konkreten Plätzen die dort anwesenden Personengruppen über gegenwärtige oder vergangene Situationen und Vorgänge zu befragen. Stadtteilbegehungen können wesentlich dazu beitragen, eine noch differenziertere Beschreibung des Stadtteils zu erhalten.

Die Möglichkeit der öffentlichen Präsentation der Ergebnisse

Auch wenn die Befragung der Institutionen vornehmlich das Ziel verfolgt, Chancen und Barrieren von Jugendlichen im sozialräumlichen Zusammenhang einer Region besser beurteilen zu können, bietet sich dennoch auch eine Präsentation der Ergebnisse, verbunden mit der Einladung aller befragten Institutionen an. Bei dieser Präsentation ist natürlich darauf zu achten, nicht die einzelnen Institutionen – und deren möglicherweise vorhandene Informationsdefizite – in den Vordergrund zu stellen, sondern die Situation der Jugendlichen aus der vielschichtigen Sicht der Institutionen.

Was können die Ergebnisse für die Konzeptentwicklung bewirken?

Bei einer umfangreichen Befragung von Institutionen können, erstens, zentrale Aussagen über Angebotsdefizite oder Problemstellungen im Bezirk in Erfahrung gebracht werden, die durch spezifische Angebote zu einem veränderten sozialräumlichen Konzept der Jugendeinrichtung beitragen können. Dies bedeutet natürlich nicht, dass diese von der Jugendarbeit angeboten werden müssen, vielmehr sollten Verbesserungen für Kinder und Jugendliche durch den Ausbau von Vernetzungen mit anderen Institutionen erzielt werden.

Zweitens eröffnen die Gespräche auch Möglichkeiten der Festlegung von gewünschten und geplanten Informationsverläufen und die Möglichkeit gemeinsamer Kooperationen. Und drittens erlaubt das durch die Institutionenbefragung erworbene umfangreiche Wissen die Einberufung von Jugend-Plattformen oder Regionalteams, in denen die MitarbeiterInnen als „Sozialraumfachleute" zentrale Problemstellungen benennen und vorgeben können und konkrete Kooperationsformen aus ihrer Sicht einbringen.

6.6. Strukturierte Stadtteilbegehung

Abstract

Die strukturierte Stadtteilbegehung ist ein 2-stufiges Beobachtungs- bzw. Befragungsverfahren, das die Kenntnis und das Verständnis der verschiedenen Wahrnehmungen und Deutungen – sowohl der JugendarbeiterInnen als auch der Jugendlichen – der sozialräumlichen Qualitäten klar umrissener Stadtteil-Segmente bewirkt.

Im 1. Analyse-Schritt wird in Beobachtungsrundgängen der zuvor in Beobachtungssegmente unterteilte Stadtteil mehrmals von verschiedenen JugendarbeiterInnen begangen, ohne dabei aber Kontakte mit Bevölkerungsgruppen zu suchen.

Im 2. Schritt werden in der anschließenden „Befragungsphase" entweder Stadtteilbegehungen mit Kindern oder Jugendlichen oder Befragungen von Jugendlichen an deren Treffpunkten durchgeführt, um deren lebens- und alltagsweltlichen Blickwinkel in Erfahrung zu bringen.

Nach Abschluss dieser beiden Analyse-Schritte ist eine differenziertere und „dichtere" Einschätzung der Vorgänge im Stadtteil möglich, die auf verschiedenen Wahrnehmungsebenen – der Beobachtungen der JugendarbeiterInnen und der Befragung von Kindern und Jugendlichen – basiert.

Die strukturierte Stadtteilbegehung stellt zwar ein (zeit)aufwendiges Verfahren dar, führt aber in der Praxis zum Erwerb eines präzisen sozialräumlichen Verständnisses, welches die Grundlage für nachfolgende Institutionen-Befragungen, der Erstellung von Cliquenrastern o.ä.m. sein kann.

Der Begriff „strukturiert" bezieht sich dabei auf zwei Aspekte des Verfahrens: Zum einen auf die Festlegung bestimmter Routen im Stadtteil, auf die mehrmalige Begehung dieser Wege und Orte zu verschiedenen Zeiten, aber auch auf die kontinuierliche Dokumentation der Beobachtungsrundgänge. Zum anderen soll durch die Kombination von Beobachtungsrundgängen und den Begehungen mit Kindern und Jugendlichen eine systematische Erforschung der vielschichtigen Wechselwirkungen sozialräumlicher Zusammenhänge erreicht werden.

Idee und Intention

Die Begehung des Stadtteils vermittelt prinzipiell die unmittelbarsten Eindrücke über dessen spezifische sozialräumliche Konstitution. Man/frau sieht, hört, spricht, begegnet, nimmt wahr – natürlich subjektiv vom Blickwinkel des/der BeobachterIn aus – und wird auch wahrgenommen.

Die Wahrnehmung der komplexen Wechselwirkungen sozialräumlicher Bestimmungen, in denen sich differenzierte Aneignungsprozesse von Kindern und Jugendlichen, infrastrukturelle Gegebenheiten, Nutzungsdefinitionen von Erwachsenen, aber auch die Bedeutung von Räumen außerhalb des Stadtteils überlagern, ist natürlich von der Form der Beobachtung geprägt. Sowohl der Aufenthalt im öffentlichen Raum im Rahmen Herausreichender oder Mobiler Jugendarbeit, als auch Stadtteilbegehungen und Gespräche mit Jugendlichen vermitteln jeweils nur einen Ausschnitt der vielschichtigen sozialräumlichen Zusammenhänge.

Zu beobachten ist beispielsweise, dass bei der Vorstellung von Methoden der Lebensweltanalyse von den MitarbeiterInnen sehr oft darauf hingewiesen wird, dass man den Stadtteil ohnehin kenne. Das stimmt – eingeschränkt. Bei einer intensiveren Auseinandersetzung stellt sich allerdings meist heraus, dass diese Wissensbestände selbst bei Fachkräften der Mobilen Jugendarbeit sehr selektiv und auch personenbezogen sind: Man/frau nimmt stets die gleichen Wege zum Arbeitsplatz, besucht ausgewählte Orte, wird von Jugendlichen auf bestimmte Räume verwiesen und entwickelt mit der Zeit bestimmte Annahmen über den Stadtteil, ohne diese immer wieder auch zu überprüfen.

Aber auch die bedeutende Auseinandersetzung mit Kindern und Jugendlichen über ihre Lebens- und Streifräume im Stadtteil vermittelt nur einen spezifischen Blickwinkel: So hat auch die besondere Qualität der Stadtteilbegehungen mit Kindern und Jugendlichen – sie geben die Wege vor und beschreiben ihre subjektive Wahrnehmung bestimmter Orte – einen erkenntnistheoretischen Nachteil. Man erfährt nichts über Orte, die *nicht* aufgesucht, die nicht bekannt sind, die gemieden werden, oder als „geheime" Orte gelten.

Aber auch diese stehen in einem spezifischen Verhältnis zu den genutzten Treffpunkten und Streifräumen. Beispielsweise ist das Antreffen von sehr vielen Kindern und jüngeren Jugendlichen nicht zwangsläufig Ausdruck für die große Attraktivität eines Ortes. Möglicherweise verhindern ja Straßen mit großem Verkehrsaufkommen die Mobilität der Kinder zu anderen, entsprechenderen Orten. Oder aber, es wird ein Cliquentreff dadurch bestimmt, dass attraktivere Orte von anderen Cliquen besetzt sind, oder sie von Treffpunkten im öffentlichen Raum durch Erwachsene verjagt wurden. Ebenso gibt es mitunter Räume, die für Jugendliche attraktiv sein könnten, aber aus bestimmten Gründen nicht in Betracht gezogen werden.

Ein anderer Nachteil besteht darin, sich natürlich auf die Interpretationen der Jugendlichen einzulassen, sie ernst zu nehmen und damit – ein Stück weit – ihre Wahrnehmung zu übernehmen. Dabei nimmt man nur einen bestimmten Ausschnitt von Jugendlichen, nämlich mit denen man bereits in Kontakt gekommen ist, wahr – kaum aber Kinder und Jugendliche, die man nicht kennt, die nicht andauernd an öffentlichen Orten präsent sind oder sich an anderen informellen „Nischen" im Stadtteil treffen.

Intention der strukturierten Stadtteilbegehung ist daher, diese „Mängel" aufzugreifen. Neben den Gesprächen oder Begehungen mit Kindern und Jugendlichen wird über strukturierte Stadtteil-Rundgänge versucht, bedeutende Ausschnitte des Stadtteils sehr differenziert zu beobachten und zu beschreiben.

Der Begriff *„strukturiert"* bezieht sich dabei auf zwei Aspekte des Verfahrens: Zum einen auf die Festlegung bestimmter Routen im Stadtteil, auf die mehrmalige Begehung dieser Wege und Orte zu verschiedenen Zeiten, aber auch auf die kontinuierliche Dokumentation der Beobachtungsrundgänge. Zum anderen soll durch die Kombination von Beobachtungsrundgängen *und* den Begehungen mit Kindern und Jugendlichen eine systematische Erforschung der vielschichtigen Wechselwirkungen sozialräumlicher Zusammenhänge erreicht werden.

Es ist, wie uns die Praxis zeigte, für die JugendarbeiterInnen von Vorteil, sich *vor* den Begehungen mit Heranwachsenden ein, wenn auch ebenso subjektives Bild bestimmter sozialräumlicher Konstitutionen zu machen. War im ursprünglichen Entwurf der strukturierten Stadtteilbegehung (vgl. Krisch in: Deinet 1999: 82) die Begehung mit Jugendlichen als erstes vorgesehen, so hat sich in der Anwendung dieses Verfahrens die Vorschaltung des Beobachtungsrundganges alleine oder zu zweit – ohne den Kontakt zu Jugendlichen zu suchen – als bedeutende Verbesserung der Methode erwiesen. Dies hat auch jenen Vorteil, dass der Anspruch, erst einmal *nur* zu beobachten, meist als große Erleichterung beim Einstieg von standortorientierten MitarbeiterInnen in die „ungewohnten" gemeinwesenbezogenen Aktivitäten außerhalb der Einrichtung empfunden wird. Man/frau kann sich auf Beobachtungen und Wirkungen konzentrieren, wird mit dem Stadtteil vertraut, wird aber auch von Jugendlichen wahrgenommen und bekommt Sicherheit im Umgang mit der „offenen" Situation als „BesucherIn" im Stadtteil.

Die Methode in der Praxis

Festlegung der Beobachtungssegmente

Um Eindrücke vergleichbar zu machen, ist es notwendig, Beobachtungsräume oder -segmente festzulegen. Dies gewährleistet, dass Rundgänge nicht nach dem Zufallsprinzip erfolgen, sondern dieselben Wege und Orte („Ich gehe heute in die Region 2!") besucht werden. Es erlaubt auch den systematischen Vergleich von verschiedenen Wahrnehmungen der MitarbeiterInnen wie auch den Situationsvergleich in verschiedenen Zeiträumen.

Am Beginn des Projektes steht daher die Festlegung der Beobachtungssegmente (Planquadrate), in denen die maximal zweistündigen Beobachtungsrundgänge stattfinden sollen. Dafür ist ein Plan im geeigneten Maßstab unerlässlich. Auf diesem Stadtplan – je nach Fläche im Maßstab 1: 1000 bis 1: 15 000 – werden zuerst die Beobachtungssegmente mit einem Marker eingetragen. Die Unterteilung des Stadtteils erfolgt zum einen nach regionalen Kriterien, die durch infrastrukturelle Bedingungen wie große Straßenzüge, Wohnblocks, Parkanlagen bestimmt werden. Zum anderen bestimmt sich die Fläche des Segments dadurch, dass sie in zwei Stunden bequem begangen bzw. auch mit dem Fahrrad befahren werden kann.

Auf diesem Stadtplan können in weiterer Folge Treffpunkte, Brennpunkte, Institutionen, Cliquen usw. mit verschiedenfarbigen Nadeln, Klebefarbpunkten, „post-its" und Zeichnungen markiert werden.

Die Begehungen sollten in Form von Begehungsprotokollen dokumentiert werden.

Aus diesen können dann Cliquenbeobachtungen in ein Cliquenraster übertragen werden, der mit Fortdauer der Beobachtung immer weiter ergänzt werden kann. Als praktisch erweist sich, bestimmte Orte mit Zahlen oder Buchstaben auf der Karte zu bezeichnen – z.B.: R(egion)1/O(rt)3 – und entsprechende Hängeordner anzulegen, in denen alle Protokolle, Fotos, Cliquenbeschreibungen, Anmerkungen etc. gesammelt werden. Vor dem Rundgang kann dann in den relevanten Ordner Einblick genommen werden.

1. Schritt: der strukturierte Beobachtungsrundgang

Nun folgen – alleine oder in Zweier-Teams – die Beobachtungsrundgänge durch die Planquadrate, bei denen es nicht darum geht, jemanden anzusprechen, sondern eine Einschätzung der sozialräumlichen Gegebenheiten zu erwerben.

Strukturierte Stadtteil-Rundgänge sollten in einem Jugendzentrum von allen Teammitgliedern durchgeführt werden, um die unterschiedlichen Wahrnehmungsmöglichkeiten zu nutzen. Beispielsweise werden bestimmte Verhaltensweisen einer Clique von Mitarbeiterinnen anders interpretiert werden als von ihren männlichen Kollegen. Es soll auch verhindert werden, dass es in einem Team nur *eine/n* „Stadtteil-Experten/in“ gibt, dessen/deren Eindrücke dann referiert werden und somit der Bezug zum sozialräumlichen Umfeld in der Einrichtung weiter fehlt.

Von großer Bedeutung ist es, diese Begehungen immer wieder zu anderen Zeitpunkten, also an einem anderen Wochentag, zu einer anderen Tageszeit, unter der Woche *und* am Wochenende durchzuführen und nach Möglichkeit auch durch andere MitarbeiterInnen zu wiederholen, um vielschichtige Einblicke in die sozialräumlichen Gegebenheiten bestimmter Stadtteile zu erhalten.

Beim Beobachtungsrundgang sollte stets eine kleine Karte mitgeführt werden, auf der sich Beobachtungen eintragen lassen, ebenso ein Notizblock oder ein Diktiergerät zum Festhalten von Wahrnehmungen.

Beobachtet werden sollte u.a., wo sich welche Personengruppen aufhalten, wo die Kinder spielen, sich die Cliquen treffen, was deren Betätigung ist etc. Lassen sich „geheime“ Trefforte anhand von beispielsweise Graffitis erkennen? Welche Orte werden gemieden? Wo sind Mädchen anzutreffen? Welche Barrieren und Möglichkeiten ergeben sich durch die Bebauung, den Verkehr, die Lage von Freiflächen, Spielplätzen?

Eine Wiener Jugendarbeiterin, die ein umfangreiches Projekt einer strukturierten Stadtteilbegehung durchgeführt hat, stellte uns ihren „subjektiven“ Beobachtungsleitfaden zur Verfügung:

Beispiel für einen Beobachtungsleitfaden
Worauf man/frau bei einem strukturierten Stadtteil-Rundgang die Aufmerksamkeit lenkt:

1) Dinge:
- Sind die Häuser, Haltestellen, Wände angeschmiert? Mit welchem Text?
- Wie schauen die Müllräume aus?
- Wie viel Schmutz liegt herum?
- Was ist alles kaputt? (Mistkübel, Bänke, Spielplätze ...)
- Gibt es eine offene/versteckte Drogenszene?
- Findet man Utensilien für Drogengebrauch?
- Öffentlicher Umgang mit Alkohol? Von wem?
- Befinden sich Obdachlose im Grätzel? Wie wird mit diesen umgegangen?
- Wie (un)gepflegt sind die Innenhöfe? (Blumen, Gartenzwerge ...)
- Gibt es Zeichen von politischen Äußerungen? (Hakenkreuze ...)

2) Menschen:
- Wer ist im öffentlichen Raum? (Welches Alter, welcher Migrationshintergrund, welches Geschlecht, Verweilende oder Passierende ...)
- Was machen die Einzelnen miteinander? (spielen, ausgrenzen, reden, dealen ...)
- Welche Sportarten werden auf den einzelnen Plätzen ausgeübt? Von wem?
- Wer hält sich auch bei Regen/Kälte im öffentlichen Raum auf?

3) Stimmungen:
- Reden die Leute miteinander?
- Reden die unterschiedlichen Generationen miteinander?

- Findet eine Vermischung der Kulturen statt?
- Gibt es Wickel (Konflikte) zwischen den BewohnerInnen? Zwischen welchen?
- Mischen sich die unterschiedlichen Generationen beim Spielen?
- Wie werden die Konflikte ausgetragen? (Polizeidrohung versus Zivilcourage)
- Welche Generation gewinnt die Platzkämpfe, wenn es eng wird?
- Welche Gruppen bestimmen das Geschehen auf den öffentlichen Plätzen? (Alter, Migrationshintergrund, Geschlecht)
- Wer zeigt sich erst dann im öffentlichen Raum, wenn die „Capos" besseres zu tun haben?
- Wie ist die Grundstimmung in Höfen etc.? Wie üblich sind rassistische, ausländerInnenfeindliche, sexistische Bemerkungen oder Beschimpfungen?
- Wie hoch ist der Aggressionspegel bei unabsichtlichen Zusammenstößen?
- Wie hilfsbereit sind die Leute miteinander?

4) Entdeckung jener Orte, wo sich Jugendliche regelmäßig aufhalten:
- Orte, die Rückendeckung bieten (Plakatwände, Pavillons, Gerüste, zur Not zusammengeschobene Bänke ...),
- viele Zigarettenstummel,
- Spuckflecken (wenn sie noch nicht lange weg sind),
- leere Zigarettenpackerln,
- zusammengeschobene Bänke,
- angemalte Bänke, Wände

5) Systematik für das gesamte Einsatzgebiet:
- Welche Wiesen sind bespielbar, welche sind voll Hundekot?
- Wie ist der Zustand der „Käfige" (eingezäunte Sportflächen)? Was ist kaputt?
- Wie viele Spielplätze gibt es und für wen? Was ist kaputt? Für welche Gruppe gibt es keine Spielplätze?
- Wo sind dunkle Durchgänge, wo sich die Leute fürchten?
- Wo sind Straßen oder andere bauliche Barrieren, die Kinder, Teenies, Jugendliche daran hindern, ihren Sozialraum auszunützen?
- Taubenproblem?
- Hundeproblem?
- Welche Geschäfte/Lokale gibt es im Grätzel, mit denen kooperiert werden kann?
- Welche freien Plätze könnten für Großevents benützt werden?
- Welche Sportstätten gibt es? Welche geben Jugendlichen verbilligte Eintritte?

Ulli Haschka

Wird die strukturierte Stadtteil-Beobachtung von einem Team das erste Mal durchgeführt, hat sich der „ExpertInnen-Dialog" bewährt. Alle MitarbeiterInnen begehen unabhängig voneinander und ohne Besprechung oder Absprachen zuvor dieselbe Region. Erst nach dieser Begehung werden gemeinsam Erfahrungen und Wahrnehmungen ausgetauscht und diskutiert.

Nach mehrmaligen Begegnungen lassen sich Treffpunkte und Aufenthaltsorte von Kindern und Jugendlichen auf der Stadtteil-Karte festlegen. Die folgenden zwei Beispiele zeigen verschiedene Formen der Darstellung.#

Beispiel: der strukturierte Beobachtungsrundgang
Entsprechend dem Verfahren einer strukturierten Stadtteilbegehung wurde im vorliegenden Beispiel des Wiener Jugendzentrums Rennbahnweg in einem ersten Analyse-Schritt der ganze Stadtteil von MitarbeiterInnen der Jugendeinrichtung zu verschiedenen Zeiten analog der oben beschriebenen „Beobachtungsphase" „begangen" und erst anschließend in einer „Kontaktphase" die präzisere Beobachtung und die Durchführung von Interviews mit unbekannten Kindern und Jugendlichen, in bestimmten Stadtteil-Segmenten vorgenommen.

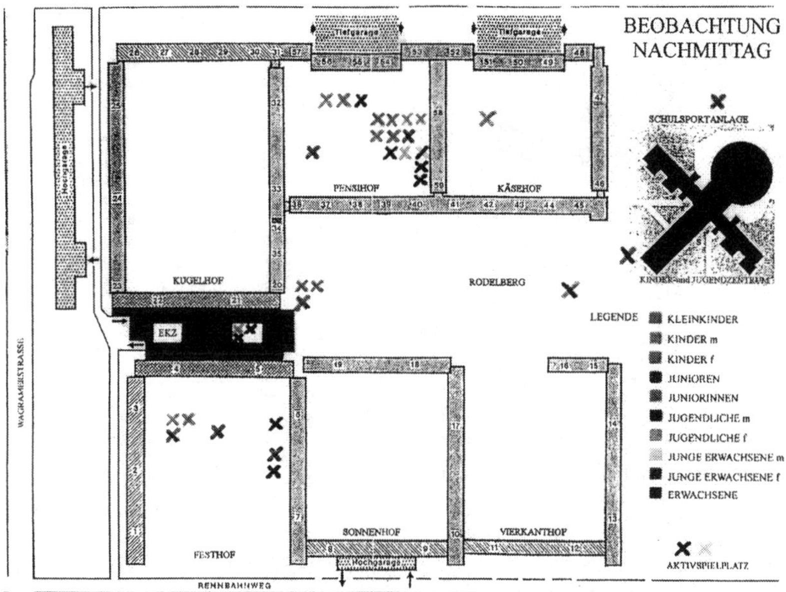

In dieser Grafik sind die Trefforte von Kindern und Jugendlichen in einer Siedlung (jedes Kreuz steht für ca. 10 Personen) dargestellt, wobei die hohe Konzentration vieler Altersgruppen an einigen Orten und die damit verbundenen „Nutzungskonflikte" augenscheinlich werden.

Durch die nächste Grafik, worin die Treffpunkte zu einer anderen Tageszeit dargestellt sind, lässt sich die Notwendigkeit der Beobachtung zu verschiedenen Zeitpunkten belegen, um die Mobilität der Jugendlichen entsprechend erfassen zu können.

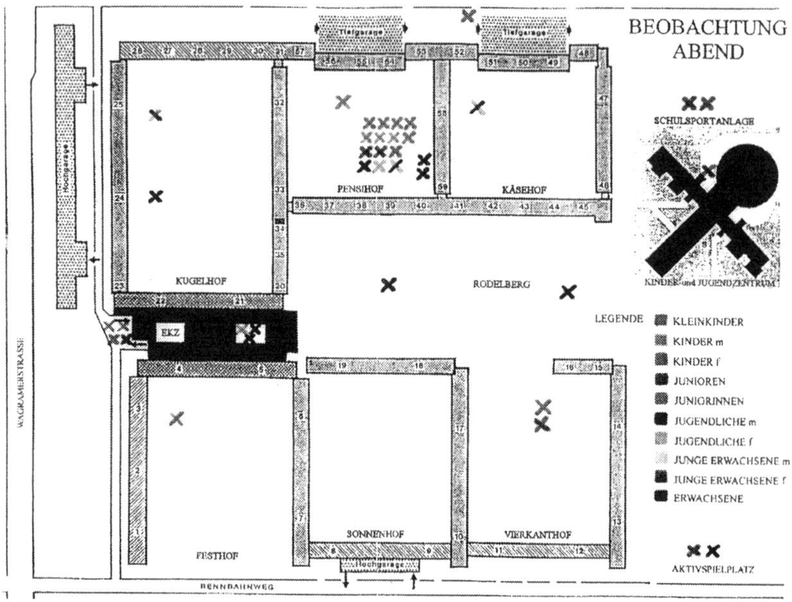

Natürlich wird man/frau beim Beobachtungsrundgang auch angesprochen oder es ergeben sich Kontakte, manchmal auch längere Gespräche. Wesentlich erscheint aber, die Kontaktaufnahme nicht als das Ziel dieses ersten Schrittes zu definieren, sondern – wie eingangs erwähnt – den Blick auf den Stadtteil-Zusammenhang zu richten.

2. Stufe – „Befragungsphase": Stadtteilbegehung mit Kindern und Jugendlichen

Die zweite Stufe der strukturierten Stadtteilbegehung stellt die Begehung dieser Planquadrate mit bekannten – weiblichen und männlichen – Kindern oder Jugendlichen dar, die bestimmte Ausschnitte dieser Gegend sowie deren sozialräumliche Gegebenheiten kennen und auch gerne darüber berichten wollen. (genauer: vgl. „Stadtteilbegehung mit Kindern und Jugendlichen")

Nun geht es darum, die vorangegangenen Eindrücke der MitarbeiterInnen mit den alltagsweltlichen Interpretation der Kinder und Jugendlichen zu vergleichen. Die Fragen an sie sind:

- Wo trefft ihr euch gerne?
- Wo treffen sich die anderen?
- Welche Cliquen sind in diesem Raum anzutreffen?

- Welche Probleme oder Affinitäten gibt es zwischen Cliquen?
- Welche Orte erlauben was? (Bewegung, Sport, sich treffen, in der Nacht sitzen, usw.)
- Welche Hindernisse oder Hemmnisse ergeben sich bei der Aneignung dieser Räume?
- Was gefällt euch/dir am Stadtteil? Was ist mühsam?

Während die Tätigkeiten in der Beobachtungsphase auch gut alleine durchzuführen sind, ist es unbedingt notwendig, bei der Begehung mit Jugendlichen zu zweit zu sein. So kann sich der/die eine JugendarbeiterIn auf das Gespräch mit den Kindern und Jugendlichen konzentrieren, während der/die andere die Aufgabe der Dokumentation übernimmt. Diese kann sowohl in Form von Notizen bzw. durch die Verwendung eines Diktaphons erfolgen und durch Videoaufnahmen sowie Fotografien ergänzt werden.

Variante der „Befragungsphase": das Cliquenraster

Statt der Begehung mit bekannten Kids kann dieser zweite Schritt auch mit unbekannten Cliquen, die beim ersten Streifzug wahrgenommen wurden, durchgeführt werden. Sollten diese aber nicht zu einem Spaziergang zu bewegen sein, können sie über ihre Einschätzung bestimmter Situationen im Planquadrat befragt werden. Wichtig dabei ist, sich zwar als MitarbeiterIn des Jugendzentrums zu verstehen und vorzustellen, sich aber nicht von der Fragestellung, ob das eine potenzielle BesucherInnengruppe für das Jugendzentrum sein könnte, leiten zu lassen. Denn es geht ja um die Wahrnehmung lebensweltlicher Deutungen von Jugendlichen – auch solcher, die sicher nicht zur Zielgruppe der Einrichtung gehören – und nicht um eine Werbung für das Jugendhaus.

Die Auswahl der angesprochenen Cliquen kann zufällig sein und sich auf die gerade anwesenden Jugendlichen beziehen. Die Kontaktaufnahme kann sich aber auch auf bestimmte Zielgruppen beziehen: JugendarbeiterInnen begehen den Stadtteil und suchen bestimmte Zielgruppen, beispielsweise Mädchen in einem bestimmten Alter oder Teenies auf, die aufgrund der konzeptionellen Ausrichtung erreicht werden könnten. Durch die vorangegangenen Streifzüge sind deren Aufenthaltsorte bekannt. Hier gilt es, das Interesse an ihren Lebensumständen zu betonen, wieder Fragen nach ihrer alltagsweltlichen Wahrnehmung der Möglichkeiten des Stadtteils zu stellen, aber sie auch zu ermuntern, ihre Wünsche und Erwartungen an ein adäquates Angebot im Stadtteil zu formulieren.

Es geht aber auch hier nicht darum, diese Gruppen in die Einrichtung zu bringen und sie von öffentlichen Orten abzuziehen! Möglicherweise bräuchten sie eher Unterstützung im öffentlichen Raum oder artikulieren Bedarfe, die längerfristig in die Konzeption der Einrichtung integriert werden können.

Weiterführende Schritte: Institutionen-Befragung, Interviews mit Schlüsselpersonen, Kontakte zu beobachteten Cliquen ...

Dieses auf den Stadtteil bezogene Wissen stellt sodann den Ausgangspunkt für weitere Präzisierungen beispielsweise durch Gespräche mit MitarbeiterInnen von Institutionen dar und erleichtert sowohl die Durchführung von Interviews mit Schlüsselpersonen als auch den Zugang zu bestimmten Zielgruppen, die in verschiedenen Planquadraten z.T. bereits angetroffen wurden. Erfahrungsgemäß wird das hier erworbene sozialräumliche Verständnis sowohl von den Institutionen – „die Sozialraumfachleute der Jugendarbeit" – als auch von den Jugendlichen – „die wissen, wovon wir reden" – sehr geschätzt und fördert intensive Auseinandersetzungen über die Lebensräume von Kindern und Jugendlichen im Gemeinwesen.

Durch Gespräche mit TrägerInnen bzw. MitarbeiterInnen der im Stadtteil beheimateten Institutionen (vgl. „Institutionen-Befragung") kann die Einschätzung der Stadtteil-Situation der Kinder und Jugendlichen und der MitarbeiterInnen mit dem Blickwinkel der Institutionen verglichen und in Erfahrung gebracht werden, welche unterschiedlichen Sichtweisen vorherrschen und wie diese interpretiert werden können.

Ebenso können Interviews mit Schlüsselpersonen des Stadtteils durchgeführt werden, also mit jenen Menschen, die den Zugang zu verschiedenen Kulturen, zu unterschiedlichen Szenen, aber auch zu Parteien, zu verschiedenen Generationen und ethnischen Gruppen haben. Sie wissen über die Vorgänge im Stadtteil sehr gut Bescheid und werden in der Regel während der Begehungen „entdeckt".

Zur Bewertung der strukturierten Stadtteilbegehung

Die strukturierte Stadtteilbegehung steht am Beginn der intensiven Erschließung des Stadtteils. Nachdem dieses Projekt durchgeführt wurde, ist der Stadtteil „vertrauter" geworden, und es bestehen vermehrt Kontakte zu verschiedensten Cliquen, die erfahrungsgemäß durchaus auch akzeptieren, wenn für sie keine Angebote in der Einrichtung gemacht werden können.

Auch wenn dieses Verfahren (zeit)aufwendig ist – abhängig von den personellen Ressourcen einer Einrichtung ist von einem Zeitraum von ein bis drei Monaten auszugehen –, führt es in der Praxis nicht nur zum Erwerb eines präzisen sozialräumlichen Verständnisses. Es macht die Fachkräfte der Jugendarbeit auch zu bekannten und kompetenten Ansprechpersonen für Kinder und Jugendliche.

Natürlich können die beiden Analyse-Schritte „Beobachtung" und „Befragung" auch einzeln durchgeführt werden, allerdings ergeben sie erst in ihrer Kombination eine komplexe und dichte Beschreibung der sozialräumlichen Qualität eines Stadtteils.

Es ist von Bedeutung, es nach Möglichkeit nicht bei diesem Projekt zu belassen, sondern in einer gewissen Regelmäßigkeit auch weiter die Planquadrate zu begehen.

6.7. Autofotografie

Abstract
Das animative Verfahren der Autofotografie (vgl. von Spiegel 1997: 191) zielt darauf ab, dass Kinder eigenständig bestimmte Orte auswählen, diese fotografieren und die Abbildungen in weiterer Folge auch interpretieren. Durch die Auswahl der fotografierten Objekte, wie auch durch die Form der Abbildung entsteht eine Sammlung von Eindrücken, was Kinder selbst in ihrem sozialräumlichen Bezug wichtig finden und wie sie bestimmt Orte und Räume bewerten.

Ausgangspunkt dieses Projektes ist eine Themenstellung – wie beispielsweise der Weg zur Schule oder Lieblingsorte im Stadtteil –, die gemeinsam besprochen wird. Die Kinder erhalten für einige Tage einen Fotoapparat ausgehändigt, der entstandene Film wird ausgewertet und die Fotoreihe dann von den Kindern mit Unterstützung der Fachkräfte interpretiert und dokumentiert.

Es entstehen sowohl subjektive Abbildungen einzelner Kinder, wie auch in der Zusammenfassung aller Fotoreihen, komplexere Einschätzungen des Blickwinkels von Kindern auf ihre Lebensräume. Die besondere Qualität der Methode liegt auch darin, dass Kinder zu ExpertInnen ihres Sozialraumes gemacht werden, weil ihre Perspektive, ihre Sichtweisen o. ä. m. im Vordergrund stehen.

Obwohl für Kinder entwickelt, kann die Autofotografie auch mit Jugendlichen durchgeführt werden.

Idee und Intention

Zwischen Erwachsenen, Kindern und Jugendlichen gibt es deutliche Unterschiede in der Bewertung, aber auch schon in der Wahrnehmung ihrer Lebensräume. Während Erwachsene diese sehr funktional und rational sehen und nutzen, erfolgt eine solche Bewertung aus Sicht von Kindern und Jugendlichen oft nach ganz anderen Kriterien.

Der trennende Zaun wird zur Kletterwand, die Überbrückungshilfe Rolltreppe wird zur Rutsche, der Abstellraum für Müllcontainer zum Ort des Versteckspiels. Schon der Weg zur Schule wird nicht unbedingt nach dem Kriterium der schnellstmöglichen Überwindung einer Strecke angelegt, sondern entpuppt sich beim näheren Hinsehen vielleicht als abenteuerlicher Weg mit interessanten, für Erwachsene nicht sichtbaren Orten. Um die Qualität bestimmter Räume im Prozess ihrer tätigen Aneignung der Umwelt erkennen zu können, braucht es Methoden, die den spezifischen Blickwinkel von Kindern auch abbilden. Hier gilt es, nicht nur zu entschlüsseln, welche Orte überhaupt für Kinder eine bedeutende Rolle in ihrem sozialräumlichen Lebensumfeld spielen. Es geht auch darum, welche spezifischen „Gegenstandsbedeutungen" (Leontjew in: Deinet 1999: 29) Kinder diesen Räumen zumessen und um ihr entsprechendes Aneignungshandeln.

Als animierendes und entsprechendes Medium erweist sich, wie auch beim Verfahren der „Stadtteilbegehung mit Kindern", die Fotografie. Die Kinder halten ihren Wahrnehmung bildlich fest und können ihn dann im Auswertungsgespräch darstellen.

Kinder und Jugendliche werden mit Hilfe dieser Methode aber auch zu ExpertInnen ihres Sozialraumes gemacht, weil ihre Perspektive, ihre Sichtweisen etc. im Vordergrund stehen.

Die Methode lässt keine repräsentativen Schlüsse zu, ist keine Abfrage von Kindern und Jugendlichen in Bezug auf ihre Wünsche und Interessen, sondern richtet sich eindeutig auf individuelle Lebenswelten und ermöglicht das Gewinnen subjektiver Eindrücke von Kindern und Jugendlichen in einem Sozialraum.

Die Autofotografie deckt sich in ihrer Zielsetzung sehr mit der „Stadtteilbegehung mit Kindern". Deren Qualität liegt in der Unmittelbarkeit der Vermittlung von Eindrücken während des gemeinsamen Spazierganges. Das Besondere der Autofotografie liegt in der eigenständigen und subjektiven Auswahl der Motive.

Die Methode in der Praxis

Die (Ziel-)Gruppe

Die Methode richtet sich insbesondere an Kinder und jüngere Jugendliche, ist aber auch mit Jugendlichen durchführbar. Es bietet sich an, die Methode mit Kindern oder Jugendlichen aus festen Cliquen bzw. Gruppen durchzuführen, weil in diesem Rahmen Vorbereitung und Nachbereitung pädagogisch eher machbar sind, als mit Kindern, die sich untereinander nicht kennen und auch den JugendarbeiterInnen nicht bekannt sind.

Kindergruppen aus Jugendeinrichtungen und Jugendverbänden sind deshalb als Zielgruppen besonders interessant. Die Gruppen – etwa eine Mädchengruppe aus einer Jugendeinrichtung – sollten zwischen fünf und maximal zehn TeilnehmerInnen haben – nicht mehr, weil sonst ein gemeinsames Gruppengespräch über die Fotos kaum möglich ist. Bei größeren Gruppen ist natürlich eine Aufteilung in Kleingruppen denkbar.

Zeitaufwand: Vorbereitung, Durchführung, Präsentation

Nach einer relativ kurzen Einführung können und sollen die Kinder und Jugendlichen die Fotos innerhalb weniger Tage – maximal einer Woche – machen. In einem längeren Zeitraum geht erfahrungsgemäß die Motivation und die Projektidee verloren. Nach der Entwicklung und Vergrößerung der Fotoreihen ist es wichtig, sich im nächsten Schritt die Fotos gemeinsam anzuschauen, sie mit den Kindern und Jugendlichen einzeln zu kommentieren. In einem Gruppengespräch werden dann gemeinsame Interpretationen durchgeführt. Der Fokus dieser Gespräche liegt auf möglichen Affinitäten zu bestimmten Bildern bzw. ähnlichen oder sehr verschiedenen Einschätzungen.

Bis zur Präsentation der fertigen Fotos sollte ein Zeitaufwand von vier Wochen eingerechnet werden.

Das Thema der Fotoserien und die Rolle der Fachkräfte

Die JugendarbeiterInnen müssen in der Lage sein, Kinder und Jugendliche für diese Methode einzustimmen, d.h. mit Hilfe einer Rahmengeschichte o. ä. m. eine Motivation herzustellen und die Kinder und Jugendlichen damit so zu instruieren, dass diese die Fragestellung umsetzen können.

Dies kann in unterschiedlichen Formen stattfinden: Von Spiegel schlägt beispielsweise vor, Kinder „Personen, Dinge oder Umgebungen fotografieren (zu lassen), die etwas von ihnen selbst ausdrücken oder Teil von ihnen sind." (von Spiegel 1997: 191) Die entstehenden Fotos vermitteln dann etwas über die Bedeutung der Orte, Personen oder Gegenstände. – Im abschließenden Beispiel wird eine Rahmengeschichte entworfen, die darauf abzielt, sowohl tatsächliche als auch gewünschte Aufenthaltsorte in einem Stadtteil zu beschreiben.

Es können aber auch die wichtigsten „Stationen" auf dem Weg zur Schule, zum Jugendzentrum oder aber die zehn „Lieblingsorte" im Stadtteil zum Thema gemacht werden. Bei einer gemeinsamen Auswertung entsteht so auch eine Abbildung der Spiel- und Streifräume der Heranwachsenden

Bei der Auswertung ist besonders die Fähigkeit gefragt, die Kinder und Jugendlichen zum Sprechen zu animieren und nicht eigene Interpretationen der Fotos vorschnell vorzunehmen. Gerade in den Kommentaren der jungen FotografInnen sowie der anderen Kinder und Jugendlichen liegt die besondere Chance, die eigensinnigen Interpretationen ihrer Lebenswelten einzufangen.

Der zeitliche Aufwand

Der Aufwand beschränkt sich anfänglich auf die Organisation von geeigneten Fotoapparaten und der Entwicklung einer Rahmengeschichte, die Kinder und Jugendliche entsprechend motiviert.

Dahingegen ist der Zeitaufwand bei der Auswertung nicht zu gering einzuschätzen, weil es hier auch nach den Gruppendiskussionen in Kommentaren der Kinder und Jugendlichen darum geht, die Informationen z.B. im Rahmen einer Sozialraumanalyse so aufzubereiten, dass die Ergebnisse zusammengefasst werden können. Es macht wenig Sinn, wenn 100 Fotos mit 100 verschiedenen Kommentaren eine solche Fülle von Eindrücken widerspiegeln, dass diese nicht weiter verarbeitet werden können.

Material und Hilfsmittel

Am besten sind Einwegkameras geeignet. Diese werden an die Fotofirmen zurückgeschickt, dort entsorgt und man bekommt die entwickelten und vergrößerten Fotos zurück. Aus Kostengründen und aus ökologischen Gesichtspunkten erscheint die Benutzung von Polaroid-Kameras als weniger empfehlenswert. Der Vorteil liegt allerdings darin, dass man sofort die Fotos erhält und es keine Verzögerung zwischen der Fotografie und der Kommentierung geben muss.

Beispiel aus der Praxis
Das Kinderzentrum Gräselberg der Stadt Wiesbaden führte im Rahmen einer Konzeptentwicklung die Methode der Autofotografie im Rahmen eines Projektes zur Erforschung der Lebenswelt von Kindern auf dem Gräselberg, d. i. ein Stadtteil von Wiesbaden, durch.

Zehn Kinder bekamen für eine Woche eine Fotokamera ausgehändigt. Sie sollten damit Orte und Dinge fotografieren, die ihnen wichtig sind. Als Motivation und Rahmengeschichte diente „Meine Tante aus Amerika", ein fiktive Person, der die Kinder über eine Fotogeschichte ihren Stadtteil vorstellen sollten.

Dazu wurden folgende Vorgaben im Rahmen von halben Sätzen gemacht, die durch die entsprechenden Fotos vervollständigt werden sollten:

- Wenn ich draußen spiele, dann gehe ich meistens dahin ...
- Hierher gehe ich nicht gerne spielen ...
- Diese Orte auf dem Gräselberg dürfen niemals verändert (zugebaut, abgerissen usw.) werden ...
- An diesen Orten nerven uns die Großen ...
- Hier würde ich gerne spielen, darf es aber nicht (verboten, die Erwachsenen vertreiben uns usw.) ...
- Wenn es draußen dunkel wird, habe ich ein bisschen Angst, wenn ich hier vorbei muss ...

Die Kinder kamen gut mit den Kameras und dem Fotografieren zurecht und machten insgesamt 270 Fotos, die dann noch in Gruppendiskussionen mit den Kindern ausgewertet, erklärt und kommentiert wurden. Die Ergebnisse wurden mit ausgewählten Fotos auf Fotowänden präsentiert, in der Sparkasse, an Schulen und an anderen Orten. Die kindliche Sichtweise der Lebensbedingungen auf dem Gräselberg wurde sehr deutlich, auch in einer zum Teil sehr eigenwilligen Interpretation. So wird z.B. eine von uns als ausgesprochen hässlich empfundene Betonbrücke, die den Stadtteil mit dem übrigen Stadtgebiet verbindet, so kommentiert: „Über diese Brücke fährt mein Vater zur Arbeit und wir alle in den Urlaub!"

Die subjektive Sichtweise der Kinder bezeichnete aber auch Problemfelder und Themen, die bisher unbekannt waren. So gab es durch verschiedene Fotos Hinweise auf einen Angstbereich für Kinder zwischen zwei Schulen. Eine dieser Schulen wird von behinderten Kindern und Jugendlichen besucht, und in zahlreichen Fotos werden Angst und Unverständnis formuliert, wie etwa in folgendem Ausspruch: „Hier hat mir mal ein Behinderter hinterher geschrien."

Dieses Thema war den MitarbeiterInnen der Kindereinrichtung, aber auch den Lehrerinnen an den beiden Schulen bisher so nicht deutlich, und es entstand daraus ein Projekt, um die Ängste der Kinder abzubauen und die behinderten Kinder stärker in das Leben im Stadtteil zu integrieren.

Ein weiteres Ergebnis ist eine intensive Zusammenarbeit zwischen Kindereinrichtung und Schulen, denen die Ergebnisse ebenfalls präsentiert wurden, sodass es dann zu zahlreichen Projekten und Aktionen kam.

Öffentlichkeitswirksame Präsentation

Ein weiterer Aspekt bestand in einer Darstellung des Kinderzentrums und seiner MitarbeiterInnen als StadtteilexpertInnen über das Projekt der Autofotografie: In einem auch graphisch gut gestylten und ansprechenden Faltblatt wurden die Ergebnisse zusammengefasst dargestellt und in Institutionen, Stadtteilgremien etc. verbreitet. Dies führte auch zu einer deutlich anderen Wahrnehmung des Kinderzentrums durch die Institutionen, sozusagen nicht nur als „Betreuungseinrichtung", sondern als Lobby für die Sichtweise von Kindern und deren Interessen im Stadtteil.

6.8. Subjektive Landkarten

Abstract

Mit Hilfe selbst gezeichneter und gemalter Karten werden die subjektiv bedeutenden Lebensräume von Kindern und Jugendlichen im Stadtteil oder in der Region sichtbar gemacht (vgl. Schumann 1995: 215). Individuelle Bedeutungen und Bedingungen des Wohnumfeldes, Spielorte etc. werden auf diese Weise in ihren lebensweltlichen Sinngehalten erkennbar.

Ausgehend von einem Fixpunkt – wie beispielsweise der Wohnung oder dem Jugendzentrum – wird ein großes Blatt sukzessive mit Orten und Plätzen versehen und diese – je nach gestaltender Fähigkeit – in ihrer spezifischen Qualität zeichnerisch beschrieben. Die JugendarbeiterInnen fördern durch entsprechende Fragestellungen eine möglichst dichte Ausgestaltung des Zeichenblattes. Abschließend werden die subjektiven Landkarten verglichen und gemeinsam interpretiert.

Idee und Intention

Das Bestreben der Erstellung subjektiver Landkarten ist mit den Intentionen der „Stadteilbegehung mit Kindern und Jugendlichen“ oder der „Autofotografie“ vergleichbar. Objektive Gegebenheiten eines Sozialraums – eines Dorfes, Stadtteils, einer Region etc. – und subjektive Lebenswelten von Kindern oder Jugendlichen stehen oft in einem gewissen Widerspruch: Das, was in der objektiven Beschreibung eines Sozialraumes vielleicht nur eine Bushaltestelle ist, kann in der subjektiven Lebenswelt ein wichtiger informeller Treffpunkt sein, an dem sich eine Clique trifft und/oder von dort aus zu Unternehmungen startet. Aber auch unsichtbare Barrieren, Angsträume etc. werden sichtbar, wenn Kinder und Jugendliche die Möglichkeit haben, ihre eigenen Deutungen der sozialräumlichen Zusammenhänge darzustellen.

Der Vorteil dieser Methode liegt darin, dass man/frau intensive Einblicke in subjektive Lebenswelten von Kindern und Jugendlichen erhalten kann und dies nur mit einem geringen zeitlichen und materiellen Aufwand verbunden ist. Die animierende Form der Methode birgt aber auch einen gewissen Nachteil in sich: Die Abhängigkeit von den künstlerischen und argumentativen Fähigkeiten der Ausführenden beschränkt deren Aussagekraft.

Im Zusammenhang mit anderen Methoden dienen subjektive Landkarten aber dazu, Lebenswelten von Kindern und Jugendlichen besser verstehen und einschätzen zu können.

Die Methode in der Praxis

Die TeilnehmerInnen – die Zielgruppe

Diese Methode ist für Kinder und Jugendliche – aber auch Erwachsene – gleichermaßen geeignet, muss aber auf den entsprechenden Entwicklungsstand abgestimmt werden: D.h. Kinder malen eben eher Kinderzeichnungen oder Bilder, während Jugendliche, insbesondere Mädchen oft in sehr feinsinnigen und detaillierten Zeichnungen ihre Lebenswelt darstellen.

Die Methode ist nur mit kleinen Gruppen – wie etwa der Mädchengruppe eines Jugendzentrums – durchzuführen und benötigt auch einen geschützten Raum.

Der Zeitaufwand: Vorbereitung und Durchführung

Auf jeden Fall sollte man/frau zwei Stunden kalkulieren: Zunächst müssen die TeilnehmerInnen entsprechend motiviert werden, um dann ohne große Ablenkung genügend Zeit für die Anfertigung ihrer Zeichnung zu haben. Jedenfalls muss auch Zeit dafür bleiben, über die Zeichnungen zu sprechen, gegebenenfalls auch noch weitere Eintragungen vorzunehmen und möglicherweise auch ein Gruppengespräch – etwa in einer Mädchengruppe zum Vergleich der unterschiedlichen Bilder – führen zu können.

Räumliche, materielle und personelle Voraussetzungen

Notwendig ist ein geschlossener Raum, genügend Platz und gute Licht- und Luftverhältnisse, damit die TeilnehmerInnen optimale Raumbedingungen für das Zeichnen und Malen ihrer subjektiven Landkarten haben.

Die JugendarbeiterInnen als ModeratorInnen müssen den Kindern oder Jugendlichen vermitteln, dass es nicht darum geht, eine geografische Karte des jeweiligen Sozialraums zu zeichnen, sondern dass es um die persönliche eigene Welt geht. Ausgangspunkt dafür kann die Bezeichnung des jeweiligen Wohnplatzes, d.h. der Straße, des Hauses, der Wohnung sein, wo die Beteiligten mit ihrer Zeichnung beginnen. Kinder und Jugendliche müssen beim Zeichnen bzw. Malen begleitet, möglicherweise auch animiert werden, weitere wichtige Orte in ihre persönliche Karte einzuzeichnen. Oft entsteht während des Malens ein Gespräch, in dem die Fachkräfte durch geeignetes Nachfragen, aber auch durch aktives Zuhören dazu beitragen können, dass eine interessante subjektive Landkarte entsteht.

Der Aufwand für die Methode ist relativ gering – Plakatkarton, Filzstifte oder Kreide sind relativ einfach zu besorgen.

Praktische Durchführung

1. Schritt: Stegreifzeichnung

Nach der Erklärung der Methode werden die TeilnehmerInnen gebeten, zunächst ihr Haus, ihre Wohnung, die Straße auf einen großen Zeichenkarton einzutragen und dann jene Orte in ihrer unmittelbaren Wohnumgebung, die ihnen wichtig sind – z.B. auf dem Weg zur Schule oder zur Arbeit. Dabei spielen die tatsächlichen Entfernungen keine Rolle, sondern die Orte und Räume sollen eher nach der Bedeutung für den Einzelnen gezeichnet oder gemalt werden. So entstehen oftmals „Inselbilder" mit einzelnen Orten und Räumen, die für das Kind, den Jugendlichen oder auch Erwachsenen von Bedeutung sind.

2. Schritt: Konkretisierung und Details

Nach der Fertigstellung des ersten Teiles des Bildes werden in einem zweiten Schritt – etwa in einer Kleingruppe – die Bilder präsentiert und durch Nachfragen konkretisiert: Jede/r TeilnehmerIn stellt sein/ihr Bild vor, erklärt Orte und Räume sowie deren Bedeutungen, und die anderen fragen nach. Nach dieser Nachfrage-Runde sollen weitere Details, Orte und Räume, auf die man im Gespräch gekommen ist, eingetragen werden. Dies kann auch mit einer neuen Farbe geschehen, um hinterher auswerten zu können, welche Details im zweiten Schritt hinzugekommen sind. Am Ende des zweiten Schritts hat jede/r TeilnehmerIn seine/ihre subjektive Landkarte fertig gestellt.

3. Schritt: Bewertung der Räume
In dritten Schritt werden nun die fertigen subjektiven Landkarten aufgehängt und miteinander verglichen. Es entstehen interessante Gespräche über diese subjektiven Sichtweisen. Das Nachfragen sollte zu einem Gespräch zwischen interviewender Person und zeichnender Person anregen, das entweder neue Impulse zum Weiterzeichnen gibt, oder wodurch bereits gezeichnete Details genauer erklärt werden. Hierbei sollte man beachten, dass alle neuen Eintragungen auf der subjektiven Landkarte mit einer anderen Farbe vorgenommen werden, damit sie von der zuvor gemachten Zeichnung unterschieden werden können.

Resümee

Es werden nun alle subjektiven Landkarten aufgehängt, angeschaut und verglichen. Nun geht es darum, auch die auf der subjektiven Landkarte eingetragenen Orte zu bewerten, einen Stern anzubringen für besonders bedeutsame Orte – wobei durch ein Plus- oder ein Minuszeichen eine positive oder negative Bewertung zum Ausdruck gebracht werden kann – und Markierungen für Grenzen aller Art. In einem abschließenden kurzen Resümee sollten die TeilnehmerInnen versuchen, ihren Gesamteindruck zu schildern.

Es ist deutlich geworden, dass diese Methode einen geschützten Raum benötigt (vgl. Manheim-Runckel/Taplik 1998), sowohl was die Durchführung anbelangt als auch die Interpretation und Bewertung der Ergebnisse. Die Methode ist deshalb am besten geeignet für Gruppen von Kindern, Jugendlichen und Erwachsenen, die sich bereits kennen, etwa eine Mädchengruppe im Jugendhaus. Es macht keinen Sinn, die Methode mit möglichst vielen Kindern, Jugendlichen und Erwachsenen durchzuführen, denn es geht hier um intensive persönliche Eindrücke, die mit den Ergebnissen anderer Methoden verglichen werden können.

6.9. Zeitbudgets von Kindern und Jugendlichen

Abstract
Kinder oder Jugendliche werden – in einem ungestörten Rahmen – gebeten, ihren täglichen Zeitablauf mit Hilfe von Symbolen in einen Wochenplan einzutragen. Die Methode (von Spiegel 1997: 193) gibt Aufschluss über die „pflichtfreie“ Zeit von Kindern und Jugendlichen und die Aufteilung ihrer gesamten Tageszeit, aber auch darüber, wo und wie Kinder ihre Freizeit ver-

bringen. Schließlich liefern die Eintragungen indirekt auch Informationen über ihre präferierten Freizeitorte bzw. –aktivitäten.

Idee und Intention

Viele der hier dargestellten Methoden beziehen sich auf das Verhalten, auf Orte und Räume von Kindern im öffentlichen Raum des Stadtteils, des Dorfes etc. Zu den bedeutenden Lebensausschnitten von Kindern und Jugendlichen gehört aber insbesondere auch der familiale Raum, d.h. das Leben in ihrer Familie, in ihren Kinderzimmern, dem nächsten räumlichen Umfeld, etc. Insofern ist nicht nur für die Kinder- und Jugendarbeit interessant, wie Kinder und Jugendliche ihre Zeit verbringen, welchen Aktivitäten sie nachgehen etc.

Für die Jugendarbeit erscheint auch ein Einblick über das Verhältnis der verplanten Zeit – z.B. durch Hausaufgaben, Nachmittagsunterricht, Kurse usw. – zur tatsächlich freien Zeit interessant und/oder zu welchen Uhrzeiten bzw. an welchen Wochentagen Kinder überhaupt Möglichkeiten hätten, Angebote in Anspruch zu nehmen.

Viele Kinder und Jugendliche, besonders auch Mädchen sind nicht so präsent im öffentlichen Raum wie manche Gruppen, Szenen oder Cliquen und insofern für viele der hier vorgestellten Methoden „unsichtbar". Diese sogenannten „Drinnen"-Kinder und -Jugendlichen verbringen oft eine verhäuslichte Kindheit oder Jugend, sind also kaum im öffentlichen Nahraum präsent, sondern verabreden sich meist in der Schule, in einem Zweier- oder Dreiergeflecht und verbringen ihre Zeit oft zuhause. Dies heißt aber nicht, dass sie nicht an weiteren Außenkontakten und Angeboten der Jugendarbeit interessiert wären, die auf der Ebene ihrer präferierten Beschäftigungen angesiedelt sein könnten.

Die Methode vermittelt Einblicke in den – nicht öffentlich sichtbaren – Teil des Lebens von Kindern und Jugendlichen, allerdings über deren eigene Wahrnehmung und Selbstinterpretation. Man/frau ist sozusagen angewiesen auf das, was Kinder und Jugendliche in die Tages- und Wochenpläne eintragen usw. Da den Kindern und Jugendlichen klar ist, dass ihre Wochen- und Tagespläne ausgewertet werden, fließen natürlich gesellschaftliche Wertungen, familiale Rituale und Routinen in diese Selbstthematisierung ein. Dies kann zu bewussten oder unbewussten „Fehleinschätzungen" führen, etwa bei der Bewertung der Zeit des Fernsehkonsums.

Die Methode in der Praxis

TeilnehmerInnen/Zielgruppe

Ältere Kinder und jüngere Jugendliche sind für diese Methode am besten motivierbar. Denkbar ist die Methode des Zeitbudgets auch mit Jugendlichen, allerdings in einer anderen als der hier vorgestellten Verfahrensweise. Gut für die Kinder ist es, wenn sie in einer Gruppe, etwa einer Schulklasse oder einer Kindergruppe zusammen sind und so jede/r für sich, aber doch gemeinsam die Methode des Zeitbudgets durchführen. Auch hier sind in einem weiteren Schritt Gruppengespräche möglich, aber nicht unbedingt erforderlich.

Um interessante Ergebnisse zu erhalten, ist es sinnvoll, die Methode mit unterschiedlichen Gruppen von Kindern, etwa mehreren Grundschulklassen oder Kindergruppen durchzuführen.

Material und Hilfsmittel

Die notwendigen Wochenpläne sollten zumindest A3-Format haben und können aus entsprechenden Kalendern kopiert und vergrößert werden. Neben den Wochenplänen werden attraktive Aufkleber benötigt, die verschiedene Tätigkeiten symbolisieren und die für Kinder und Jugendliche motivierend sein sollen. Geeignete Symbole finden sich in vielen Software-Programmen – diese werden dann ausgedruckt und ausgeschnitten. Sie sollen verschiedenste Tätigkeiten – wie schlafen, essen, fernsehen, am-PC-spielen etc. – verbildlichen und lassen sich leicht im Tagesplan einkleben.

Zeitaufwand und äußere Voraussetzungen

Mit einem Zeitaufwand von mehreren Wochen ist zu rechnen, insbesondere dann, wenn das Zeitbudget-Formular von unterschiedlichen Gruppen von Kindern – wie Schulklassen, Kindergruppen – zu unterschiedlichen Zeiten, also an verschiedenen Tagen bzw. an Wochenenden ausgefüllt werden soll.

Die Kinder benötigen maximal 45 Minuten, also etwa eine Schulstunde, um die Einführungen und Instruktionen zu verstehen und danach die Wochenpläne entsprechend zu gestalten. Für die erste „Sitzung“ ist es durchaus sinnvoll, etwas mehr Zeit zu veranschlagen, da den Kindern die Bedeutung der Sticker und Symbole vollständig klar sein muss. Wenn dies einmal verstanden ist, können die Tages- und Wochenpläne relativ schnell ausgefüllt werden.

Personelle Voraussetzungen

Die JugendarbeiterInnen sollten in der Lage sein, z.B. in Kooperation mit Schulen, d.h. insbesondere mit LehrerInnen aus Grundschulen, das Projekt vorzubereiten und durchzuführen.

Etwas leichter kann die Methode in vorhandenen Kindergruppen, in Jugendverbänden oder Jugendeinrichtungen durchgeführt werden, weil dort meist „ModeratorInnen" und Kinder miteinander gut bekannt sind. Die Kinder sollten in einem großen Raum, etwa Klassen- oder Gruppenraum, so sitzen können, dass sie sowohl individuell genügend Raum haben, um die Wochenpläne entsprechend für sich auszufüllen, als auch in der Gruppe diskutieren können.

Aufwand

Die Anwendung der Methode macht nur dann Sinn, wenn sie mit unterschiedlichen Kindergruppen durchgeführt wird, die jeweils mehrere Tage und mindestens ein Wochenende in ihre Pläne aufgenommen haben. Der Vorbereitungsaufwand ist nicht sehr hoch, hier geht es darum, die entsprechenden Sticker und Aufkleber für die Wochenpläne zu besorgen und die Wochenpläne selbst zu gestalten.

Für die Reflexion und Auswertung ist genügend Zeit vorzusehen, weil es auch hier darum geht, eine durchaus große Datenmenge (z.B. 40 bis 60 Wochenpläne) auszuwerten, zu vergleichen und zu verallgemeinernden Aussagen zu kommen.

Beispiel aus der Praxis

Im Rahmen der Konzeptentwicklung der Kindereinrichtung der Stadt Wiesbaden im Stadtteil Gräselberg, wurde die Methode des Zeitbudgets mit Kindern durchgeführt.

Zielgruppe waren hier nicht die Kinder als BesucherInnen des Zentrums, sondern verschiedene Klassen zweier benachbarter Grundschulen. Nach einer Vorbesprechung mit der Schulleitung und LehrerInnen übernahmen die MitarbeiterInnen des Kinderzentrums jeweils eine Schulstunde und erklärten den Kindern die Vorgehensweise: In ein Tagesablaufraster, das um 7.00 Uhr beginnt und um 22.00 Uhr endet, konnten die Kinder unterschiedliche Sticker für ihre jeweiligen Tätigkeiten einkleben. So gab es Sticker für das Essen, Schlafen, für die Schule, für die Hausaufgaben, für das Fernsehen usw. Diese Sticker waren sehr animativ gestaltet, es waren Figuren wie die Maus aus der „Sendung mit der Maus" oder Glücksbärchen, Delfine und andere Tiere und Symbole. Im nächsten Schritt wurden diese Sticker dann von den Kindern in die Tagespläne zu den entsprechenden Uhrzeiten eingeklebt und z.T. auch mit Anmerkungen versehen. So war der Sticker für das Essen so gestaltet, dass die Kinder einschreiben konnten, was sie jeweils gegessen hatten. Andere Tätigkeiten wurden nur markiert, so z.B. die Maus für die Zeiten des Fernsehens.

Diese Zeibudgets wurden einerseits mit unterschiedlichen Gruppen, Schulklassen durchgeführt, z.T. auch in gewissen zeitlichen Abständen mit den gleichen Gruppen, sodass sich ein umfangreiches Bild ergab. Auch wurde ein spezielles Raster eingesetzt, um die Zeitbudgets vom Wochenende entsprechend zu dokumentieren.

Das Ergebnis wurde den LehrerkollegInnen präsentiert, die mit großem Interesse reagierten. Auch für die MitarbeiterInnen des Kinderzentrums waren einige Aspekte der

Auswertung der Zeitbudgets so interessant, dass daraus auch neue Zielsetzungen und Themen für Projekte und Arbeitsschwerpunkte entstanden: Ein Beispiel ist die Ernährungssituation der Kinder: Die Auswertung zeigte, dass selbst am Wochenende in vielen Familien Fastfood bevorzugt wurde und die Ernährungssituation der Kinder insgesamt als durchaus problematisch beurteilt werden musste. Dies korrespondierte mit den Einschätzungen der LehrerInnen, die oft erlebten, dass Kinder ohne Frühstück in die Schule kamen. Gesundheitserziehung und Ernährung sind deshalb zu einem Schwerpunkt der Kindereinrichtung Gräselberg geworden – ganz sicher ein Thema, das vor der Durchführung der Methoden von den MitarbeiterInnen so nicht genannt worden wäre.

6.10. Fremdbilderkundung

Abstract

Bei der Fremdbilderkundung wird mittels Befragung von erwachsenen StadtteilbewohnerInnen und Jugendlichen die Beurteilung von Jugendeinrichtungen, deren Angeboten resp. die Meinung über die MitarbeiterInnen und BesucherInnen eruiert. Denn das Image einer Jugendeinrichtung in der Stadtteilöffentlichkeit hat nicht nur großen Einfluss auf den Zugang von Kindern und Jugendlichen zu den Angeboten der Jugendarbeit, es spiegelt auch die Einstellungen gegenüber Jugendlichen im Stadtteil wider. Zudem kann das Jugendzentrum als Teil der sozialen Infrastruktur im Stadtteil nur Wirkung entfalten, wenn der Einrichtung und seinen MitarbeiterInnen auch wirklich fachliche Kompetenz zugeschrieben wird.

Daher werden an öffentlichen, frequentierten Orten im nächsten Umfeld der Jugendeinrichtung kurze Interviews – mit bewusst sehr allgemein formulierten Fragestellungen – mit PassantInnen durchgeführt.

Die Fremdbilderkundung kann aber auch bei Jugendlichen des Stadtteils, welche die Einrichtung nicht besuchen, angewandt werden. So erhält man/frau Auskünfte darüber, ob die Einrichtung schlicht und einfach nicht bekannt ist, oder ob andere Deutungen der sozialräumlichen Qualität der Jugendeinrichtung dessen Nichtnutzung begründen.

Die Anwendung dieser Methode bringt aber nicht nur Erkenntnisse zur Außenwahrnehmung des Jugendhauses als einen isolierten Raum, sondern gewährleistet auch einen Blick auf die Zusammenhänge der sozialräumlichen Interpretationen der Kinder- und Jugendorte des Stadtteils.

Im Rahmen einer Konzeptentwicklung, die auf eine Öffnung gegenüber dem Stadtteil abzielt, ist die Fremdbilderkundung eine zentrale Methode, da sie sowohl Zielgruppen und Themen der anstehenden Öffentlichkeitsarbeit bestimmt, als auch die kritische Reflexion von häufig genannten Defizit-Zuschreibungen ermöglicht.

Idee und Intention

Das Image von Jugendarbeit ist in der Öffentlichkeit meist nicht gerade das Beste: In einem bemerkenswert unlogischen Umkehrschluss werden Jugendeinrichtungen oft als Auslöser und Ursache von Jugendproblemen gesehen oder gelten als Orte, in denen sich nur benachteiligte und zumeist auffällige Jugendliche aufhalten. Nicht selten gehen diese Vorurteile auf Ereignisse zurück, die schon Jahre zurückliegen, und die MitarbeiterInnen müssen darauf achten, dass dieses ohnehin schon negative Meinungsbild, das sich ja nicht nur auf die Einrichtung selbst, sondern auch auf ihre BesucherInnen bezieht, nicht durch spezielle Ereignisse und Vorfälle bestätigt wird.

Negativbilder dieser Art verhindern den Zugang von Heranwachsenden zur Einrichtung – unabhängig von der inhaltlichen Ausrichtung oder der Attraktivität der Angebote des Jugendzentrums, die in der Öffentlichkeit erst gar nicht wahrgenommen werden. Daran ändern auch Folder und Flugzettel nichts.

Das Image einer Einrichtung in der Stadtteilöffentlichkeit ist nicht nur für die Inanspruchnahme seitens der Kinder und Jugendlichen von großer Bedeutung. Es bestimmt auch die Chance der MitarbeiterInnen der Einrichtung, die Interessen von Kindern oder Jugendlichen zu vertreten. Das Jugendzentrum als Teil der sozialen Infrastruktur kann im Stadtteil schließlich nur dann Wirkung entfalten, wenn den JugendarbeiterInnen auch ein Status als Fachleute für Kinder- und Jugendanliegen zugeschrieben wird.

Nicht selten gehen die Teams in der Jugendarbeit selbst von der falschen Annahme aus, dass die Stadtteilöffentlichkeit bzw. -bewohnerInnen die Einrichtung kennen würden und über die Qualität der Arbeit im Jugendhaus Bescheid wüssten. Die Ergebnisse vieler Fremdbilderkundungen weisen aber vielmehr darauf hin, dass die fachlich entsprechende Arbeit in den Einrichtungen – wie in den Beispielen dargelegt werden wird – außerhalb kaum wahrgenommen und somit auch die Bedeutung und Funktion der Jugendarbeit im sozialräumlichen Zusammenhang nicht verstanden wird – ein Faktum, das JugendarbeiterInnen oft nicht wahr haben wollen. Ein negatives Image stellt eine sozialräumliche Barriere dar, welche die Jugendeinrichtung sowohl als frei zugänglichen Raum für Kinder und Jugendliche, wie auch als potenziellen Vernetzungspartner im Stadtteil isoliert. D.h. die diffuse Einschätzung der Qualität der Jugendarbeit durch andere Institutionen verhindert konstruktive Kooperationen.

Ziel der Fremdbilderkundung ist es daher, die Meinungen und subjektiven Beurteilungen seitens der Bevölkerung mittels bewusst allgemein gehaltener und einfacher Fragestellungen zu eruieren. Es geht hier nur um einen Einblick in die Einschätzung der StadtteilbewohnerInnen über das Jugendhaus, was dort passiert und wer sich dort aufhält bzw. dort arbeitet – es werden aber keine differenzierten Aussagen erzwungen oder aber Vorurteile richtig gestellt. Auch wenn das begreiflicherweise schwer fällt, würde das die Konzentration auf die zu akzeptierende Einstellung des/der Interviewten verhindern.

In weiterer Folge – besonders im Rahmen einer sozialräumlich orientierten Konzeptentwicklung – kann die Befragung auch ausgedehnt und Institutionen bzw. Jugendliche interviewt werden.

Die Auswahl der Befragten wie auch die Anzahl der Interviews richtet sich nach dem jeweiligen Erkenntnisinteresse: Will man/frau ein erstes Stimmungsbild erheben, werden an belebten Orten beliebig viele Personen angesprochen – die Auswahl der Befragten ist zufällig. Soll die Meinung bestimmter Bevölkerungsgruppen – z.B.: Erwachsene der nächsten Wohnumgebung, Mütter mit älteren Kindern, Jugendliche des erweiterten Stadtteils – eingeholt werden, wird die Auswahl der zu Befragenden entsprechenden Kriterien unterliegen.

Die Methode in der Praxis

Der Ort

Als Befragungsort werden belebte Orte in der nächsten Umgebung des Jugendhauses gewählt. Dies kann die nächste Geschäftsstraße, eine Busstation oder ein Park genauso sein wie ein belebter Gehsteig in Sichtweite der Jugendeinrichtung.

Das Interview

Zielgruppe sind PassantInnen, die mit der Bitte um ein kurzes Interview angesprochen werden. Das Interview wird mit der Frage: „Wohnen Sie hier in der Nähe?“, eingeleitet.

Fremdbilderkundung

Fragestellungen der Fremdbilderkundung	
Vorgeordnete Fragestellung: Wohnen Sie in der Nähe?	
1.	Wissen Sie, wo das Jugendhaus ist?
2.	Wer geht dort hin?
3.	Was passiert dort?
4.	Wer sind die MitarbeiterInnen dort?
5.	Kennen Sie jemanden, der ins Jugendhaus geht?

Wird die Befragung alleine durchgeführt, wird das Interview auf einem Aufnahmegerät (Diktaphon oder MD-Recorder) aufgezeichnet. Ist es möglich, die Gespräche zu zweit zu führen, können die wesentlichen Aussagen gleich protokolliert werden.

Da für die Fremdbilderkundung nur BewohnerInnen interessant sind, die auch im Stadtteil wohnen, ist die Frage nach dem Wohnort der PassantInnen

(s. o.) voranzustellen und dann lediglich die im Stadtteil Ansässigen um ein Interview zu bitten. Als zwar nicht ganz legitimen, aber sehr erfolgreichen Einstieg wählten StudentInnen folgende Strategie: Sie gingen auf PassantInnen mit der Frage: „Entschuldigen Sie, wissen sie vielleicht wo das Jugendzentrum ist?", zu und baten dann die hilfreich Stehenbleibenden um die Beantwortung der weiteren Fragen.

Die einfachen und offen gestellten Fragen stellen ein niedrigschwelliges Gesprächsangebot dar und erhöhen somit die Bereitschaft zum Interview. Die Menschen werden nicht durch komplexe Fragen irritiert und können in narrativer Form Auskunft geben. Umgekehrt wird ein evtl. vorhandenes Mitteilungsbedürfnis durch die geringe Anzahl der Fragen nicht begrenzt, sodass bei Interesse ein längeres Gespräch stattfinden kann. Unter Umständen hat ja so manche/r PassantIn ein sehr differenziertes Bild von der Einrichtung.

Nach Beendigung des Gespräches wird der Befragungsort, die -zeit, das geschätzte Alter der Befragten bzw. besondere Angaben zur Person – wie z.B. Mutter mit Kleinkind – in das Protokoll eingetragen resp. auf dem Diktaphon festgehalten.

Die Befragung ist nicht sehr zeitaufwendig. In einer Stunde können 10 bis 15 PassantInnen befragt werden. Es ist daher durchaus möglich, z.B. während einer Betriebspause eine halbe Stunde lang Befragungen durchzuführen.

Natürlich ist es – je nach Intention – auch möglich, dass Jugendliche diese Befragung durchführen. Allerdings muss dann damit gerechnet werden, dass sich einige Erwachsene nicht von Jugendlichen interviewen lassen werden.

Die Auswertung

Da es bei der Fremdbilderkundung darum geht, Einstellungen zu erheben, stehen die Meinungen selbst für sich und dürfen nicht als „richtig" oder „falsch" bewertet werden. Sie müssen vielmehr als bedeutende Definitionen der Einrichtung im sozialräumlichen Zusammenhang gewürdigt und selbst negative Einschätzungen als Chance erkannt und ernst genommen werden. Daher ist eine wörtliche Transkription des gesamten Gespräches nicht notwendig. Wichtige Aussagen werden direkt im Anschluss an die Befragung transkribiert bzw. festgehalten.

Die Ergebnisse können aber dahingehend untersucht werden, ob sich bei den Einschätzungen bestimmter Bevölkerungsgruppen signifikante Unterschiede feststellen lassen. Von elementarer Bedeutung ist bei der Auswertung daher die Zuordnung von Meinungen zu Altersgruppen, Wohnblöcken oder Stadtteilsegmenten. Denn es ist beispielsweise möglich, dass die BewohnerInnen eines bestimmten Stadtteils ein besonderes Bild von der Einrichtung haben und jene, die besonders nahe bei der Einrichtung wohnen, die schlechteste Meinung und das geringste Wissen über die Einrichtung. Dies wäre dann der Ausgangspunkt für eine weitere, präzisierende Befragung. Zu beachten gilt natürlich, dass durch den Zeitpunkt des Interviews auch nur bestimmte Personengruppen zu erreichen sind.

Als übersichtliche Form der Dokumentation erweist sich die Eintragung aller Befragungsergebnisse in ein Raster entsprechend der oben genannten Fragestellungen. Dies erlaubt dann eine vielschichtige Auswertung – z.B.: Ist das Image vom Alter abhängig? Vom Wohnort? Usw.

Fremdbildraster

Angaben zur Person (Alter, Geschlecht, evtl. Wohnort ...)	1. Wissen über den Standort der Jugendeinrichtung	2. BesucherInnen der Jugendeinrichtung	3. Angebote der Jugendeinrichtung	4. Angaben über die JugendarbeiterInnen der Jugendeinrichtung	5. Aussagen über „die Jugendlichen"

Die Ergebnisse der Fremdwahrnehmung werden nicht nach außen transportiert oder veröffentlicht. Sie können aber wesentliche Ansatzpunkte für zielgerichtete Image-Kampagnen der Jugendeinrichtung sein.

Beispiel einer Fremdbilderkundung: Meinungen und Realität

Wie schnell Urteile gebildet und wie hartnäckig sich Vorurteile halten, zeigt das folgende Beispiel, bei dem im Rahmen einer vielschichtigen sozialräumlichen Lebensweltanalyse zur Neuverortung des Konzeptes das Team eines über Jahrzehnte bestehenden Jugendzentrums auch eine Fremdbild-Analyse durchführte. Diese wurde mittels eines Quotenplans, der eine bestimmte Anzahl von männlichen und weiblichen Erwachsenen bzw. Jugendlichen an bestimmten Orten festlegte, durchgeführt, sodass eine breite Streuung der Befragten gewährleistet sein sollte. (vgl. Krisch in Lindner 2000: 159)

Wie ernüchternd die Ergebnisse letztlich waren, veranschaulicht folgendes Zitat eines Kollegen: „Zum Teil waren die Beschreibungen darüber, was im und vor allem auch vor dem Jugendzentrum passiert, sowie über die MitarbeiterInnen so extrem, dass es Überwindung kostete, sich als solche/r zu erkennen zu geben." Generell blieben die österreichischen Jugendlichen der Siedlung der Einrichtung fern, weil sie der Meinung waren, dass ausschließlich türkische Jugendliche das Zentrum besuchten. Tatsächlich waren früher einmal eine Zeit lang einige türkische Jugendliche, die nicht im Stadtteil wohnten, in die Disco am Freitag gekommen, hatten sich aber schon ein Jahr (sic!) vor der Befragung einen anderen Treffpunkt gesucht.

Fremdbilderkundung mit Jugendlichen

Der einfache Fragenkatalog eignet sich auch sehr gut für die Befragung von Jugendlichen, die im öffentlichen Raum anzutreffen sind. Soll ausschließlich diese Zielgruppe befragt werden, ist es möglicherweise von Vorteil, wenn nicht MitarbeiterInnen der Jugendeinrichtung selbst, sondern – unbekannte – KollegInnen aus anderen Einrichtungen oder StudentInnen diese Befragung durchführen, um Vorurteile und Voreingenommenheit, die zu verfälschten Aussagen führen können, zu vermeiden.

Führen JugendhausmitarbeiterInnen die Fremdbilderkundung selbst durch, gilt es den Jugendlichen zu verstehen zu geben, dass ehrliche Meinungen gefragt sind und negative Äußerungen nicht als persönliche Angriffe gedeutet werden. In diesem Fall macht es Sinn, den Fragenkatalog zu erweitern und detaillierte Fragen wie etwa: „Hast du konkret Erfahrungen gemacht?", oder: „Warst du schon einmal dort?", etc. zu stellen.

Fremdbilderkundung bei Institutionen und Vereinen

Elemente der Fremdbilderkundung können auch in Institutionen-Befragungen einfließen, indem sie einer ersten Einschätzung über den tatsächlichen Bekanntheitsgrad bzw. die konzeptionelle Ausrichtung der Jugendarbeit dienen.

Gerade bei Institutionen, mit denen es bisher wenige Berührungspunkte gab, könnte der Fragenkatalog als Einstiegsstrategie für eine Institutionenbefragung gewählt werden. (vgl. „Institutionenbefragung")

Beispiel für eine Fremdbilderkundung mit AnrainerInnen, Jugendlichen und Institutionen:
Das Projekt des Jugendzentrums Driescher Hof, „Wer im Glashaus sitzt ..." – Ein Projekt zur Weiterentwicklung der Konzeption des Kinder- und Jugendbegegnungszentrums *Driescher Hof,* beschränkt sich nicht auf die Abfrage von AnwohnerInnen in der Nähe des Jugendzentrums, sondern geht breiter vor:

Quelle: Rothkopf, Guido: „Ein Projekt zur Weiterentwicklung der Konzeption des Kinder- und Jugendzentrums Driescher Hof", in: Landesjugendamt Westfalen-Lippe (Hrsg.): Bausteine einer Qualitätsentwicklung für die Offene Kinder- und Jugendfarbeit", Münster 2000, S.67-78

Mittels kurzer Fragebögen werden Jugendliche nach ihrer Meinung über das Zentrum gefragt: Hier geht es um die Nutzung bzw. Nichtnutzung der Angebote, die Bekanntheit der MitarbeiterInnen sowie Wünsche und Einschätzungen der BesucherInnen.

Eine weitere Befragung richtet sich an die Eltern der BesucherInnen, die nach dem Bekanntheitsgrad des Kinder- und Jugendzentrums gefragt werden, nach Angeboten, von denen sie schon einmal über ihre Kinder gehört haben, nach Erwartungen in Bezug auf Öffnungszeiten, Angebote etc.

Die dritte Befragung richtet sich an die NachbarInnen des Jugendzentrums: Hier geht es direkt um das Image, um evtl. Störungen, die Kenntnis von Angeboten etc. Eine weitere Zielgruppe sind die Mitglieder der Stadtteilkonferenz, in der unterschiedliche Institutionen und Einrichtungen vertreten sind.

Die Befragungen orientieren sich an den oben genannten Fragestellungen der Fremdbilderkundung und sind allesamt sehr übersichtlich und benutzerfreundlich gestaltet.

Die Fremdbilderkundung wird eingebettet in ein Projekt zur Weiterentwicklung der Konzeption mit der Zielsetzung, „die Außenwirkung des Kinder- und Jugendzentrums Driescher Hof aktiv zu erfassen und die Auseinandersetzung mit dem Außenbild zu fördern". Teilziele werden formuliert, wie die Profilierung des Kinder- und Jugendzentrums Driescher Hof. Dessen Selbstbild und Profil sollen erarbeitet, beschrieben und weiterentwickelt werden.

Die Zielsetzung des Projektes wird auch gegenüber den unterschiedlichen Zielgruppen der Befragungen sehr deutlich angesprochen: „Wir wollen unsere Arbeit auch zukünftig im Interesse der Kinder und Jugendlichen im Driescher Hof weiterentwickeln (Stadtteil von Aachen). Daher möchten wir gerne wissen was sie über unsere Arbeit denken: Was sie gut finden, was sie bemängeln, welche Anregungen sie haben."

Als problematisch erwies sich die schriftliche Befragung der AnwohnerInnen, weil hier der Rücklauf nur sehr gering war. Hier scheint es sicher besser zu sein, die NachbarInnen aufzusuchen und mündliche Interviews durchzuführen.

Die Einbettung dieser Fremdbilderkundung in eine Konzeptentwicklung erscheint uns sehr gelungen, weil es eben nicht um eine einmalige Abfrage geht, sondern um Außenwahrnehmungen, die für die Weiterentwicklung der Arbeit sowie für deren Bewertung genutzt werden. So heißt es unter der Schlussfolgerung: „Das war erst der Anfang. Insofern ist das Projekt ‚Wer im Glashaus sitzt, sollte wissen, wie er wirkt' nicht abgeschlossen, sondern beginnt eigentlich erst jetzt. Wir kommen damit dem im Konzeptionsentwurf beschriebenen Anspruch einer lernenden Einrichtung näher, indem wir unsere Arbeit ständig überprüfen und weiterentwickeln."

7. Vorgehensweisen und Probleme bei der Anwendung der Methoden

(Ulrich Deinet)

Der folgende Text beschäftigt sich mit Problemen bei der Durchführung der beschriebenen qualitativen Methoden. Ich gehe dabei nicht so sehr auf einzelne Methoden ein, sondern versuche, die praxisorientierte Frage zu beantworten, ob diese reduzierten sozialwissenschaftlichen Methoden von ihrer Anlage her anwendbare Ergebnisse erzielen können, die die Konzeptentwicklung voranbringen. Die Methoden einer Sozialraum-/Lebensweltanalyse können den Anforderungen einer Feldforschung im Sinne der Anwendung qualitativer Forschungsmethoden sicher nicht genügen. Dies ist aber auch nicht ihr Anspruch. Ob es zulässig ist, qualitative Methoden der Sozialforschung in dieser Weise zu vereinfachen und ob bedingt durch die Reduzierung Fehler auftreten können, die den Einsatz dieser Methoden deshalb als unzulässig erscheinen lassen, müssen die Forscher bewerten. In diesem Zusammenhang verweise ich auf die Veröffentlichung von Werner Lindner zum Thema „Ethnografische Methoden in der Jugendarbeit“ (2001).

Auf die Praxis der Konzeptentwicklung bezogen, lautet die Frage: Können durch den Einsatz solcher Methoden Ergebnisse erzielt werden, die im Rahmen einer Konzeptentwicklung nutzbringend sind? Insofern ist der Blick auf die Regeln sozialwissenschaftlicher Forschung schon von Bedeutung. Vergleicht man die Schritte eines qualitativen Forschungsprozesses (etwa bei Eckhard König und Annette Bentler 1997: 88ff.) mit der Anwendung von Methoden einer Lebensweltanalyse, dann werden zusammenfassend folgende Probleme deutlich:

7.1. Probleme in der Anwendung der Methoden

MitarbeiterInnen sind keine Beobachter sondern Akteure, die ständig mitkonstruieren

Problem:
Ein entscheidendes Problem liegt darin, dass MitarbeiterInnen keine außenstehenden Beobachter, sondern in den Prozess involvierte Akteure sind. Dies gilt natürlich insbesondere für den Sozialraum, in dem sich ihre Maßnahme/Einrichtung befindet. Unabhängig von methodologischen Problemen der qualitativen Forschungsmethoden lässt sicht eine Beobachterperspektive kaum einnehmen und durchhalten; die MitarbeiterInnen konstruieren ständig mit und haben sozusagen immer „die Schere im Kopf".

Alltagsroutinen und -theorien bestimmen häufig die Analyse („wo sind die Randgruppen, die pädagogisch betreut werden müssen?"). Die MitarbeiterInnen denken sofort an ihre eigene Arbeit, etwa dann wenn sie mit Cliquen im Sozialraum Kontakt aufnehmen („wieso kommt ihr nicht ins Jugendhaus?"). Deshalb ist es schwierig, Fragestellungen zu entwickeln, die sich nicht direkt auf die Arbeit beziehen.

Wenn eine Lebensweltanalyse jedoch die Funktionen der Kinder- und Jugendarbeit bestimmen und verändern soll, kann dies nur durch eine möglichst von den Einrichtungen distanzierte Vorgehensweise geschehen, die nicht schon im Ansatz dadurch bestimmt wird, dass die vorhandenen Rahmenbedingungen und Ressourcen ständig mitgedacht werden. Auf diese Weise können keine neuen Ansätze für die Kinder- und Jugendarbeit gefunden werden!

Lösung:
Auch in den Sozialwissenschaften existiert das methodologische Problem des Forschers, der durch sein Agieren in der Lebenswelt diese mitgestaltet und damit seinen Forschungsgegenstand verändert. Insofern ist das hier genannte Problem der MitarbeiterInnen als Beobachter und gleichzeitig als Akteure nur schwer zu lösen. Dennoch erscheint die weiter unten ausgeführte Zusammenarbeit verschiedener Projekte und Einrichtungen sowie die Entwicklung kollegialer Systeme der Unterstützung eine pragmatische und wirkungsvolle Gegenmaßnahme zu sein: Wenn sich MitarbeiterInnen aus unterschiedlichen Einrichtungen/Projekten in verschiedenen Sozialräumen gegenseitig unterstützen sowie JugendpflegerInnen und Fachkräfte aus der mittleren Ebene ebenfalls beratend tätig sind bei der Auswertung und Interpretation von Methoden, kann ein Blick von außen und damit eine notwendige Distanz hergestellt werden.

Durch strukturiertes methodisches Vorgehen sowie die Reflexion des eigenen Tuns – also alte und neue Vorgehensweisen methodischen Handelns – können „Kurzschlüsse" verhindert werden, die meist dann entstehen, wenn

Projekte unter großem Zeit- und Erfolgsdruck stehen. Auch die von Hitzler immer wieder formulierte „Attitüde der künstlichen Dummheit" ist ein guter Weg, die Distanz des Beobachters aufzubauen und den eigenen Sozialraum mit forschendem Blick zu untersuchen. Ein gutes Beispiel dafür habe ich in der Schweiz kennen gelernt, wo ein altgedienter Praktiker aus einer mittelgroßen Stadt berichtete, dass er alle paar Jahre „so tut", als sei er als Jugendlicher neu zugezogen, und sich völlig neu über alle möglichen Angebote für Jugendliche in der Stadt informiert. Er berichtet, dass er bei jedem dieser neuen Recherchen auf ihm bis dahin völlig unbekannte Freizeitmöglichkeiten bzw. -orte stößt.

Die Fragestellungen der Analyse bleiben oft ungenau

Problem:
Auf jeden Fall gehört die präzise Zielsetzung sowohl zum qualitativen Forschungsprozess als auch zur praxisorientierten Lebensweltanalyse. Solche Zielsetzungen mit Teilnehmerinnen und Teilnehmern herauszuarbeiten ist Ziel von Seminareinheiten und Workshops, bevor entsprechende Methoden eingesetzt werden. Es lässt sich dadurch in einer Seminarsituation eine gewisse Distanz zur eigenen Arbeit herstellen unterstützt durch eine kritische Begleitung.

In einem Seminar mit sieben Einrichtungen wurden von den Teilnehmerinnen und Teilnehmern u.a. folgende Zielsetzungen für den ersten Einsatz einer Methode der Lebensweltanalyse genannt:

- „Wo/wie erreiche ich die Kinder (6-13jährige), die nicht die Nachmittage verplant haben?
- Welche Interessen/Bedürfnisse haben Mädchen, die das Haus nicht besuchen?
- Kontakte herstellen zu einer Gruppe, die mir bisher unbekannt ist!
- ‚Innen'-Ansicht gewinnen vom Lebens- und Freizeitverhalten der Kinder und Jugendlichen, die zur Zeit nicht ins Jugendhaus gehen.
- Wo sind Treffs von Jugendlichen, und was zieht sie dorthin? Was tun sie da?
- Heimliche Treffs von Jugendlichen im Ort kennen lernen!
- Kontaktaufnahme mit noch unbekannten Gruppen.
- Freie, unorganisierte Spielräume von Kindern (6-10jährige) herausfinden."

Offensichtlich schleichen sich immer wieder Fragestellungen ein, die auf die eigenen Angebote bezogen sind. Diese wirken redundant und bringen keine neuen Erkenntnisse. Sinnvoll erscheint ein Vorgehen, dass nach einer ersten Zielbestimmung (wie oben) und der Auswahl und Durchführung einer ersten Methode in der folgenden Auswertungsphase eine Präzisierung und mögliche Veränderung der Ziele vorsieht.

Lösung:
Auch zur Verhinderung unpräziser und „falscher“ Fragestellungen für die Sozialraum-/Lebensweltanalyse ist eine gute Beratung von außen unbedingt notwendig. In vielen Projekten haben wir festgestellt, dass es ganz natürlich ist, dass MitarbeiterInnen – insbesondere aus Einrichtungen – zunächst Zielsetzungen formulieren, die noch sehr stark auf ihre Einrichtungen bezogen sind, und erst allmählich den Blick von der Einrichtung lösen und in die Lebenswelten von Kindern und Jugendlichen schweifen lassen können. Es sind deshalb mehrere Arbeitsschritte erforderlich, d.h. es reicht nicht aus, in einem Durchgang Ziele zu formulieren und diese dann sofort methodisch umzusetzen. Auch hier ist es günstig, in einem Projekt mit mehreren Einrichtungen und Maßnahmen zusammen zu arbeiten, sich gegenseitig zu unterstützen, mit dem Blick von außen zu arbeiten und die Ziele immer wieder zu kritisieren und zu präzisieren, um schließlich zu Fragestellungen zu gelangen, die tatsächlich ein Stück weit von Einrichtungen und Projekten wegführen und tatsächlich Neues entwickeln lassen. Wir sind der Meinung, dass es einer externen Beratung bedarf, die insbesondere durch Jugendpflegerinnen und Jugendpfleger oder ähnliche Fachleute auf intermediären Ebenen erfolgen muss. Diese Fachkräfte müssen zum Teil selbst zunächst qualifiziert werden, um solche Beratungsleistungen adäquat übernehmen zu können.

Methodenvielfalt und Methodenkombination

Problem:
Das größte Problem scheint in der kaum vorhandenen Methodenkombination zu liegen. Wenn nur ein oder zwei Methoden überhaupt durchgeführt werden, können daraus unzulässige Schlüsse gezogen werden, die das gesamte Verfahren in Frage stellen. Es wäre wünschenswert, wenn die qualitative Forschung selbst praxisorientierte Methoden einer Sozialraumanalyse vorschlagen würde.

Genauso müssten adäquate Methoden der Auswertung entwickelt werden, die ein Mindestmaß an Validität garantieren, ohne den Ansprüchen einer „echten“ Feldforschung zu entsprechen.

Die teilnehmende Beobachtung als klassische Methode der Feldforschung wird meist nicht durchgeführt obwohl dies im Sinne eines „Eintauchens“ in die Lebenswelten von Kindern und Jugendlichen sehr sinnvoll wäre: „Die teilnehmende Beobachtung verspricht durch die Teilnahme an alltäglichen Handlungsvollzügen das habitualisierte Handlungsrepertoire zu fassen, das in Interviews zumeist nicht erzählt wird, auch weil es zu den unbewussten Anteilen alltäglichen Handelns gehört“ (Friebertshäuser 1996: 77).

Methoden wie das „Cliquenportrait“ (s.o.) oder die Herstellung eines „Jugendkulturenkatasters“ (s.o.) mit Jugendlichen sind zwar noch keine teilnehmenden Beobachtungen, folgen aber der Intention einer Feldforschung in der Weise, „dass sich der oder die Forschende in die untersuchte soziale Welt hineinbegibt, dort ein Stück sozialisiert wird, um so die Kultur und Lebenswelt dieser Menschen quasi von innen heraus verstehen zu lernen" (Friebertshäuser 1996: 83).

Dass diese Fremdheit in Bereichen der eigenen Kultur relativ schwer herzustellen ist, gibt Barbara Friebertshäuser ebenso zu bedenken wie die Schwierigkeit der räumlichen und sozialen Abgrenzung des Untersuchungsfeldes (ebd.: 82).

In der Jugendarbeit geht es meist um den Versuch, einen Einblick in Szenen und Cliquen von Jugendlichen zu bekommen, die die Einrichtung nicht besuchen, und den MitarbeiterInnen nicht bekannt sind, eine Distanz also schon besteht: „Fremdheit lässt sich häufig bereits dadurch sichern, dass es sich um eine sozial fremde Kulturgruppe handelt..." (ebd.: 82).

Das von Friebertshäuser im weiteren aufgeworfene Problem der „möglicherweise mangelnden Bereitschaft der untersuchten Gruppe oder Kultur, sich erforschen zu lassen", besteht erfahrungsgemäß bei Kindern und Jugendlichen kaum, weil sie eher positiv reagieren, wenn sich jemand für ihre Lebenswelt interessiert (fast alle mir bekannten Projekte berichten dazu positive Erfahrungen).

Lösung:
Insbesondere unter dem Aspekt einer notwendigen Methodenvielfalt erscheint es kaum noch sinnvoll, dass eine Sozialraum-/Lebensweltanalyse von einer Einrichtung oder einem Projekt alleine durchgeführt wird. Dies wäre viel zu aufwendig und auch im Sinne einer sozialräumlichen Vernetzung, z.B. durch die Jugendhilfeplanung, unsinnig. Erst wenn sich unterschiedliche Projekte/Einrichtungen in einem Sozialraum zusammen tun, kann die oben geforderte Methodenvielfalt erreicht werden. Dann multiplizieren sich die positiven Effekte auf verschiedenen Ebenen, also nicht nur für die einzelne Einrichtung, sondern auch für die Ebene des gesamten Sozialraumes.

Interpretation und Auaswertung

Problem:
Besonders schwierig scheint die Interpretation und Auswertung der Methoden zu sein sowie die Formulierung von Anforderungen an die Jugendarbeit als Ergebnisse einer Lebensweltanalyse insgesamt. Werner Thole schätzt im Zusammenhang sozialpädagogischer Forschung das Problem mangelnder Interpretation wie folgt ein: „Demzufolge bleibt der methodische Zuschnitt vieler Projekte undifferenziert und zufällig, mit dem Ergebnis, dass die beobachtete und rekonstruktiv erschlossene Wirklichkeit als real und nicht als interpretativ erschlossene gesehen wird" (Thole, 1999: 238). Für die Anwendung reduzierter qualitativer Methoden in Rahmen einer Konzeptentwicklung bleibt festzuhalten, dass es hier tatsächlich nicht um sozialwissenschaftliche For-

schung gehen muss, sondern um „Verstehen“: „Gerade in der pädagogischen Arbeit nimmt das Verstehen eine zentrale Position ein. Denn zum einen leiten sich alle weiteren Maßnahmen aus dem Verstehen ab, zum anderen weisen uns gerade die sozialwissenschaftlichen Forschungen auf die Problematik des Fremdverstehens hin“ (Friebertshäuser 1996: 77).

Aber auch diese Erkenntnis macht Interpretation und Auswertung nicht einfacher, denn im Gegensatz zum Alltagshandeln müssen Beobachtungen und Interpretationen im Rahmen eines solchen Projektes sauber getrennt und bearbeitet werden, also letztlich doch mit einer wissenschaftlichen Herangehensweise im Unterschied zum Alltagshandeln: „In allen Fällen ist die Beobachtung von Personen und Situationen ein unabdingbares Moment des pädagogischen Handeln. Allerdings erfolgt sie im Alltagshandeln in der Regel unwillkürlich, so dass die Richtung der Beobachtung, auch ihre Selektivität und die einfließende Interpretation unkontrolliert bleiben“ (Mollenhauer/Rittelmeyer 1977: 157).

Wenn die Interpretation der Ergebnisse, also bewusstes Verstehen wichtiger sind als ein überzogener sozialwissenschaftlicher Anspruch dann handelt es sich also bei den Fragen der Auswertung der Methoden auch eher um Fragen des „richtigen“ Verstehens als um empirische standfeste Auswertungstechniken.

Geht es also vordergründig um das Problem des Verstehens, so kann das entstandene Material aus den durchgeführten Methoden ähnlich wie Situations- und Fallbeschreibungen betrachtet werden, die es zu entschlüsseln gilt: „Zwischen dem spezifischen methodischen Zugang der ethnographischen Feldforschung und dem pädagogischen Fallverstehen gibt es eine große Affinität, bilden doch Fallstudien und Fälle den zentralen Gegenstand des Interesses in beiden Bereichen“ (Friebertshäuser 1996: 77).

Lösung:
Steht das Verstehen und die Interpretation der Ergebnisse der Methoden im Vordergrund des Interesses, dann können die o. g. Fantasien nach Repräsentativität und möglichst großer Stichprobe überwunden werden. Achim Schröder verweist in diesem Zusammenhang auf die Bedeutung einer überschaubaren Materialmenge: „Aber insgesamt sollte man darauf achten nur wenig Material zu sammeln, weil der Arbeit an dem Material und seiner Interpretation eine wichtige Bedeutung zukommt“ (Schröder, 1995: 566).

Mit dem Ansatz des Verstehens kann auch der Gefahr einer vorschnellen Bewertung begegnet werden, die aufgrund der Nähe zum eigenen Arbeitsfeld bei den Fachkräften der Jugendarbeit sehr leicht gegeben ist: „Es geht nicht um eine Bewertung, sondern um ein Verstehen von Botschaften und ein Verstehen von Sinn und Bedeutung“ (Schröder, 1995: 568).

Dennoch müssen die MitarbeiterInnen auch vor einem allzu überhöhten hermeneutischen Anspruch in Schutz genommen werden, denn in der Ausbildung werden Interpretation und Fallverstehen zu wenig geübt.

Deshalb sind an dieser Stelle unbedingt Hilfestellungen notwendig (s. unten), um den Prozess mit einem distanzierten Blick von außen zu unterstützen. Gerade die Interpretation der Ergebnisse der Methoden bildet die Grundlage für konzeptionelle Differenzierungen in den Profilen und Schwerpunkten von Maßnahmen und Einrichtungen der Kinder- und Jugendarbeit. Die besondere Herausforderung und Chance sozialräumlicher Konzeptentwicklung besteht eben gerade darin, dass sich aus der Analyse der Lebenswelt von Kindern und Jugendlichen neue Aufgaben für die Jugendarbeit ergeben, dass ihre Funktionen deutlicher beschrieben werden und auf die Lebenswelt von Kindern und Jugendlichen bezogen werden können.

7.2. Vorschläge zur Unterstützung des gesamten Projekts einer Konzeptentwicklung

Auf der Grundlage der beschriebenen Probleme werden folgende Vorschläge zur Verbesserung gemacht:

Zusammenarbeit und kollegiale Systeme der Unterstützung entwickeln

Durch die Bildung von Lernpartnerschaften zwischen verschiedenen Jugendeinrichtungen ist es ansatzweise möglich, durch das Korrektiv eines Partners mehr Distanz im o. g. Sinne herzustellen. Dies ist insbesondere deshalb wichtig, weil viele Hauptamtliche in der Kinder- und Jugendarbeit alleine arbeiten und von daher auf sich gestellt sind.

Aus der Sicht der Jugendhilfeplanung macht die Lebensweltanalyse eigentlich nur dann Sinn, wenn die Maßnahmen und Einrichtungen in einem Sozialraum zusammenarbeiten. MitarbeiterInnen verschiedener Einrichtungen können sich gegenseitig unterstützen und auch von der Einbeziehung nicht einrichtungsgebundener Arbeitsformen, wie z.B. der Mobilen Jugendarbeit, profitieren.

Auf der Grundlage einer solchen Analyse können dann im Rahmen einer gemeinsamen Planung Schwerpunktsetzungen der Maßnahmen und Einrichtungen abgesprochen, koordiniert und bestimmt werden.

Die Fragen dazu lauten:

- Was müsste auf Grund der Analyse der Lebenswelten von Kindern und Jugendlichen im Stadtteil geschehen?
- Welche Maßnahme/Einrichtung kann welche neue Funktion und Rolle übernehmen?
- Welche alten Funktionen und Angebote können verändert oder evtl. abgebaut werden?
- Welche Rahmenbedingungen der Einrichtungen (z.B. Lage im Stadtteil, räumliche Ressourcen) machen welche Schwerpunktsetzungen möglich?

Unterstützung der Praxis durch Jugendhilfeplanung und Jugendpflege

Eine wesentliche Anforderung ergibt sich aus den dargestellten Problemen in Bezug auf die Notwendigkeit einer fachlichen Begleitung und Unterstützung der MitarbeiterInnen. In einem in der Praxis durchgeführten Projekt zur Lebensweltanalyse wurden die hauptamtlichen MitarbeiterInnen von sieben Einrichtungen in einem Landkreis durch die drei zuständigen KreisjugendpflegerInnen unterstützt. Unterstützung bedeutet hier: Kritische Überprüfung der Zielsetzung für die Lebensweltanalyse, methodische Hilfestellung bei der Durchführung sowie bei der Verschriftlichung der Ergebnisse und deren Interpretation. Die in vielen Bereichen der Kinder- und Jugendarbeit vorhandenen Strukturen von Jugendreferaten und Regionalstellen (z.B. im Bereich der Kirchen), aber auch die JugendpflegerInnen im kommunalen Bereich könnten hier eine intensive Unterstützungsfunktion übernehmen.

Der Jugendhilfeplanung könnte in einer sozialräumlichen Konzeptentwicklung der Kinder- und Jugendarbeit ebenfalls eine wichtige Funktion zukommen:

- Anregung einer sozialräumliche Konzeptentwicklung der einzelnen Maßnahme/Einrichtung
- Unterstützung der Sozialraum-/Lebensweltanalyse durch: Daten, qualitative Methoden
- Koordination der Lebensweltanalyse durch verschiedene Einrichtungen/Träger
- Methodische Hilfestellungen (Lebensweltanalyse, Evaluation): Auswertung, Interpretation
- Organisation von kollegialen Unterstützungssystemen (Lernpartnerschaften, Fortbildungsbedarf usw.)
- Verschriftlichung/Präsentation (Schreibwerkstatt usw.)

Mit Hilfe von außen kann es gelingen, Alltagsroutinen im Rahmen einer Lebensweltanalyse zu überwinden. Auch der in der Praxis oft schwierig zu gestaltende Überblick über relevante Literatur kann mit Hilfe von außen, insbesondere durch Jugendpflegerinnen und Jugendpfleger verbessert werden. Auf dieser Ebene können Ergebnisse vorhandener Studien vermittelt und in die Praxis vor Ort miteinbezogen werden.

Methoden der Lebensweltanalyse zur Aktivierung und Beteiligung der Kinder und Jugendlichen einsetzen

Ein großer Teil der oben skizzierten Methoden kann in Form aktivierender Projekte in der Kinder- und Jugendarbeit direkt eingesetzt werden mit einem hohen Maß an Beteiligungsmöglichkeiten für Kinder und Jugendliche. Lebensweltanalyse und Praxis der Kinder- und Jugendarbeit lassen sich ansatzweise verbinden, wenn etwa Kinder und Jugendliche im Rahmen eines Videostreifzuges durch den Stadtteil zu Experten werden. Der entscheidende Übergang zwischen der Durchführung eines solchen Praxisprojektes und der Anwendung einer Methode im Rahmen einer Lebensweltanalyse besteht in der Notwendigkeit einer Verschriftlichung und Auswertung.

In der Praxis erscheint es jedoch schwierig zu sein, sich z.B. kurz nach einem solchen Videostreifzug zusammenzusetzen und die Eindrücke und Ergebnisse festzuhalten. Gerade dafür kann eine Beratung von außen sehr hilfreich sein, weil sie die erforderliche Verbindlichkeit durch Terminvorgaben und Verabredungen herstellt.

Sehr positiv wird aus allen Modellprojekten berichtet, dass sich die anfängliche Skepsis von Hauptamtlichen in der Kinder- und Jugendarbeit in Bezug auf die Kontaktaufnahme zu Kindern und Jugendlichen außerhalb ihrer Einrichtungen im Verlauf einer Lebensweltanalyse verändert. Kinder und Jugendliche sind weitestgehend offen und interessiert, wenn sich Erwachsene, z.B. im Rahmen der Durchführung solcher Methoden für sie interessieren und mit ihnen reden.

Notwendigen Zeitrahmen zur Verfügung stellen

Die Durchführung einer Lebensweltanalyse ist im Rahmen einer sozialräumlichen Konzeptentwicklung ein aufwendiges Vorhaben. PraktikerInnen und Veranstalter von Modellprojekten, JugendpflegerInnen, JugendhilfeplanerInnen und andere Fachleute müssen sich vor einem solchen Vorhaben ernsthaft fragen, ob die notwendigen zeitlichen Ressourcen und die erforderlichen Hilfestellungen (s. oben) tatsächlich zur Verfügung stehen: „Das methodische Vorgehen ethnographischer Feldforschung zur Erschließung sozialer Lebenswelten ist arbeitsintensiv und zeitaufwendig, was im Einsatz zur Erkundung pädagogischer Handlungsfelder zu einem Problem der Forschungskapazität werden kann“ (Friebertshäuser 1996: 83).

Die Auswertung der Modellprojekte zeigt, dass eine Lebensweltanalyse nur schwer „nebenbei“ zu betreiben ist und dass die Probleme der Reduzierung und Redundanz nur gelöst werden können, wenn die notwendigen Hilfestellungen zur Verfügung gestellt werden können.

Kein überzogener wissenschaftlicher Anspruch, sondern „Verstehen“ ist gefragt

Die Anwendung von Methoden einer Lebensweltanalyse in der Jugendarbeit sind weniger als Versuch einer „kleinen“ wissenschaftlichen Feldforschung zu sehen, vielmehr bieten sie die Chance der Qualifizierung pädagogischen Handelns durch Verstehen und Interpretation.

Dass es in der Verbindung von sozialwissenschaftlicher Forschung und den Fragestellungen und Methoden einer Lebensweltanalyse in der Jugendarbeit noch große Probleme gibt, stellt Barbara Friebertshäuser in einem der wenigen Beiträge fest, die sich mit dem Zusammenhang von Feldforschung und sozialen Handlungsfeldern befassen: „Das Problem liegt bisher allerdings darin, dass eine Verknüpfung der Feldforschungsmethode mit (sozial-)pädagogischen Fragestellungen in den verschiedenen Handlungsfeldern zunächst noch geleistet werden muss" (Friebertshäuser 1996: 83).

Um so erfreulicher ist es, dass sie ihren Beitrag mit der Hoffnung schließt, „dass sich ethnografische Feldforschung zu einem Element des sozialpädagogischen professionellen Habitus entwickelt" (ebd.: 84).

Um damit das „Verstehen" in den Vordergrund zu rücken, sollte ein nicht einlösbarer wissenschaftlicher Anspruch zurückgestellt werden. MitarbeiterInnen der Jugendarbeit sind keine FeldforscherInnen, haben aber wie diese durch die Anwendung qualitativer Methoden die Möglichkeit, neue Erkenntnisse zu gewinnen, ihre eigene Arbeit aus einem bisher unbekannten Blickwinkel zu sehen, diese zu reflektieren und daraus neue Handlungsansätze abzuleiten: „Insofern habe ich als Feldforscher immer auch eine einzigartige Chance, gerade das herauszufinden was ich wissen möchte oder wissen muss, um in einer bestimmten Weise handlungsfähig zu werden" (Schröder, 1995: 561).

Es geht in der Lebensweltanalyse als Bestandteil einer sozialräumlichen Konzeptentwicklung also auch um die Reflexion und die Verbesserung der Praxis. Wenn Fachkräfte der Jugendarbeit es mit Hilfe dieser Methoden schaffen, Lebenswelten und Sozialraum stärker zu ergründen und Kontakt zu Kindern und Jugendlichen außerhalb ihrer Einrichtungen aufzubauen, kann dies „ein erster intensiver Einstieg in eine ganz praktische Zusammenarbeit mit den Jugendlichen werden" (ebd.: 561).

8. Ergebnisse sozialräumlicher Konzeptentwicklung

(Ulrich Deinet/Richard Krisch)

Die bisher dargestellten Hintergründe, Schritte und Methoden einer sozialräumlichen Konzeptentwicklung laufen auf die Frage hinaus, was dabei für die Kinder- und Jugendarbeit herauskommen kann, welche Ergebnisse erzielt werden können. Die Antworten auf diese Frage sind umso wichtiger, weil es vielfältige fachliche Ansprüche an eine qualifizierte Offene Kinder- und Jugendarbeit gibt, die miteinander in Einklang gebracht werden müssen. Im folgenden Kapitel werden deshalb anhand konkreter Beispiele Ergebnisse sozialräumlicher Konzeptentwicklung vorgestellt, die auf zwei unterschiedlichen Ebenen präsentiert werden:

- *Arbeit in Einrichtungen und Projekten:*
  Welche Ergebnisse können erzielt werden, um die Arbeit mit Kindern und Jugendlichen in Einrichtungen und Projekten zu qualifizieren? Auch wenn wir oft auf die Gefahr einer Einrichtungszentriertheit hingewiesen haben, ist es an dieser Stelle doch redlich und richtig, davon auszugehen, dass Einrichtungen und Projekte dann für ein solches Projekt motivierbar sind, wenn Ergebnisse erzielt werden, die direkt in der pädagogischen Arbeit umgesetzt werden können.
- *Arbeit im Sozialraum:*
  Im Rückgriff auf die im ersten Kapitel beschriebene Essentials einer sozialräumlichen Kinder- und Jugendarbeit ist eine entscheidende Frage, welche Ergebnisse sozialräumliche Konzeptentwicklung für die Arbeit im Sozialraum bringt. Ob diese von Einrichtungen und Projekten ausgeht, völlig unabhängig neu entwickelt werden muss oder vielleicht sogar den engeren Bereich der Kinder- und Jugendarbeit oder der Jugendhilfe übersteigt, ist dabei grundsätzlich offen und denkbar.

8.1. Ergebnisse der Lebensweltanalyse als Reflexionsanlass

Bevor es darum geht, neue Schwerpunkte für Einrichtungen und Projekte zu entwickeln, können die Ergebnisse einer Lebensweltanalyse auch für die Reflexion der Arbeit genutzt werden. Folgendes Schaubild zeigt ein Schema für den Vergleich von Tätigkeiten und Tätigkeitsfeldern mit den Ergebnissen einer Lebensweltanalyse mit den daraus folgenden Fragen, welche Felder verbessert, neu begonnen, beendet, reduziert oder fortgesetzt werden sollen. Dazu sind jeweils kurz-, mittel- und langfristige Ziele zu entwickeln.

Tätigkeiten/ Tätigkeitsfelder	kurzfristige Ziele	mittelfristige Ziele	langfristige Ziele
Verbessern ->			
Neu beginnen ->			
Beenden/ reduzieren ->			
Fortfahren ->			

Dieses Schema lässt sich erfolgreich einsetzen, weil es einerseits Reflexionsmöglichkeiten bietet und andererseits auch Entwicklung und Bewegung einfordert.

Es kann durchaus auch ein Ergebnis einer Lebensweltanalyse sein, einen bestimmten Arbeitsbereich sehr bewusst weiterzuführen, sozusagen in der jetzt gesicherten Erkenntnis, dass dieser Arbeitsbereich Bedarfe, die sich aus den Lebenswelten von Kindern und Jugendlichen ergeben, tatsächlich bedient.

Heikel ist natürlich die Frage nach den Tätigkeitsfeldern, die beendet oder reduziert werden können. Ein Beispiel dafür ist ein Überangebot von Freizeitangeboten in den Sommerferien und die aus der Lebensweltanalyse heraus gewonnene Erkenntnis, dass es zu anderen Zeiten überhaupt keine Angebote im Sozialraum gibt. Wie schwer es ist, alte Zöpfe abzuschneiden, ist nicht nur in der Kinder- und Jugendarbeit bekannt; geht es doch meist auch um Ressourcen und Zuschüsse, die nach Beendigung eines Arbeitsbereiches möglicherweise zur Disposition stehen und nicht für die Einrichtung oder das Projekt gesichert werden können.

Es ist jedoch trotzdem ratsam, diese Kategorie mit aufzunehmen, weil sie in engem Zusammenhang mit der Entwicklung neuer Schwerpunkte steht. Unter den gegebenen Bedingungen wäre es wohl illusorisch zu glauben, Einrichtungen und Projekte könnten nach der Interpretation und Bewertung der Ergebnisse einer Lebensweltanalyse einfach so neue Arbeitsbereiche aufbauen, sich konzeptionell differenzieren etc. Meist sind die jugendpolitischen und finanzpolitischen Rahmenbedingungen so, dass mit den vorhandenen Ressourcen gearbeitet werden muss und für den Aufbau neuer Arbeitsbereiche nur vorhandene Ressourcen eingesetzt werden können. Insofern gibt es einen direkten Zusammenhang zwischen dem Aufbau neuer Arbeitsbereiche und der möglichen Beendigung und Reduzierung vorhandener.

8.2. Neue Schwerpunkte und Zielsetzungen für Einrichtungen und Projekte

Beispiel: Entwicklung der Konzeptionen und neuer Schwerpunkte von Einrichtungen der Offenen Arbeit mit Kindern

Das folgende Beispiel der Einrichtungen der Offenen Arbeit mit Kindern der Stadt Wiesbaden zeigt, wie am Ende einer Lebensweltanalyse, deren Aufbau weiter oben dargestellt wurde, die Formulierung von Schwerpunkten und Zielsetzungen für Einrichtungen stehen kann.

Schwerpunkte der Einrichtungen als Ergebnis der Lebensweltanalysen:

Gräselberg
Schwerpunkt: Einflussnahme auf Freizeitverhalten, Gestaltung und Ernährung bei Kindern
Wirkungsziel: Kinder sollen ihre Freizeit vielfältig gestalten können

Klarenthal
Schwerpunkt: Kinder in Klarenthal sollen das Zentrum und den Stadtteil erobern
Wirkungsziel: Kinder sind fähig, sich sicherer im Stadtteil zu bewegen und einzubringen

Bibrich
Schwerpunkt: Gesundheitserziehung der Kids im Stadtteil

Wirkungsziel: Mädchen und Jungen sollen ein Bewusstsein für einen gesunden Lebenswandel entwickeln.

AKK
Schwerpunkt: Kindereigene Öffentlichkeit herstellen
Wirkungsziel: Kinder sind fähig, eigene Vorstellungen zu entwickeln, diese zu vertreten, sich für die Umsetzung einzusetzen (Partizipation).

Gewerbeschule
Schwerpunkt: Die Kinder identifizieren sich mit dem Stadtteil
Wirkungsziel: Kinder erleben ihren Stadtteil und können sich an Veränderungen beteiligen.

Schelmengraben

Schwerpunkt: Das Gemeinschaftszentrum soll im Stadtteil bekannter werden

Wirkungsziel: Mädchen und Jungen nutzen das GMZ als Freizeitangebot und Gestaltungsraum

(vgl. Wiesbaden 2002)

Die Einrichtungen haben jeweils einen Schwerpunkt formuliert, der neu in die Arbeit der Einrichtung aufgenommen werden soll. Dazu wurde jeweils ein Wirkungsziel formuliert, das Zustände beschreibt, die bei Kindern erreicht werden sollen.

Der Begriff des Wirkungsziels stammt von Hiltrud von Spiegel, die Wirkungs- und Handlungsziele unterscheidet: „Wirkungsziele bezeichnen Vorstellungen über wünschenswerte Zustände, Fähigkeiten und Verhaltensweisen, deren Erreichung durch pädagogische Bemühungen unterstützt werden soll. Daher sollten sie auf die Zielgruppen hier, also die Kinder und Jugendlichen bezogen sein. Wirkungsziele geben eher die große Richtung des ganzen Unterfangens an und insofern haben sie eine orientierende Funktion.“ (Spiegel 2000: 190)

Auf der operativen Ebene, d.h. im Handlungsbereich der MitarbeiterInnen liegen die Handlungsziele: „Handlungsziele bezeichnen Vorstellungen über pädagogische Arrangements, also förderliche Bedingungen, an deren Bereitstellung die Fachkräfte arbeiten und die – so die Vorannahme – das Erreichen der Wirkungsziele wahrscheinlicher machen. Das kann z.B. eine gewisse Atmosphäre sein, die durch die Herrichtung von Räumen ein zielförderliches Verhalten der Fachkräfte und anderer Personen (z.B. Akzeptanz der Nachbarn) innerhalb und außerhalb der Einrichtungen gestaltet wird. Handlungsziele beziehen sich auch, aber nicht in erster Linie auf die Kinder und Jugendlichen, sondern vielmehr auf die Herstellung von zielfördernden Zuständen in der Einrichtung, im Zusammenhang der Institutionen (freier Träger, Jugendamt) und im Umfeld der Einrichtung (Stadtteil, andere soziale Dienste).“ (Spiegel 2000: 180)

In einem nächsten Schritt der Operationalisierung werden solche Wirkungsziele dann als Handlungsziele in den Bereichen der Kinder- und Jugendarbeit formuliert. Damit wird dem Problem Rechnung getragen, dass in der Praxis immer wieder die langfristige Perspektive aus dem Blickwinkel gerät, welche Zustände, welche Wirkungen bei Kindern und Jugendlichen erreicht werden sollen.

Sind die Ziele immer neu?

Manche/r Leser/in wird sich vielleicht fragen, was an diesen Zielen wirklich neu ist und ob diese nicht ohne ein aufwendiges Verfahren einer Lebensweltanalyse hätten formuliert werden können. Ein solcher Einwand ist nicht von der Hand zu weisen, dennoch ist entscheidend, dass diese Ziele für die Einrichtungen das Ergebnis eines Prozesses sind, von ihnen selbst formuliert wurden und nicht von außen vorgegeben worden sind. Diese Ziele sind sozusagen verortet in den Lebenswelten der Kinder in den Wiesbadener Stadtteilen und stellen für die Einrichtungen zum Teil auch neue Aufgaben und Herausforderungen dar.

Zu Beginn des Projektes hat die Amtsleitung darauf hingewiesen, dass Gesundheitserziehung ein wichtiges Ziel auch für die Einrichtungen der Offenen Arbeit mit Kindern sei. Dieser Hinweis wurde zunächst von den Einrichtungen nicht aufgenommen. Interessant ist nun nach Beendigung des Projektes, dass zwei Einrichtungen Ziele und Themen aus dem Bereich der Gesundheitserziehung als Schwerpunkt bzw. Wirkungsziel beschreiben. Dies ist darauf zurückzuführen, dass über die durchgeführten Methoden (s. oben) die MitarbeiterInnen mit diesem Problem sehr viel stärker konfrontiert wurden als vorher. So ergaben sich etwa über die Zeitbudget-Methode interessante Rückschlüsse auf die Gesundheitssituation der Kinder, besonders in Bezug auf Ernährung und Schlaf. Neben anderen Ergebnissen betrachteten die MitarbeiterInnen diese Eindrücke als besonders wichtig, gingen ihnen in einem zweiten methodischen Schritt weiter nach und entwickelten daraus entsprechende Zielsetzungen.

Ein weiterer interessanter Aspekt am Wiesbadener Projekt ist der, dass es nicht darum ging, die gesamte Konzeption der Einrichtung über die Lebensweltanalyse zu verändern, sondern dass der Auftrag darin bestand, mindestens einen neuen Schwerpunkt für die Einrichtungen zu formulieren. Mit einem solchen Vorgehen wird einerseits bestehende gute Arbeit geschützt, andererseits bleiben die Konzepte in Bewegung und es müssen neue Arbeitsbereiche entwickelt werden.

Beispiel: Veränderung der Einrichtungskonzeption auf der Basis der Lebensweltanalyse und der Einbeziehung einer „Ideenwerkstatt"

Am Beispiel des Wiener Kinder- und Familienzentrums 9 lässt sich zeigen, wie sich nach der Durchführung eines komplexen Prozesses der Konzeptentwicklung, im 3. Kapitel dieses Buches umfangreich dargestellt, die Schwerpunktsetzungen und Öffnungszeiten gänzlich veränderten.

In der Endphase des Prozesses der Konzeptentwicklung wurden die Bedarfe, die sich aus der Lebensweltanalyse ergeben haben und die bestehenden Angebote, unter dem Blickwinkel der angestrebten Gemeinwesenorientierung, bewertet. Schließlich wurden Entscheidungen für neue Angebotsformen und Zielgruppen und der Weiterführung stadtteilbezogener Angebotsformen des „alten" Konzeptes getroffen.

Die wesentlichsten Ergebnisse der Lebensweltanalyse waren kurz gefasst:

- Die innerstädtische Struktur und der intensive Straßenverkehr schränkt den Bewegungs- und Aufenthaltsraum, vor allem für Kinder und Mädchen stark ein. Spezielle Angebote für diese beiden Gruppen sind notwendig.

- Besonders für Mädchen im „Teeniealter“ sollten Räume und Zeiten reserviert werden, die nicht von Burschen dominiert werden. („Mädchentag“).
- Von nahezu allen InterviewpartnerInnen wurde der Wunsch nach regelmäßigen Festen im öffentlichen Raum geäußert; diese bieten vielfältige Möglichkeiten zur Begegnung und Kommunikation und tragen zu Identifizierung der BewohnerInnen mit dem Stadtteil bei.
- Räumlichkeiten für verschiedene erwachsene Gruppen (Selbsthilfegruppe, Initiativen u.ä.) sind notwendig.
- Für Jugendliche werden vor allem Räumlichkeiten („offene Räume“) gewünscht, die sowohl in Eigenverantwortung als auch gemeinsam mit erwachsenen Betreuungspersonen und Programmgestaltung genutzt werden können.
- Es gibt kaum Veranstaltungsräume bspw. für Kinder- oder Jugendpartys.
- Es stellte sich heraus, dass es zwar viele Institutionen gibt, es hier aber z.T. an Vernetzung fehlt um Ressourcen effizienter zu nutzen. Hier könnte die Koordinationsplattform im Bezirk („Agenda 21“ genannt) unterstützt werden.

Bei der Bewertung der bestehenden Angebote wurden zwei Angebotsformen – der tägliche Deutschkurs und die Beratungsstelle -, die sich nicht primär am Stadtteil orientieren und die von anderen Institutionen übernommen werden können, reduziert. Die Deutschkurse laufen Ende des Jahres aus. Stattdessen wird die Förderung von MigrantInnnen im Stadtteil durch entsprechende Angebote verstärkt.

Wie auf der folgenden Gegenüberstellung der Betriebszeitenpläne ersichtlich, konnten durch diese Veränderungen die Öffnungszeiten, statt Montag bis Freitag auf Dienstag bis Samstag verschoben und in den Abendstunden verlängert werden.

Betriebszeiten und Aktivitäten vor der Konzeptentwicklung

Montag	Dienstag	Mittwoch	Donnerstag	Freitag
9:00-10:30 Deutschkurs mit Kinderbetreuung	10:00-12:00 Mutter-Kind-Café	9:00-11:00 Deutschkurs mit Kinderbetreuung	9:00-12:00 Kleinkinderspiel-gruppe	9:00-10:30 Deutschkurs mit Kinderbetreuung
9:00-12:00 Kleinkinder-spielgruppe				10:30-12:30 Buntes-Café
12:00-17:00 Schülerclub	12:00-17:00 Schülerclub	12:00-17:00 Schülerclub	12:00-17:00 Schülerclub	12:00-17:00 Schülerclub
			14:30-16:30 Frauentreff für Frauen aus der Türkei	
17:30-19:30 Mädchentreff	18:00-19:30 Deutschkurs	17:30-20:00 Beratungsstelle für Migrantenfamilien	18:00-19:30 Deutschkurs	

Neue Betriebzeiten und Aktivitäten ab September 2001

Dienstag	Mittwoch	Donnerstag	Freitag	Samstag
	9:00-10:30 Deutschkurs mit Kinderbetreuung	9:00-11:00 Deutschkurs mit Kinderbetreuung	9:00-10:30 Deutschkurs mit Kinderbetreuung	
10:00-12:00 Mutter-Kind-Café	13:30-15:30 Sport für Kinder im Turnsaal der Volksschule	12:00-16:00 Team Vernetz-ungsarbeit	10:30-12:30 Buntes-Café	
14:00-17:00 Mädchenklub		14:30-16:30 Frauentreff für Frauen aus der Türkei	14:00-16:30 Miniklub	14:30-17:30 Partyline
17:30-20:30 Mädchenklub	17:30-20:30 Beratungsstelle für MigrantInnen-familien, Internet-cafe für Stadtteil-bewohnerinnen	17:30-20:00 Internetcafé für Girls	17:30-20:30 Freitagsklub	

Temporäre Angebote: Outdoor- Aktivitäten, Ferienfahrt, Selbstverteidigungs-workshops, Vermietungen, Feste, Partys, Grätzelfest

Um passende Formen für neue Angebote, die den durch die Lebensweltanalyse erhobenen Bedarfen entsprechen, zu entwerfen wurde nun wieder auf den – mittlerweile seit einem Jahr ungeöffneten – Ideenspeicher zurückgegriffen. Hier fanden sich eine Menge Ideen, die in den neuen Angebotsformen aufgegriffen werden konnten.

Beispielsweise konnten für den neuen Mädchenschwerpunkt, die Idee der „Z 9 – Mädchenline" als durchgängiges Label der Einrichtung, „Womens Net" ein Computerprojekt mit eigener Homepage, die Ausrichtung von „Move your bones" – Tanztrainings oder die Etablierung eines eigenen Computer/Internet-Raumes nur für Mädchen übernommen werden.

Als letzter Schritt der erfolgreichen Konzeptentwicklung wurden nun die neuen Zielsetzungen beschrieben und in geeignete Angebotsstrukturen übersetzt. In einer öffentlichen Präsentation wurde das neue Konzept und die damit veränderte Namensgebung „Z 9" („Zentrum NEUn") der Einrichtung dann dargestellt.

Im folgenden Schaubild aus dem Tätigkeitsbericht der Einrichtung sind die neuen Arbeitsschwerpunkte abgebildet:

Übersicht der Arbeitsschwerpunkte (ab September 2001)

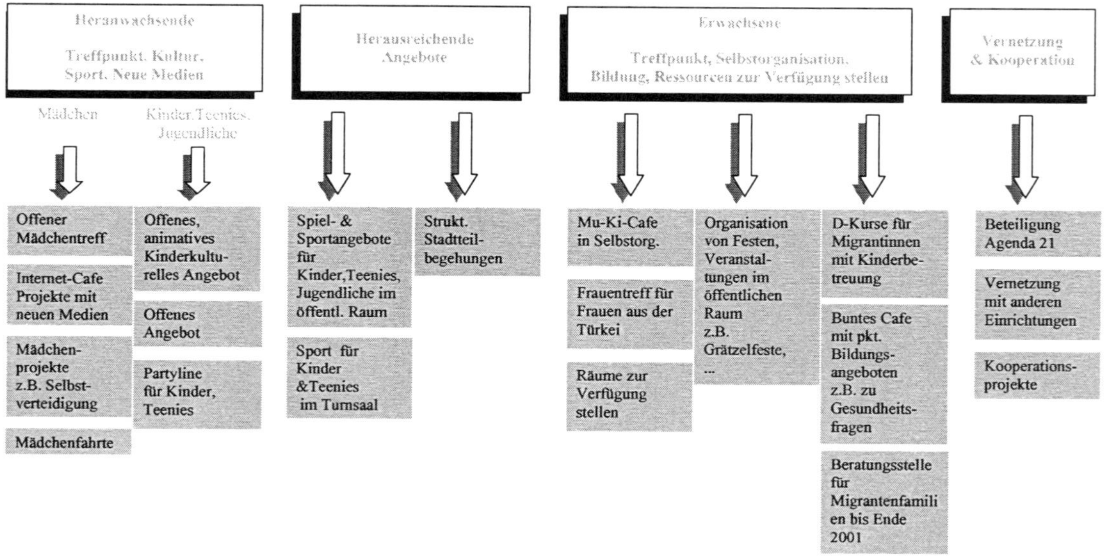

8.3. Arbeit im Sozialraum

Kinder- und Jugendarbeit unterstützt Raumaneignungsprozesse

Ein weiteres Beispiel stammt aus einer Konzeptentwicklung der Stadt Gevelsberg und zeigt ein Wirkungsziel, das auf der Ebene der Handlungsziele operationalisiert wird:

[„Konzeptentwicklung in der Kinder- und Jugendarbeit `Konzept 2001 plus´ für Einrichtungen und Dienste der Stadt Gevelsberg. (Landesjugendamt Westfalen-Lippe, Münster 2001)]

„Kinder und Jugendliche eignen sich öffentlichen Raum an

Handlungsziele:

- Wir greifen Initiativen von Kindern, Jugendlichen und MultiplikatorInnen auf.
- Wir erschließen öffentliche Räume für Kinder und Jugendliche.
- Wir beteiligen Kinder und Jugendliche möglichst umfassend an der Gestaltung und Nutzung.
- Wir ergreifen Partei für die Raumaneignung von jungen Menschen und sensibilisieren die Öffentlichkeit.

Kinder und Jugendliche brauchen Räume und eignen sich die Möglichkeiten, die in ihnen stecken, mit oder ohne pädagogische Begleitung an. Sie brauchen bebaute und unbebaute Räume um sich entwickeln zu können, mit anderen etwas ausprobieren und eigenständige Jugendkultur leben zu können. Die Kinder- und Jugendarbeit will die Raumaneignung junger Menschen ermöglichen und fördern. Dies gilt sowohl innerhalb ihrer Einrichtungen als auch außerhalb in anderen Gebäuden und im Freien. Diese Leitidee moderner Kinder- und Jugendarbeit knüpft an alte pädagogische Traditionen an und weiß um ihre noch wachsende Bedeutung angesichts der dramatischen Abnahme von freien Räumen, die junge Menschen sich noch selbständig aneignen können.

Für die Zukunft bedeutet die Umsetzung dieses Zieles, dass zum einen die über die pädagogischen Einrichtungen hinaus bestehenden öffentlichen Kinder- und Jugendräume (Skaterflächen, Cirkuscamp, Kindertausch- und -trödelmarkt, ...) abgesichert werden sollen. Darüber hinaus sollen, am Konzept der „bespielbaren Stadt“ anknüpfend, weitere Räume für junge Menschen geschaffen werden. Hierzu gehört zum einen die Weiterentwicklung der bereits ausgewiesenen Spielflächen zu lebendigen, „mitwachsenden“, d.h. flexiblen Räumen und zum anderen das schnellere Reagieren auf Initiativen von Kinder- und Jugendgruppen bzw. Cliquen in den Gevelsberger Stadtteilen. Insgesamt soll die Orientierung an den Ideen der Mädchen und Jungen im Vordergrund stehen. Aus diesem Grund ist eine dauerhafte Beobachtung von

Lebensäußerungen und Aneignungsprozessen in den Stadtteilen sicherzustellen („monitoring"), um kleine Initiativen frühzeitig erkennen und fördern zu können. Hierzu können beispielsweise die „Besetzung" leerstehender Industrieflächen und Häuser sowie nachmittags leerstehender Schulhöfe o.ä. gehören.

Eine an der Raumaneignung junger Menschen orientierte Kinder- und Jugendarbeit ist also um engen Kontakt zu den einzelnen Cliquen und Szenen bemüht. Zudem baut sie eine gezielte Lobbyarbeit auf und sensibilisiert die Öffentlichkeit für die Bedürfnisse von Mädchen und Jungen. So kann z.B. das Patenschaftssystem für öffentliche Spielflächen ausgeweitet werden, damit die erwachsene Bevölkerung mehr Verantwortung für die Sicherstellung der Bedürfnisse der jungen Generation übernimmt. Die Kinder- und Jugendarbeit entwickelt zudem einen hohen „Gebrauchswert" für die Kinder und Jugendlichen, d.h. sie gewinnt starke Kooperationspartner in anderen Behörden und öffentlichen Institutionen, um kompetent Auskunft und Rat geben zu können und in die Entwicklungspläne für den öffentlichen Raum frühzeitig einbezogen zu werden. Als geschlechtsspezifisch qualifizierte Dienstleistung verfügt sie über geeignete Konzepte der Beteiligung der jungen Menschen an der Raumentwicklung und setzt sich für angstfreie Räume für alle Zielgruppen ein.

Innerhalb der Einrichtungen bedeutet die Unterstützung der Raumaneignung, dass Kinder- und Jugendliche immer wieder selbst die Chancen der öffentlichen Jugend-Räume erkunden und entfalten sollen. D.h. dass Raumnutzungskonzepte und pädagogische Programme immer wieder auf gestalterische Ideen der NutzerInnen von Räumen und Angeboten eingehen und diese Möglichkeiten für eigenständige Aneignungsprozesse erhalten" (Landesjugendamt Westfalen-Lippe, 2001: 124-125)

Die Operationalisierung auf der Ebene der Handlungsziele zeigt nun sehr schön mit der „Wir-Formulierung", wie das Wirkungsziel in der Arbeit der MitarbeiterInnen umgesetzt werden soll. In einem weiteren Schritt der Operationalisierung müssen nun Indikatoren als erkennbare Anzeichen für die Zielerreichung formuliert werden. An dieser Stelle ist man schon mitten in der Qualitätsarbeit und hier zeigt sich auch der weiter unten beschriebene Übergang zwischen einzelnen Bausteinen einer Qualitätsarbeit, sozusagen von der sozialräumlichen Konzeptentwicklung mit der Formulierung neuer Ziele, zu deren Operationalisierung und Umsetzung bis hin zur dann notwendigen Evaluation.

Zusammenarbeit von Einrichtungen im Sozialraum

Beispiel: Drei Einrichtungen arbeiten nach der Lebensweltanalyse in einem engen Verbund und einer gemeinsamen Konzeption

JUGENDZENTRUM
PAN
LEBERBERG
JUGENDZENTRUM
JAM
MUHRHOFERWEG
Kaiser Ebersdorf
Friedhof Kaiser-Ebersdorf
Leberberg
Vernetzungsinitiative Simmering
Die Einrichtungen des Vereins Jugendzentren der Stadt Wien
im östlichen Teil von Simmering
WIENER JUGEND ZENTREN
wien
Wien 2000

Dieses Beispiel existiert in Simmering-Ost, ein Sozialraum in Wien, der aus den in den 70-er Jahren gebauten Gemeindebausiedlungen Murhofer Weg und Thürnelhof und dem dazwischen gelegenen neu errichteten Stadtentwicklungsgebiet Leberberg besteht. In allen drei Siedlungsteilen unterhält der Verein Wiener Jugendzentren jeweils eine Einrichtung, die sich jetzt zur Vernetzungs-Initiative Simmering VIS zusammengeschlossen haben. Über die weiter bestehenden Angebote für den Stadtteil hinaus wurde eine sozialräumliche Gesamtkonzeption für die Region Simmering-Ost entworfen. Über vernetzte Zusammenhänge, die Bündelung und Abstimmung von Ressourcen sollen die Angebote für die Zielgruppen erweitert und optimiert werden. Entsprechend der räumlichen Möglichkeiten und den Interessen und Bedürfnissen der Kinder und Jugendlichen entstand eine räumliche, zeitliche und auf Zielgruppen abgestimmte Verdichtung von Angebotsschwerpunkten, die weit über die bisherigen einrichtungsbezogenen Konzepte hinaus geht. Das ausdifferenzierte Nutzungskonzept der drei Einrichtungen ermöglicht einen breiten Fächer von Angeboten:

Das Gesamtangebot von VIS:

- Offene Treffpunkte mit kontinuierlichen Öffnungszeiten
- Jugendgerechte Programmgestaltung mit freizeitorientierten Spielen, Turnieren und Wettbewerben
- Themenspezifische Angebote zur Förderung jugendkultureller Strömungen
- Regelmäßige Sportangebote auf Sportplätzen und in Turnsälen der Region, Organisation von Turnieren
- Angebote für Frauen / Frauencafé
- Herausreichende Angebote auf Spiel- und Sportplätzen der Region
- Außenaktivitäten, Ferienfahrten, Familienausflüge
- Individuelles Beratungs- und Betreuungsangebot
- Stadtteilorientierte Kooperation, Feste, Öffentlichkeitsarbeit
- Spiel- und Sportgeräteverleih
- Räume zur Verfügung stellen: Partievermietung, Proberäume
- Selbstverwaltung von Räumen
- Gruppenbetreuung und Projektarbeit mit Schwerpunkt Mitbestimmung
- Mädchenangebote
- Ferienangebote für Kinder
- Spezielle zielgruppenorientierte Angebote

Die Ausdifferenzierung der Schwerpunktsetzungen:

Jugendzentrum PAN:	**Jugendzentrum JAM**	**Siedlungstreff LEBERBERG**:
Offener Treffpunkt mit kontinuierlichen Öffnungszeiten Jugendgerechte Programmgestaltung mit freizeitorientierten Spielen, Turnieren und Wettbewerben Themenspezifische Angebote zur Förderung jugendkultureller Strömungen Regelmäßige Sportangebote auf Sportplätzen und in Turnsälen der Region, Organisation von Turnieren Angebote für Frauen	Betreute Räume Mädchenarbeit Ferien – und Freizeitaktivitäten Vernetzung	Freizeitpädagogische Angebote auf Spiel- und Sportplätzen der Gesamtregion Außenaktivitäten, Ferienfahrten, Familienausflüge Individuelles Beratungs- und Betreuungsangebot Stadtteilorientierte Kooperation, Feste, Öffentlichkeitsarbeit Offener Treffpunkt im Siedlungstreff Spiel-, Sportgeräteverleih Frauencafé

In regelmäßigen Abständen werden die Erfahrungen, Beobachtungen und Rückmeldungen aus der alltäglichen Arbeit gesammelt und evaluiert. Gegebenenfalls werden einzelne Veränderungen und Optimierungen im Rahmen der Gesamtkonzeption vorgenommen. Dementsprechend sind auch die MitarbeiterInnen zwar bestimmten Teams zugeordnet, arbeiten aber in vernetzten Zusammenhängen auch miteinander.

9. Zusammenarbeit mit der Jugendhilfeplanung

(Ulrich Deinet)

Die hier dargestellten Schritte und Methoden einer sozialräumlichen Konzeptentwicklung, insbesondere der Lebensweltanalyse, kann man auch als Prozess einer Planung im Sozialraum verstehen, insbesondere dann, wenn verschiedene Einrichtungen und Projekte zusammenarbeiten. Auf diesem Hintergrund ist ein Projekt sozialräumlicher Konzeptentwicklung nicht nur ein Vorhaben der Kinder- und Jugendarbeit, sondern ein Planungsvorhaben, das in den Bereich der Jugendhilfeplanung fällt. In § 80 SGB VIII heißt es: „Die Träger der öffentlichen Jugendhilfe haben im Rahmen ihrer Planungsverantwortung

1. den Bestand an Einrichtungen und Diensten festzustellen,
2. den Bedarf unter Berücksichtigung der Wünsche, Bedürfnisse und Interessen der jungen Menschen und der Personensorgeberechtigten für einen mittelfristigen Zeitraum zu ermitteln und
3. die zur Befriedigung des Bedarfs notwendigen Vorhaben rechtzeitig und ausreichend zu planen; dabei ist Vorsorge zu treffen, dass auch ein unvorhergesehener Bedarf befriedigt werden kann."

Die Methoden einer Lebensweltanalyse, die Beteiligung von Kindern und Jugendlichen sind aus Sicht der Jugendhilfeplanung als Bedarfsermittlung zu verstehen und sozialräumliche Konzeptentwicklung in einem Sozialraum für die Jugendarbeit ist aus Sicht der Jugendhilfeplanung als Teilfachplanung, die auch als Jugendfreizeitstättenbedarfsplan bezeichnet wird.

Die Praxis der Jugendhilfeplanung hat sich in den letzten Jahren von einer eher fachbereichsbezogenen Bestandserhebung zu einer sozialräumlich orientierten Bedarfsfeststellung entwickelt. Diese sozialräumliche Orientierung in der Jugendhilfeplanung ergibt eine hohe Affinität zu dem hier vorgestellten Projekt einer sozialräumlichen Konzeptentwicklung. Andererseits ist der Ausbau der Jugendhilfeplanung in den Jugendämtern im Bundesgebiet sehr unterschiedlich entwickelt und auch das professionelle Selbstverständnis der Planerinnen und Planer ist sehr divergent. Eine Nähe zur Kinder- und Jugendarbeit ergibt sich in vielen Jugendämtern durch eine immer wieder anzutreffende

Personalunion zwischen beispielsweise der Jugendhilfeplanung und der Leitung der Abteilung Jugendförderung. Da, wo es eigenständige JugendhilfeplanerInnen gibt, ist es für deren Vorgehensweise und Selbstverständnis sehr wichtig, aus welchem Bereich der Jugendhilfe sie kommen: Sind es ehemalige JugendpflegerInnen, so liegt ihnen Detailfachplanung im Bereich der Kinder- und Jugendarbeit sehr nahe, sind es Fachkräfte aus dem Bereich der Hilfen zur Erziehung, so ist die Kinder- und Jugendarbeit eher weniger im Blick bzw. ihre Methoden und Ansätze nicht so im Blick.

Im folgenden Beitrag soll geklärt werden, wie Jugendhilfeplanung und Kinder- und Jugendarbeit im Prozess einer sozialräumlichen Konzeptentwicklung zusammenarbeiten können. Im ersten Teil geht es um das sozialräumliche Planungsverständnis der Jugendhilfeplanung, insbesondere auf den Ansatz der Sozialraumanalyse. Im zweiten Teil werden unterschiedliche Varianten der Zusammenarbeit von Jugendhilfeplanung und Jugendarbeit vorgestellt; der dritte Teil befasst sich mit der Frage, wie die Zusammenarbeit inhaltlich aussehen kann, insbesondere welche Rollen die unterschiedlichen Partner einnehmen, welche Aufgaben sie erfüllen müssen und wie gemeinsam Daten und Informationen ausgewertet werden können.

9.1. Die Sozialraumanalyse der Jugendhilfeplanung

Der typischen Sozialraumanalyse der Jugendhilfeplanung liegt ein Verständnis von Sozialraum zugrunde, das Joachim Merchel (Merchel 2001) im Gegensatz zur Lebensweltorientierung folgendermaßen zusammenfasst:

„Der Begriff „Sozialraumorientierung" vermittelt demgegenüber eine infrastrukturelle Vorstellung. Als Ausgangspunkt dienen nicht die von den Individuen ausgehenden Analysen, sondern die räumliche Struktur und die in dieser räumlichen Struktur vorhandenen, zu bewertenden und zu gestaltenden infrastrukturellen Ausstattungen. Anders als bei der Lebensweltorientierung ist der Denkansatz nicht auf das Individuum gerichtet, sondern auf den geografischen und administrativen Bezug, auf dessen Grundlage Infrastruktur betrachtet wird. Somit wird auch die räumliche Flexibilität des Lebensweltkonzeptes verlassen: Mit der Sozialraumorientierung wird eine räumliche Begrenztheit konstatiert, weil nur in räumlichen Grenzen Analysen und Handlungsperspektiven konzipiert werden können. (Merchel 2001: 372)

Um diesen Ansatz besser verstehen zu können, werden im Folgenden Elemente und Schritte einer typischen Sozialraumanalyse beschrieben, so wie dies in einer fachpolitischen Stellungnahme des VSOP (Verein für Sozialplanung e.V.: Fachpolitische Stellungnahme, Sozialraumanalyse und Sozialraumplanung) zum Thema Sozialraumanalyse und Sozialraumplanung geschehen ist.

„Sozialraum ist Lebensraum, Quartierheimat, der soziale Mikrokosmos, in dem sich globale gesellschaftliche Entwicklungsprozesse und Versäumnisse wiederspiegeln und brechen. Je nach Grad sozialer und räumlicher Segregation kumulieren in bestimmten Gebieten einer Kommune die Problemlagen: Arbeitslosigkeit verändert die Nachbarschaft, Wanderungsprozesse verändern die Zusammensetzung der Bevölkerung und werfen Fragen nach dem Zusammenleben verschiedener ethnischer Gruppen auf, demographische Prozesse lassen einzelne Quartiere altern oder bewirken ebenfalls einen Bevölkerungsumbruch." (VSOP 1998: 1)

Die Sozialraumanalyse wird beschrieben als „ein Ansatz, Lebensräume möglichst realitätstreu und wirklichkeitsnah abzubilden". (VSOP 1998: 1)

Der Verein für Sozialplanung beschreibt in seiner fachpolitischen Stellungnahme zum Thema „Sozialraumanalyse und Sozialraumplanung" (VSOP 1998: 1) Ziele und Schritte von Sozialraumanalysen:

„Ziel einer qualifizierten Sozialraumanalyse ist ein umfassendes integriertes kleinräumiges und aktuelles soziales Planungsinformationssystem. Sozialraumanalyse ist eine wesentliche Grundlage für Jugendhilfe und Sozialplanung.

Dabei geht es im Einzelnen um

- die stadt- bzw. landkreisspezifische Darstellung kleinräumiger Strukturen, Probleme und Entwicklungsvorhaben
- die Klärung geeigneter Sozialraumzuschnitte (ab welcher Größenordnung geht der Lebensweltbezug verloren und inwieweit treffen offizielle Gebietsgliederungen faktische Lebenswelten?)
- die Darstellung von sozialer Ungleichheit und Unterversorgungslagen im Querschnitt und Zeitverlauf
- die Ermittlung besonderer Bedarfsgruppen und vorrangiger Räume, denen in Zeiten knapper Finanzierung in erster Linie Unterstützung zukommen soll
- die Ermittlung von Ressourcen und potenziellen nachbarschaftlichen Hilfen, sozialer Netzwerke und bürgerschaftlicher Engagements in den Quartieren
- die Schaffung einer Informationsbasis für lokale Aushandlungsprozesse und damit ein höheres Maß an Transparenz

Das Feld sozialräumlicher Analysen ist in der Praxis sehr heterogen. Es reicht von der Gebietstypisierung durch Erfahrungswissen über die Konfiguration als Versorgungsräume für soziale Dienstleistungen bis zu ausgefeilten sozialökologischen Analysen der Lebensverhältnisse mittels unterschiedlicher Indikatoren. Beim Aufbau eines integrierten kleinräumigen und aktuellen Planungs-Informations-Systems führt der Weg von der Datensammlung über eine Datenverdichtung zur Indikatorenbildung. Es geht dabei nicht um eine extensive Datensammlung, sondern um die Reduzierung lebensweltlicher Komplexität durch ein aussagefähiges Tableau quantitativer und qualitativer Indikatoren". (VSOP 1998: 2f.)

In seiner Stellungnahme stellt dieser VSOP fest: „Qualitative Verfahren zur Erfassung von Lebensverhältnissen und Problemlagen sind eher die Ausnahme als die Regel, obwohl sie für eine authentische Rekonstruktion der Lebenswelt unverzichtbar sind." (VSOP 1998: 1)

Der Hinweis der VSOP auf die Notwendigkeit qualitativer Verfahren deutet auf die notwendige Zusammenführung von einer eher quantitativ verstandenen Sozialraumanalyse und einer qualitativen Lebensweltanalyse, wie sie im Methodenkapitel dieses Buches beschrieben wurde.

Deshalb sollten Sozialraumanalysen durch einen „subjektiven Blick" ergänzt werden, der durch den Einsatz qualitativer Methoden (s.u.) geschärft werden kann.

Die beiden verschiedenen Sichtweisen einer eher sozialgeografischen Planungsorientierung am Sozialraum und einer subjektorientierten Lebensweltorientierung soll durch die Zusammenarbeit von Jugendhilfeplanung und Jugendarbeit konstruktiv zusammengebracht werden.

9.2. Modelle für die Zusammenarbeit von Jugendhilfeplanung und Jugendarbeit

An vielen Stellen wurde darauf hingewiesen, dass die Durchführung einer Lebensweltanalyse für eine einzelne Einrichtung bzw. ein Projekt alleine eine Überforderung darstellt. Methodenvielfalt und externe Sichtweise können bei einem isolierten Vorgehen einer einzelnen Einrichtung oder eines Projektes kaum gewährleistet werden. Dennoch ist eine solche Vorgehensweise denkbar, insbesondere auch in ländlichen Bereichen, wo es zum Teil nur einzelne Einrichtungen oder Projekte gibt, die für einen Sozialraum zuständig sind und über die beschriebene Analyse die Lebenswelten von Kindern und Jugendlichen erforschen wollen, um daraus neue Ansätze für ihre Arbeit zu gewinnen.

Insbesondere aber im mittel- und großstädtischen Bereich sind in den meisten Sozialräumen unterschiedliche Einrichtungen und Projekte der Kinder- und Jugendarbeit vorhanden und es ist aus Sicht der Jugendhilfeplanung, aber unter dem Aspekt einer im Sozialraum anzustrebenden Kooperation und Vernetzung sinnvoll, wenn diese schon im Bereich der Analyse bzw. der Bedarfserhebung zusammenarbeiten.

Aus Sicht der Jugendhilfeplanung ist dieser Punkt besonders wichtig, denn für eine Teilfachplanung macht es überhaupt keinen Sinn, wenn diese sich nur auf einzelne Einrichtungen und Maßnahmen bezieht, und nicht der gesamte Sozialraum einbezogen wird. Die im Gesetz vorgeschriebene und in der Praxis in vielen Bereichen gut funktionierende Zusammenarbeit zwischen öffentlichem und freien Trägern muss auch für eine sozialraumorientierte Lebensweltanalyse unterschiedlicher Einrichtungen und Projekte realisiert werden.

Hier treten allerdings Probleme auf, weil die von der Jugendhilfeplanung bzw. dem öffentlichen Träger definierten Sozialräume meist nicht identisch sind mit den Verwaltungsbezirken oder Strukturen von Kirchengemeinden und anderen freienTrägern. Dies schafft nicht nur Verwirrung auf der Ebene der Sozialräume, sondern auch auf der für die Durchführung wichtigen Unterstützungsebene der Jugendpfleger, Jugendreferenten etc. Kirchenkreise und Dekanate, aber auch die Kreisstruktur von freien Trägern, ist oft nicht identisch mit der kommunalen Struktur, so dass hier immer wieder Absprachen und Verständigungen erforderlich sind.

In Erfüllung seines gesetzlich vorgeschriebenen Planungsauftrages liegt es allerdings in der Verantwortung des öffentlichen Trägers, in Kooperation mit den freien Trägern Sozialräume zu definieren und diese als Planungsgrundlage entsprechend festzuschreiben.

Für die Zusammenarbeit von Jugendhilfeplanung und Kinder- und Jugendarbeit im Prozess einer sozialräumlichen Konzeptentwicklung können drei unterschiedliche Muster typisiert werden:

Sozialräumliche Konzeptentwicklung und Jugendhilfeplanung:

Sozialräumliche Konzeptentwicklung als Jugendhilfeplanung (Teilfachplanung)	Sozialräumliche Konzeptentwicklung als Gemeinsames Projekt von Jugendarbeit und Jugendhilfeplanung	Sozialräumliche Konzeptentwicklung als Projekt der Jugendarbeit ohne Beteiligung der Jugendhilfeplanung

- *Sozialräumliche Konzeptentwicklung als Jugendhilfeplanung (Teilfachplanung):*
  Hier wird das gesamte Projekt als Planungsprojekt verstanden. Organisatorisch ist das Projekt dann meistens Teil der Jugendhilfeplanung, insbesondere wenn es darum geht, die Offene Kinder- und Jugendarbeit in einer Kommune insgesamt neu zu orientieren und dafür einen umfassenden Planungsprozess einzuleiten.
- *Sozialräumliche Konzeptentwicklung als gemeinsames Projekt von Jugendarbeit und Jugendhilfeplanung:*
  Dieses hier favorisierte Muster ergibt sich aus einer Zusammenführung der Planungsverantwortung des öffentlichen Trägers sowie einer von Einrichtungen und Projekten ausgehenden Sozialraumorientierung, die in einem gemeinsamen Projekt zusammengebracht wird. Idealerweise ergänzen sich auch personell Jugendhilfeplanung und Jugendarbeit in der Federführung solcher Projekte, so dass die unterschiedlichen Sichtweisen (Sozialraum- und Lebensweltorientierung) konstruktiv zusammengebracht werden können. Besonderes Interesse der Jugendhilfeplanung ist die Entwicklung einer Planungs- und Handlungsgrundlage für einen ganzen Sozialraum; Interesse der Einrichtungen und Projekte ist die Weiterentwicklung ihrer Konzeption. Beide Sichtweisen können hier entwickelt werden.
- *Sozialräumliche Konzeptentwicklung als Projekt der Jugendarbeit ohne Beteiligung der Jugendhilfeplanung:*
  In diesem Muster stehen die Interessen von Einrichtungen und Projekten im Vordergrund, die über eine möglicherweise gemeinsame Lebenswelt-

analyse ihre Konzepte entwickeln und besser aufeinander abstimmen wollen. Die Jugendhilfeplanung spielt in diesem Muster meist keine Rolle, weil sie entweder gar nicht vorhanden oder zu wenig Ressourcen für eine Unterstützung des Prozesses einbringen kann.

9.3. Gemeinsame Planung und Durchführung einer Sozialraumanalyse

Hintergrund für die jetzt folgenden Überlegungen ist die im Muster 2 (s. oben) beschriebene Zusammenarbeit von Jugendhilfeplanung und Jugendarbeit. Wir favorisieren dieses Muster wohlwissend, dass Muster 1 und 3 existieren und unter bestimmten Voraussetzungen und Bedingungen erforderlich bzw. notwendig sind. Da wir wissen, dass die Praxis nicht nach vorgegebenen Mustern funktioniert, sondern es insbesondere ihre Aufgabe ist, eigene zu entwickeln, sind wir überzeugt, dass die folgenden Vorschläge auf jeden Fall nutzbar sind.

Die Struktur der Zusammenarbeit kann in folgendem Schaubild beschrieben werden.

Jugendarbeit	Jugendhilfeplanung
Gemeinsame Planung der Planung, Definition von Sozialräumen, Fragestellungen, Ziele für Methoden, Aufgaben für Planung und Jugendarbeit	
Durchführung der Methoden, erster und zweiter Schritt	Aufbereitung von Daten...
Gemeinsam: Zusammenbringen der Daten, Übereinanderlegen verschiedener Folien, gemeinsame Interpretation und Formulierung von Anforderungen, sozialräumlichen Schwerpunkten, konzeptionellen Differenzierungen usw.	

Einrichtungen und Projekte in einem Sozialraum verständigen sich im Dialog zwischen öffentlichem und freien Trägern über ein Verfahren, z.B. die Bildung einer Steuerungsgruppe.

In einer Eröffnungsveranstaltung wird das möglicherweise von außen begleitete Projekt vorgestellt und Jugendarbeit und Jugendhilfeplanung versuchen, mit den Einrichtungen und Projekten ein gemeinsames Vorgehen abzusprechen. Dies bezieht sich insbesondere auf die Zielsetzungen und Fragestellungen der Analyse, die Auswahl von Methoden und die Unterstützung mit vorhandenen Daten.

Insbesondere bei der Formulierung von Zielen und Fragestellungen für die Analyse kann die Jugendhilfeplanung durch ihre Sicht von außen auf den gesamten Sozialraum sehr hilfreich sein und Einrichtungen und Projekte anregen, ihren Blickwinkel in den gesamten Sozialraum zu richten.

In einer solchen Eröffnungsveranstaltung stellt die Jugendhilfeplanung auch Grunddaten zur Verfügung, ohne Einrichtungen und Projekte allerdings mit einer Datenfülle zu überhäufen, die nicht verarbeitet werden kann. Hier geht es also um brauchbare Eckdaten für den Sozialraum usw.

In einer Durchführungsphase arbeiten Jugendarbeit und Jugendhilfeplanung getrennt, d.h. Einrichtungen und Projekte führen in verschiedenen Schritten die ausgewählten Methoden durch, werten diese zunächst auf ihrer Ebene aus und verschriftlichen die Ergebnisse.

Die Jugendhilfeplanung versucht in der Zwischenzeit, sozialraumrelevante Daten zu aggregieren bzw. zusätzlich zu erheben, die für die Konzeptentwicklung der Kinder- und Jugendarbeit erforderlich sind.

In einem Zwischenschritt kann die Jugendhilfeplanung – je nach Personalausstattung – auch sehr hilfreich sein bei der Interpretation der Ergebnisse der Methoden der Lebensweltanalyse in Einrichtungen und Projekten. Ein solcher Zwischenschritt ist auch deshalb sinnvoll, weil Einrichtungen und Projekte so die Möglichkeit haben, auf Grund der ersten Ergebnisse Fragestellungen und Zielsetzungen für ihre Analyse zu präzisieren, Methoden möglicherweise zu verändern und neue auszuwählen, wobei die Jugendhilfeplanung deutlicher erkennen kann, welche eher quantitativen Daten sie noch zur Verfügung stellen muss.

In einer solchen Zwischenauswertung kann auch schon eine gemeinsame Interpretation geübt werden, d.h. das Zusammenbringen der eher subjektorientierten qualitativen Daten, die im Rahmen der Lebensweltanalyse gewonnen wurden, mit den vorhandenen quantitativen Daten.

Am Schluss des Projektes steht das Zusammenbringen aller Daten, das Übereinanderlegen verschiedener Folien (s. unten) sowie die gemeinsame Interpretation der Ergebnisse. Darauf baut eine gemeinsame Formulierung von Anforderungen sowie sozialräumlichen Schwerpunkten und konzeptionellen Differenzierungen von Einrichtungen und Projekten im Sozialraum auf. Ein solches Vorgehen kann danach in einem Jugendfreizeitstättenbedarfsplan dokumentiert werden und ist damit Teil der Jugendhilfeplanung.

Dialogisches Zusammenbringen und Auswertung von Sozialraum- und Lebensweltanalysen

Wie können die unterschiedlichen Vorgehensweisen nun so zusammengebracht werden, dass die unterschiedlichen Sichtweisen einer Sozialraum- und Lebensweltorientierung miteinander verbunden werden können?

Wir schlagen vor, dies in einem dialogischen Prozess zu tun, d.h. auf die Karte eines Sozialraums unterschiedliche Folien aufzulegen, die bestimmte Themen, Beobachtungsdimensionen angeben, in die qualitative und quantitative Daten eingebracht werden können. Man kann sich dieses Verfahren ganz praktisch anhand eines großen Stadtteils vorstellen, auf den unterschiedliche Klarsichtfolien aufgelegt werden, die jeweils spezifische Blickwinkel und Daten zeigen und insgesamt ein vielfältiges Bild des Sozialraumes ergeben.

Zu den einzelnen Folien bzw. Themen und Blickwinkeln soll es dann jeweils eine dialogische Diskussion geben, in der versucht wird, qualitativen und quantitativen Blick zusammenzuführen.

- *Struktur des Stadtteils*
  Wie ist der Stadtteil strukturiert in dem ich arbeite?
  Sanierungsgebiete, Neubaugebiete, kommerzielle Nutzung, gewerbliche Nutzung, Hauptverkehrswege
- *Angebotsstruktur des Stadtteils (Ressourcenkataster)*
  Welche Einrichtungen von Bedeutung gibt es im Stadtteil?
  Arbeitsamt, Sozialamt, Behörden, Polizei, Freizeitareale, ABM-Projekte
- *Kooperation im Stadtteil (Kooperationskataster)*
  Mit welchen Einrichtungen wird zusammengearbeitet, welche der Einrichtungen sind besonders schwierig, Kontakt zu Betrieben, Arbeitgebern?
- *Konfliktkataster*
  Gibt es immer wiederkehrende Konfliktorte, informelle Treffpunkte konkurrierender Szenen? Angsträume usw.

Es werden sozusagen immer wieder neue Netze ausgeworfen, um Informationen über den Sozialraum zu erhalten, z.B. die Frage nach informellen Treffs, nach Aneignungs- und Veränderungsräumen, nach Mobilitätssträngen und -wegen im Sozialraum und außerhalb, nach unterschiedlichen Mobilitätsverhalten von Mädchen, Jungen, Ethnien usw.

Rollen und Funktionen in einem dialogischen Prozess

Schaut man genau auf die Rollen der an einem solchen Prozess Beteiligten, so sind folgende zu unterscheiden:

- Einrichtungen und Projekte der Kinder- und Jugendarbeit
- die Jugendpflege bzw. die Fachabteilung und
- die Jugendhilfeplanung.

In einem Workshop wurden diese Rollen in Bezug auf die jeweils spezifischen Funktionen beschrieben, die so oder anders möglicherweise auch zu Beginn des Prozesses geklärt werden sollten:

Einrichtungen der Offenen Kinder- und Jugendarbeit

...benötigen von der Jugendhilfeplanung:
Demographische und Sozialdaten
Leitlinien zur Konzeptentwicklung (Einrichtungs- und Rahmenkonzept)
Regelmäßig Bericht über Entwicklungsstand des Rahmenkonzeptes
Bedarf aus der Jugendhilfeplanung

...benötigen von der Jugendpflege/Fachabteilung:
Konzeptberatung
Fachberatung
Vermittlung von Kooperationsmöglichkeiten und Partnern
Fortbildung
Qualifikationsmöglichkeiten
Jugendpflege als Interessenvertretung

...unterstützen Jugendhilfeplanung und Jugendpflege mit:
Sozialraumdaten
Lebenssituation von Kindern und Jugendlichen
Bewertung von o. g. Daten
Bedarfsermittlung
Kriterien zur Entwicklung des Rahmenkonzeptes
Konzeptideen
Praxisbezug

Jugendpflege/Fachabteilung Jugendarbeit...

...unterstützen Einrichtungen mit:
Klärung von Ressourcen (Vorgabe Jugendhilfeausschuss, Finanzen)
Motivation (zur Eigeninitiative)
Fachlicher Beratung (Methoden, Literatur, Strategien, Grundlagenwissen, Know-how für Konzeptentwicklung)
Beschaffung der Sozialraumdaten – Beziehungen knüpfen zur Jugendhilfeplanung, anderen Einrichtungen, Schule, Verwaltung etc.
Blick „schärfen“ für den Sozialraum
Vergleich mit anderen Konzepten
Anregung von Kooperationen
(Ständige) Beratung und Begleitung – Blick von außen
Möglichst Verknüpfung der Einzelkonzeption in einer Rahmenkonzeption

...benötigt von den Einrichtungen:
Mitarbeit, d.h. Einrichtungskonzepte für Rahmenkonzept
Bedarfe vor Ort, um sie in Politik und Verwaltung einbringen zu können
Sicht auf den Sozialraum der Mitarbeiter, um den Prozess begleiten zu können und Vernetzung herzustellen

...unterstützen die Jugendhilfeplanung mit:
Weitergabe von Fachkenntnissen, Detailinfos, Hintergrundwissen
Adressmaterial (Ansprechpersonen)
Unterstützung im Prozess
Leitung eines Teilprozesses
Informationstransfer
Vergleich mit anderen Konzepten

Verknüpfung von Einzelkonzeptionen und Rahmenkonzeptionen
„Connections", Bedarfsumsetzung
Wissen aus der Arbeit/Fachwissen
Mitarbeit (Planungsgruppe, lokale AG's)
Unterstützung bei der Bedarfsumsetzung
Informationsaustausch
Eckdaten der Einzelkonzeptionen für die Rahmenkonzeption
Interessenvertretung der Einrichtungen

...benötigt von der Jugendhilfeplanung:
Einbindung in Jugendhilfeplanungs-Prozess, Informationsaustausch und Kooperation
Kollegiale Beratung
Fachwissen (insbesondere Empirie)
Statistisches Datenmaterial
Auftrags- und Prozessklärung
Rückkopplung der Ergebnisse, Jugendpflege in Jugendhilfeplanung

Jugendhilfeplanung...

...unterstützt Einrichtungen und Jugendpflege mit:
Sozialstatistischen Daten: Altersgruppen, Wohnstrukturen, Sozialhilfebezug, Wohngeldbezug, quartierbezogene Arbeitslosigkeit, Ausländeranteil, geschlechtsspezifische Daten, Alleinerziehende, Jugendgerichtshilfe-Daten
Wirtschaftsdaten: Ausbildung-/Arbeits-/Praktika-Plätze

Soziale Infrastruktur-Daten:
- Anzahl und Lage von Kinder- und Jugendeinrichtungen
- Beratungseinrichtungen
- Schulen (Form, Öffnung, Beteiligung)
- Kindertagesstätten
- Arbeitsgemeinschaften, Gremien (z.B. nach § 78 SGB VIII)
- ASD vor Ort
- Jugendverbände
- Vereine
- Freie Träger (Kirchen, Wohlfahrtsverbände)
- Spielplätze/Freiflächen
- Kommerzielle Freizeitangebote

Aufbereitete Daten durch Jugendhilfeplanung:
- Existierende Angebotsprofile im Stadtteil
- Neue Planungsprofile
- Fachressource
- Sozialindex, Finanzressourcen, Personalressourcen
- Neue Nutzerprofile

...benötigt von Jugendpflege und Einrichtungen:
Nutzerprofile
Öffnungs- und Angebotszeiten
Pädagogische Ziele
Arbeitsweisen (Projekte etc.)
Personal- und Sachressourcen
Fachliche Bewertung der aktuellen Angebotsstrukturen
Sozialraumbewertung
Gemeinsame Zielvereinbarungen
Kooperation (Austausch, Zusammenarbeit)
Forderungskatalog

Die Zusammenarbeit zwischen Jugendhilfeplanung und Jugendarbeit in einem solchen Prozess kann gerade dann besonders fruchtbar sein, wenn die unterschiedlichen Blickwinkel einer eher sozialräumlich verstandenen Jugendhilfeplanung und einer lebensweltorientierten Jugendarbeit konstruktiv zusammengebracht werden. Gerade aus der Differenz der unterschiedlichen Sichtweisen auf soziale Räume können sich ausgesprochen interessante Herangehensweisen und Interpretationen ergeben. Die dargestellte Unterstützung der Jugendarbeit bei ihrem Vorhaben einer sozialräumlichen Konzeptentwicklung bringt der Jugendhilfeplanung im Gegenzug umfangreiches qualitatives Datenmaterial, das auch im Rahmen anderer Planungsprozesse nutzbar gemacht werden kann.

Ein weiteres wesentliches Argument für eine Zusammenarbeit zwischen Jugendhilfeplanung und Jugendarbeit besteht in der so herzustellenden effizienten Arbeitsweise: Konzeptentwicklung und Jugendhilfeplanung können synergetisch miteinander verbunden werden. Wenn die Konzeptentwicklung einzelner Projekte und Einrichtungen in einem Sozialraum mit der Teilfachplanung bzw. anderen Planungsvorhaben so verbunden werden kann, dass beide Prozesse sich gegenseitig konstruktiv unterstützen, ist auch der Aufwand gerechtfertigt.

10. Chancen und Probleme der Bildung von Sozialräumen

(Christoph Berse)

10.1. Zum Kontext

Die Diskussion und die Bildung von Sozialräumen, hier bezogen auf das Arbeitsfeld der Offenen Kinder- und Jugendarbeit, ist in Essen im Zusammenhang mit der Entwicklung eines Fachcontrollings zu sehen. Dieses Steuerungskonzept wurde im Jahr 1999 unter der Federführung der Arbeitsgemeinschaft nach § 78 KJHG und unter externer Begleitung durch das Institut für Sozialplanung und Organisationsentwicklung (INSO) entwickelt und sollte vom inhaltlichen Anspruch ursprünglich zum einen Anforderungen aus den Reformbestrebungen des Umbaus des öffentlichen Sektors (Neue Steuerung) und zum anderen den aktuellen Anforderungen zielgenauerer Jugendhilfeplanung gerecht werden[1].

Außerdem war auch auf der lokalen Ebene die Frage der Legitimation auf der Tagesordnung: Die politische Notwendigkeit, unter den Vorzeichen knapper öffentlicher Kassen mehr Transparenz in die Verwendung dieser Mittel für das Arbeitsfeld der Offenen Kinder- und Jugendarbeit zu bringen.

Die spezifische Essener Situation, die durch eine intensive Kooperation im Bereich der Jugendhilfeplanung zwischen dem öffentlichen und den freien Trägern gekennzeichnet ist, kam diesem Vorhaben zugute. Sowohl der öffentliche Träger als auch die freien Träger erkannten frühzeitig die Notwendigkeit, das Arbeitsfeld der Offenen Kinder- und Jugendarbeit sowohl gegenüber der Politik transparenter zu gestalten, als auch die Aufgabe, Maßnahmen zur Qualitätsentwicklung auf der Ebene der Einrichtungen und Angebote in der Offenen Kinder- und Jugendarbeit einzuleiten.

Erst sehr viel später kamen die Anforderungen aus der Diskussion um die Gestaltung des Wirksamkeitsdialoges in der Offenen Kinder- und Jugendarbeit des Landes Nordrhein-Westfalen dazu. Die Stadt Essen war eine der zwanzig Städte, deren Jugendämter während der Modellphase in der Entwicklung des Wirksamkeitsdialoges beteiligt waren. Hier bildet das (Fach)Controlling, das zurzeit faktisch die Jugendhilfeplanung im Arbeitsfeld der Offenen Kinder- und Jugendarbeit ausmacht, praktisch die lokale Ebene der Gestaltung des Wirksamkeitsdialoges in der Stadt Essen.

---

1 vgl. „(Fach)Controlling Offene Kinder- und Jugendarbeit in Essen", Herausgeber: Die AG nach § 78 und INSO, Essen 1999

Zum Verständnis der spezifischen Essener Rahmenbedingungen gehört auch die Entwicklung, die in den letzten zehn Jahren in der Offenen Kinder- und Jugendarbeit zu verzeichnen ist. Aufgrund der Vorgabe eines Haushaltssicherungskonzeptes waren in einem Zeitraum von fünf Jahren insgesamt 10% der Gesamtressourcen (ca. 10 Mio. DM) einzusparen. Gleichzeitig mussten auf der Grundlage von Planungsempfehlungen aus dem Jugendfreizeitstättenbedarfsplan Umschichtungen zwischen einzelnen Stadtteilen und Trägergruppen vorgenommen werden.

Die Einsparungen gingen dabei vorrangig zu Ungunsten des öffentlichen Trägers. Aus diesem Zusammenhang heraus wurde beim öffentlichen Träger die „klassische Trennung" zwischen einrichtungsbezogener Offener Kinder- und Jugendarbeit, mobilen Ansätzen und Bezirklicher Jugendarbeit aufgegeben. Stattdessen ist der öffentliche Träger in sogenannten Sozialraumteams organisiert, in denen das Fachpersonal flexibel auf Bedarfe im jeweiligen Sozialraum reagieren soll. In diesen Sozialräumen bestehen auch weiterhin die städtischen Einrichtungen der Offenen Kinder- und Jugendarbeit.

Bei den meisten freien Trägern ist demgegenüber noch ein Festhalten an den klassischen Einrichtungsformen festzustellen.

In Essen wird die grundlegende Debatte um eine sozialräumliche Orientierung in der Jugendhilfe kontrovers geführt. Durch die Bildung von Sozialräumen in der Planung der Offenen Kinder- und Jugendarbeit ist dieses Arbeitsfeld Vorreiter, denn in den anderen zentralen Feldern der Jugendhilfe, den sozialen Diensten, den Hilfen zur Erziehung und dem gesamten Bereich der Kinderbetreuung, bestehen zur Zeit keine klaren Definitionen von eigenständigen Sozialräumen.

Unterhalb dieser Struktur, z.T. auf der räumlichen Ebene von Straßenzügen, bestehen Zuständigkeiten einzelner Mitarbeiter/-innen auf der Basis von Fallzahlen. So verfügt jeder der neun Stadtbezirke von Essen über eine sogenannte Nebenstelle des Allgemeinen Sozialen Dienstes. Zurzeit ist hier eine Arbeitsgruppe der AG nach § 78 KJHG damit beschäftigt, ein Konzept für eine sozialräumliche Budgetierung der Hilfen zur Erziehung zu entwikkeln.

In Abgrenzung dazu muss betont werden, dass die Bildung der Sozialräume in der Offenen Kinder- und Jugendarbeit nicht gleich zu setzen ist mit der Tendenz der Sozialraumorientierung in den Hilfen zur Erziehung und der Diskussion über die Steuerung der Hilfen zur Erziehung durch ein Sozialraumbudget. Es wird aktuell auch (noch) nicht darüber diskutiert, die Ressourcen der Offenen Kinder- und Jugendarbeit als einen Bestandteil eines, wie auch immer gearteten, Sozialraumbudgets zu verstehen.

Im Gegenteil ist der konzeptionelle „Mainstream" der Offenen Kinder- und Jugendarbeit in Essen eher in einem „Festhalten" an der fachlichen Eigenständigkeit und des „Eigen-Sinns" der Jugendarbeit zu sehen und nicht etwa in der Definition des Arbeitsfelds als Generalisten für die Präventionsbemühungen der Sozialen Dienste, der Jugendgerichtshilfe oder der Gewalt- und/oder Drogenprävention.

Über diesen jugendhilfespezifischen Entwicklungen liegt noch eine weitere Diskussionsebene. Im Bereich der Stadtentwicklung ist für die „Stadtteile mit besonderem Erneuerungsbedarf" eine generelle Raumorientierung bei der Steuerung städtischer Infrastruktur und des gesamten Verwaltungshandelns erwünscht. In diesem Zusammenhang werden auch Ideen für ein sogenanntes Quartiersmanagement entwickelt. Das Quartier wird darin zu dem räumlichen Ort, an dem mit Hilfe eines in der städtischen Verwaltung angesiedelten Quartiermanagers die Handlungslogik und die generelle Ausrichtung der notwendigen Ressourcen zur sozialen Absicherung oder zur Aktivierung der lebensweltlichen Potentiale der Bewohner/-innen des Quartiers entwickelt werden sollen.

Diese verschiedenen Diskussionsstränge bilden einen äußerst dynamischen Rahmen für die Fachplanung Offener Kinder- und Jugendarbeit und die Definition der Sozialräume für das Arbeitsfeld der Offenen Kinder- und Jugendarbeit in der Stadt Essen. Die jeweiligen Stränge unterliegen dabei ihren ganz eigenen Dynamiken. Die konkrete „Kunst der Jugendhilfeplanung" besteht nun darin, sowohl die spezifischen Eigenständigkeiten der Offenen Kinder- und Jugendarbeit zu betonen als auch gleichzeitig nicht aus dem Gesamtrahmen der „integrierten gesamtstädtischen Konzeptentwicklung" heraus zu fallen, und politisch damit abgehängt zu werden.

10.2. Sozialraum als räumliches Gliederungsinstrument

Die Bildung von Sozialräumen in der Offenen Kinder- und Jugendarbeit ist die Voraussetzung für ein zentrales Element im (Fach)Controlling der Offenen Kinder- und Jugendarbeit in Essen: den „kollegialen Diskurs". Der kollegiale Diskurs findet in jedem Sozialraum zweimal im Jahr mit den Mitarbeitern der Einrichtungen aller Trägergruppen und den Projekten der städtischen Sozialraumteams statt. Der erste jährliche Diskurs ist dabei immer ein „interner", an dem nur die Mitarbeiter/-innen aller Träger teilnehmen. Der zweite kollegiale Diskurs findet unter der Beteiligung von Externen (Schule, ASD, Kindergarten, Polizei und in einigen Bereichen auch der Bezirksvertretung) statt und hat die Funktion, die Offene Kinder- und Jugendarbeit von außen systematisch zu betrachten und zu bewerten. Diese Öffnung des Feldes für externe Sichtweisen als ein zentrales Element der Qualitätsentwicklung stellt auch ein zentrales Element der Weiterentwicklung der Offenen Kinder- und Jugendarbeit dar.

Grundlegend für das Verständnis der Bildung von Sozialräumen in der Offenen Kinder- und Jugendarbeit in Essen ist die von Merchel[2] herausgearbeitete kategoriale Unterscheidung der Begriffe Lebenswelt und Sozialraum.

Hier wird Sozialraum also verstanden als eine sozial-geografische Kategorie, die die Bildung sinnvoller sozialräumlicher Planungseinheiten ermöglicht, und nicht als ein vom Individuum ausgehendes analytisches Instrument zum besseren Verstehen, etwa der Lebensbedingungen von Kindern und Jugendlichen.

Zum besseren Verständnis der räumlichen Größenordnungen: Die Stadt Essen als zentrale und größte Stadt des Ruhrgebietes hat zurzeit ca. 600.000 Einwohner und Einwohnerinnen – mit abnehmender Tendenz. Das Stadtgebiet gliedert sich räumlich-regional in 9 Stadtbezirke und 50 Stadtteile. Bei einer derartigen Stadtstruktur ist die Entwicklung kleinräumiger Planungsräume ein zentrales Werkzeug für eine zielgerichtete Jugendhilfeplanung. Die Technik der Bildung von Sozialräumen ist dabei immer auch abhängig von der konkreten räumlichen Struktur der jeweiligen Planungsräume. So ist etwa in kleineren Gemeinden oder auch in Flächenkreisen von anderen räumlichen Grundstrukturen auszugehen und deshalb nach geeigneten, den jeweiligen Bedingungen angepassten Methoden zu suchen. Die hier vorgestellte Methode bezieht sich ausdrücklich auf eine großstädtische Raumstruktur.

Die Sozialräume wurden also aus dieser Planungsperspektive gebildet sowie aus der Sicht des Arbeitsfeldes der Offenen Kinder- und Jugendarbeit, d.h. auch die Bestimmung des Einzugsbereiches einer Einrichtung spielte eine große Rolle. Hier ist der Sozialraum als räumliches „Wirkungsfeld" einer Einrichtung oder eines Projektes der Offenen Kinder- und Jugendarbeit zu verstehen. Kurzfristig gab es in der Diskussion über die Bildung der Sozialräume auch die Idee, die Einrichtungen danach zu fragen, welche andere Einrichtung sie als Konkurrenz wahrnehmen und damit eine Definition von Einzugsbereichen einer Einrichtung zu erhalten.

Ein weiteres Strukturmerkmal bei der Bildung der Sozialräume war eine pragmatische Herangehensweise, und zwar eine Orientierung an politisch-administrativen Strukturen (Stadtteilen und Bezirken), um sowohl eine sinnvolle Datenlage zu erhalten als auch eine praktische Anbindung an andere politische oder Verwaltungsbereiche zu ermöglichen. In diesem Zusammenhang wird übrigens aktuell über eine stärkere Einbindung der Bezirksvertretungen als politisches Gremium „vor Ort" in das Verfahren des (Fach)Controllings nachgedacht.

Wichtig für die Bildung der Sozialräume waren außerdem pragmatische und kommunikationstechnische Überlegungen: Die Räume sollten so geschnitten sein, dass sich nicht zu viele Einrichtungen in einem Sozialraum befinden und gleichzeitig aber auch arbeitsfähige Kommunikationsstrukturen

---

2 vgl. Merchel, Joachim: Beratung im „Sozialraum". Eine Akzentsetzung für die Verortung von Beratungsstellen in der Erziehungshilfe? , In: Neue Praxis, 31. Jahrgang 2001/Heft 4, Seite 369-387

ermöglicht werden können. Andererseits durften die Sozialräume aber auch nicht zu klein geschnitten werden und mindestens zwei oder drei Einrichtungen in einem Sozialraum vorhanden sein, denn zu einem Dialog gehören zumindest zwei Teilnehmer. Aufgrund der unterschiedlichen räumlichen Verteilung der Kinder- und Jugendeinrichtungen im Stadtgebiet war das nicht immer ganz einfach und es werden im laufenden Prozess kontinuierlich leichte Anpassungen vorgenommen. Das bedeutet auch, dass die Räume nicht auf ewige Zeiten festgelegt sein müssen, sondern vielmehr immer wieder im Praxistest den Nachweis des wirksamen Zuschnittes zu erbringen haben.

Der Wunsch nach einer weitestgehenden Kleinräumigkeit wurde auch durch die begrenzten personellen Kapazitäten aller Träger bestimmt, denn in den Sozialräumen wird für die Moderation der kollegialen Diskurse „Know-how" benötigt, und die Anzahl der potenziellen Moderatoren steigt natürlich mit der Anzahl der Sozialräume. Gearbeitet wird nach folgendem Prinzip: Die Moderation wird von einem Mitarbeiter eines Trägers aus einem anderen Sozialraum durchgeführt, der in der Arbeitsgemeinschaft nach § 78 KJHG vertreten ist.

Am Ende des Prozesses steht als Ergebnis die Bildung von 19 Sozialräumen.

Die Ergebnisse der kollegialen Diskurse in diesen 19 Sozialräumen werden in Protokollen festgehalten und bilden die Grundlage für das jährliche Berichtswesen, das dem Jugendhilfeausschuss von der Arbeitsgemeinschaft nach § 78 KJHG vorgelegt wird. Auf der Grundlage dieses Berichtes kann der Ausschuss strategische Ziele für die Offene Kinder- und Jugendarbeit formulieren. Gleichzeitig erhält der Ausschuss Kenntnis über die fachliche Situation vor Ort und kann seine Überlegungen daran ausrichten. Die strategischen Ziele werden über die Planungsebene in der AG nach § 78 KJHG bearbeitet, für die Sozialräume operationalisiert und mit der Fachbasis in den Sozialräumen diskutiert. Darüber entsteht idealtypisch ein Steuerungsverfahren, das zentrale Elemente eines „Gegenstromverfahrens" aufweist, eine systematische Absicherung der Zielgenauigkeit der Angebote durch Verknüpfung von Konzeptentwicklung auf der Ebene der Einrichtungen und Angebote darstellt, die „Zufuhr" externer Sichtweisen und die politische Diskussion über strategische Ziele ermöglicht.

10.3. Probleme in der Durchführung

Wenn ich bisher die Rahmenbedingungen und die planungstechnischen Aspekte des Verfahrens der Bildung von Sozialräumen in einem Arbeitsfeld der Jugendhilfe beschrieben habe, so will ich gleichzeitig aber auch die Probleme in der praktischen Durchführung sozialräumlicher Planungsprozesse nicht unerwähnt lassen.

Dabei sind die auftretenden Schwierigkeiten nach meiner Einschätzung z.T. verfahrensabhängig, zum Teil aber auch exemplarisch für Planungs- und

Entwicklungsverfahren, in denen verschiedene, komplexe Rahmenbedingungen und Handlungsebenen (Praxis in den Einrichtungen, Trägervertretungen, Planungsgremien, wie z.B. die AG nach § 78 KJHG und der strategischen Ebene in der Politik) miteinander in Verbindung gebracht werden müssen. Dabei gehen theoretische Überlegungen häufig unausgesprochen von einer Interessenidentität der verschiedenen Akteure aus und klammern die in der Praxis durchaus vorhandenen unterschiedlichen Interessenlagen „verschämt" aus.

Insofern werden im Folgenden Schwierigkeiten in dem Bewusstsein benannt, dass das Benennen von Problemen keine ungeliebten Störungen des technisch geregelten Planungsablaufes darstellen, sondern vielmehr Quellen der Erkenntnis sein können und Lernprozesse auslösen, die wiederum der Zielgenauigkeit des Planungsverfahrens insgesamt dienen.

Die Akzeptanz durch die Fachbasis ist nicht durchgängig vorhanden

Für die Fachkräfte in den Einrichtungen und Projekten sind die definierten Sozialräume (noch) nicht die räumlichen und konzeptionellen Handlungsfelder, auf deren Hintergrund die praktische Arbeit in den Einrichtungen ausgerichtet wird. Das hängt auch damit zusammen, dass die Angebote der Offenen Kinder- und Jugendarbeit zielgruppenorientiert ausgerichtet sind und demgegenüber in der Praxis die Operationalisierung des sozialräumlichen Handlungsansatzes schwierig ist. Darüber hinaus beziehen die Mitarbeiter/-innen in der Offenen Kinder- und Jugendarbeit ihr fachliches Selbstverständnis stärker aus ihrer Sicht der lebensweltlichen Kontexte „ihrer" Kinder und Jugendlichen. Demgegenüber wird der gesamtstädtische Planungsansatz als weit weg von der eigenen Alltagspraxis erlebt und begründet deshalb auch nicht die alltägliche Handlungsweise der Fachbasis in den Einrichtungen. Der Blick ist vorrangig auf die eigene Einrichtung gerichtet und auf den engeren Einzugsbereich. Gesamtstädtische Planungsaussagen können jedoch häufiger aus einer globaleren Perspektive entwickelt sein und damit im Einzelfall durchaus auch im Widerspruch zu den partikularen Interessen einer Einrichtung stehen.

Darüber hinaus wird an diesem Problem aus meiner Sicht eine grundlegende Schwierigkeit von Planungsprozessen und Steuerungsbemühungen deutlich. Diese Schwierigkeit besteht – vor allen Dingen bei größeren Systemen[3] – darin, eine Verbindung zwischen der strategischen und der operativen Ebene herzustellen.

3 In Essen werden zurzeit 66 Einrichtungen unterschiedlicher Größe öffentlich gefördert. Davon sind 15 Einrichtungen in öffentlicher Trägerschaft, der Rest in freier Trägerschaft.

Man kann von der Existenz zweier Steuerungslogiken und Kreisläufe sprechen – oder um es anders auszudrücken, von einem offiziellen und einem „heimlichen Lehrplan".

Während auf der Führungsebene – hierunter verstehe ich beim öffentlichen Träger die Amts-, Abteilungs- und Gruppenleitung und bei den Jugendverbänden die Ebene der jeweiligen Verbandsleitung – der mühsame Versuch der Fach- und Ressourcensteuerung unternommen wird, ist der Arbeitsalltag der Kollegen/innen in den Einrichtungen von ganz anderen Handlungslogiken bestimmt. Hier geht es in der subjektiven Wahrnehmung eher darum einen häufig immer schwieriger werdenden Alltag zu überstehen, so dass die Steuerungsbemühungen von „oben" oder auch von „außen" eher als Störung und nicht als hilfreich zur Bewältigung des eigenen Alltages erlebt werden.

Auch bei entsprechend verinnerlichter kommunikativer Planungsphilosophie beim betroffenen Planer fällt es dann schwer, die Verbindung dieser unterschiedlichen Ebenen in der Jugendhilfeplanung „kommunikativ zu vermitteln".

Hier entsteht quasi ein „schwarzes Loch" in der Steuerung des Gesamtsystems. In die konstruktive Bearbeitung dieser Steuerungslöcher müsste aus meiner Erfahrung heraus viel mehr Energie und fachliches „know-how" investiert werden können, denn sonst entwickelt sich eine erhebliche Kluft zwischen den strategischen Planungszielen für einen Sozialraum und deren operative Umsetzung in den Einrichtungen und konkreten Angeboten in der Offenen Kinder- und Jugendarbeit. Und damit stößt die Planungsdiskussion an eine Grenze, an der die Kritik an den technischen Planungsvorstellungen der Zeit vor Einführung des KJHG angesetzt hatte. Nicht die schönen, repräsentativen Pläne, die in den Aktenschränken verstauben, sind das Ziel der kommunikativen Planungsansätze, sondern vielmehr die konkreten Veränderungen und Weiterentwicklungen in den praktischen Angeboten vor Ort. Für diese dringende Vermittlungsarbeit zwischen den verschiedenen Handlungsebenen fehlen häufig aber die personellen Ressourcen, die im Sinne einer „intermediären Instanz" eine Vermittlungsarbeit von den Steuerungszielen zur konkreten Konzeptentwicklung in den Einrichtungen und Projekten ermöglichen könnte.

Das Management der Sozialräume erfordert Ressourcen

In den bisherigen Ausführungen wurde deutlich, dass in Essen insgesamt 19 Sozialräume in der Offenen Kinder- und Jugendarbeit gebildet worden sind. Für die Moderation der insgesamt übers Jahr gesehen notwendigen 38 kollegialen Diskurse dieser Sozialräume wird qualifiziertes Personal benötigt, das die praktische Durchführung zweier kollegialer Diskurse pro Sozialraum im Jahr sicherstellt. In der Praxis des Verfahrens und in der Textanalyse der Protokolle wird aber mehr als deutlich, dass die Qualität der Moderation in den verschiedenen Sozialräumen sehr unterschiedlich ist.

Da die Herausbildung sozialräumlicher Planungsaussagen aber wesentlich auf dem Kommunikationsprozess und der Protokollierung desselben in den einzelnen Sozialraumdiskursen basiert, ist auch die Deutung der „objektiven Sinnstruktur“ der jeweiligen Texte erheblich abhängig von Moderation, Analyse und Protokollierung der jeweiligen Sozialraumdynamik zwischen den verschiedenen Einrichtungen und Trägern, insbesondere bei der Beteiligung von Externen außerhalb des Arbeitsfeldes.

Wie weiter oben schon erwähnt, rekrutieren sich die Moderator/innen aus allen beteiligten Trägergruppen am Planungsprozess. Dieses Verfahren unterstützt dadurch einerseits den in der AG nach § 78 KJHG gemeinsam entwikkelten Gesamtzusammenhang des (Fach)Controllings. Andererseits ist durch diese Beteiligung der unterschiedlichen Mitarbeiter/innen aber gerade nicht die eigentliche notwendige fachliche Vergleichbarkeit in der Durchführung der Kollegialen Diskurse systematisch abgesichert. Hier überlegen wir derzeit, ob eine konsequente externe Durchführung der Moderation möglich ist.

In der Durchführung wurde ebenfalls deutlich, dass sich bei den Moderator/innen die gesamte Palette der denkbaren Haltungen und Einstellungen[4] zu dem (Fach)Controlling wiederfinden und in entsprechenden Handlungsmustern in der Moderation und in der Protokollierung der kollegialen Diskurse ihren Ausdruck findet.

Es bilden sich unterschiedliche Muster in der Ausgestaltung der Moderation heraus. Von der „Verbrüderung“ mit der Praxis bis hin zur konfrontativen, kritischen Haltung findet sich eine Palette von Verhaltensmöglichkeiten wieder. Ich habe den Eindruck, dass diese unterschiedliche Haltungen zum Teil auch vom eigenen Status (einige Moderator/innen sind in Vorgesetzenrollen, andere sind auf der Einrichtungsebene selbst praktisch tätig) und der daraus resultierenden Haltung abhängig sind.

Fehlende Kompatibilität der verschiedenen räumlichen Strukturen

Die Bildung von Sozialräumen als kleinräumiges Planungsinstrument in der Offenen Kinder- und Jugendarbeit ist in Essen in einem spezifischen zeitlichen Kontext entstanden. In der Zwischenzeit seit Einführung dieses Verfahrens im Jahr 1999 hat sich sowohl die Diskussion um eine Sozialraumorientierung in der gesamten Jugendhilfe als auch eine generelle Raumorientierung

---

4 Generell lässt sich konstatieren, dass auf der mittleren und oberen Führungsebene, sowohl beim öffentlichen wie bei den freien Trägern, eher ein Bewusstsein zur Notwendigkeit einer Qualitätsentwicklung durchgesetzt hat. Auf der Ebene der Einrichtungen werden aber die bekannten Verfahren eher mit deutlicher Skepsis betrachtet.

der Verwaltung[5] auf der Grundlage integrierter Handlungskonzepte weiter entwickelt und es stellt sich dringend die Frage nach dem Stellenwert einer rein jugendarbeiterischen Sozialraumdefinition im Gesamtkonzert raumbezogener Steuerungskonzepte.

Dabei spricht auf der einen Seite vordergründig viel für eine Integration des Raumbezuges in der Offenen Kinder- und Jugendarbeit, sowohl in einer gesamten Sozialraumorientierung in der Jugendhilfe als auch der Stadtentwicklung generell. Diese Einbindung wird sowohl innerfachlich (gegen eine Versäulung in der Jugendhilfe) als auch fachpolitisch im Sinne offensiver Jugendhilfe und von Einmischungsstrategien gefordert. Trotzdem ergeben sich in der praktischen Realisierung eine Reihe von kritischen Fragen. Die lebensweltlichen Bezüge von Kindern und Jugendlichen sind nicht ausschließlich in sozialräumlichen Kontexten aufzulösen (Mobilität). Auch existiert eine Reihe sehr unterschiedlicher sozialräumlicher Definitionen. So unterscheiden sich etwa Grenzen von Kirchengemeinden, Nebenstellen der Sozialen Dienste, Bürgeramtsstrukturen in der Gesamtverwaltung, Schuleinzugsbezirken deutlich voneinander. Auch in dem aktuellen Bemühen um eine bessere Kooperation mit dem System Schule, das sich in verschiedene Schulformen mit jeweils sehr spezifischen räumlichen Einzugsbereichen untergliedert, wird diese Differenz sehr deutlich. Gerade große Schulformen wie die Gesamtschulen im Ruhrgebiet postulieren zu Recht einen eigenen, starken Standort in der Gestaltung des lebensweltlichen Alltages von Kindern und Jugendlichen. Für die Herstellung von entsprechender Kompatibilität zwischen den differierenden räumlichen Bezugsgrößen der Offenen Kinder- und Jugendarbeit und den anderen Raumdefinitionen sind daher einige konzeptionelle Vorarbeiten zu leisten.

10.4. Eine kleine Bilanz: Chancen und Probleme durch die Sozialraumorientierung in der Offenen Kinder- und Jugendarbeit

Die Sozialraumorientierung ist heute unbestritten zu einem der zentralen Leitbilder in der Jugendhilfe geworden. Die damit verbundene stärkere Ausrichtung an den Problemen und Ressourcen von Kindern und Jugendlichen in deren Lebenswelten wird als zentrale Grundlage für die Entwicklung bedarfsgerechter Hilfen und Angebote in der Jugendhilfe angesehen.

Allerdings sind in der praktischen Umsetzung dieser paradigmatischen Ausrichtung in der Jugendhilfe einige Aspekte noch stärker zu beleuchten, um

---

5 Vgl. Grimm, G., Micklinghoff, G., Wermker, K. (2001) Raumorientierung der Verwaltung. Vom Modell zur Regelstruktur . Erweiterung der Verwaltungsreform-Debatte um den räumlichen Aspekt. In: Difu, Heft 6, Soziale Stadt

eine sachgerechte Beurteilung der innovativen Funktion der Sozialraumorientierung zu ermöglichen.

Dazu werde ich im Folgenden einige Aspekte benennen, die im Zusammenhang der Sozialraumbildung im (Fach)Controlling der Offenen Kinder- und Jugendarbeit in Essen aufgetreten sind.

Durch die starke Einbindung in sozialräumliche Diskussionskontexte im (Fach)Controlling, zum Teil aber auch außerhalb dieser Struktur, insbesondere in den Stadtteilen mit besonderem Erneuerungsbedarf, in denen stadtteilbezogene Arbeitsansätze der sozialen Arbeit handlungsleitend sind, erleben wir den zunächst erfreulichen Effekt der hohen Aufmerksamkeit in der öffentlichen Wahrnehmung von Offener Kinder- und Jugendarbeit. Allerdings wird diese Aufmerksamkeit offensichtlich damit „erkauft", dass dieses Arbeitsfeld zunehmend als probates Mittel zur Behebung sich sozialräumlich herausbildender sozialer Disparitäten betrachtet wird. Dieses Phänomen beobachten wir sowohl im Zusammenhang der Bemühungen der Sozialen Dienste um Kostenreduzierung bei den Hilfen zur Erziehung als auch in dem aus dem politischen Bereich formulierten Wunsch, auffällige Jugendgruppen (z.B. Aussiedlerjugendliche aus den ehemaligen GUS-Staaten) zu betreuen. Diese Tendenzen sind vor allen Dingen in den Stadtteilen zu verzeichnen, in denen hohe Quoten von nichtdeutscher Wohnbevölkerung und große Anteile von Sozialhilfebetroffenheit existieren.

Außerdem werden aufgrund positiver Kooperationsbemühungen mit dem Schulbereich auch von diesem immer häufiger Angebote der verbindlichen Ganztagesbetreuung als Bedarf für die Offene Kinder- und Jugendarbeit genannt und insbesondere von den Hauptschulen der Einsatz von Schulsozialarbeit gefordert.

Eine andere Ebene ergibt sich im Zuge neuerer räumlich orientierter Ansätze der „Kriminalitätsprävention". Hier wird die Offene Kinder- und Jugendarbeit als wichtige gesellschaftliche Ressource der Prävention betrachtet.

Es entsteht das, was Münchmeier die „Legitimationsfalle" nennt. Sie besteht darin, dass in der Vergangenheit zur Begründung der Notwendigkeit der Offenen Kinder- und Jugendarbeit die gesellschaftlich problematischen Aspekte von Jugend wie Gewalt, Rechtsextremismus und Ausländerfeindlichkeit betont worden sind und die Hoffnung geschürt wurde hierbei positive Effekte durch die „allgemein präventive Wirkung" der Jugendarbeit zu erzielen. Jetzt wird diese Begründung gesellschaftlich ernst genommen und es fällt sowohl schwer nachzuweisen, dass die Offene Kinder- und Jugendarbeit die erhoffte Wirkung erzielt, als auch eine Begründung für die Absicherung dieses Arbeitsfeldes zu erbringen, die sich nicht aus den vermeintlichen Defiziten der Kinder und Jugendlichen ableitet. Eine positive Begründung sollte auf dem emanzipatorischen Ansatz basieren, der die Jugendbiographie als einen Lebensstatus betrachtet, der gegenüber der Erwachsenengesellschaft eine eigenständige Ausprägung ermöglicht.

Nach meiner Erfahrung ist es gerade in sozialräumlich angelegten Planungssettings besonders schwer, diesen „besonderen Charakter" der Offenen

Kinder- und Jugendarbeit zu verdeutlichen. Dem Arbeitsfeld fällt es im Gegensatz zu den Sozialen Diensten besonders schwer, in sozialräumlichen Strukturen seine Selbstständigkeit fachlich fundiert zu vertreten.

Die fachliche und konzeptionelle Aufgabe besteht also darin, die Angebotsstruktur der Offenen Kinder- und Jugendarbeit auf dem lebensweltlichen Hintergrund der konkreten Lebenslage der Kinder und Jugendlichen im Sozialraum zu entwickeln und gleichzeitig deutlich zu machen, dass Jugendarbeit mehr ist als nur die „globale Präventionsressource" für alle soziale Verwerfungen. Die räumlichen Segregationsprozesse, die sich aufgrund gesamtgesellschaftlicher Entwicklungen in bestimmten Sozialräumen besonders deutlich ausdrücken, bedingen, befördert von stadtteilbezogenen Arbeitsansätzen in der sozialen Arbeit und den aktuellen Diskussionen in der Stadtentwicklungsplanung (Quartiermanagement), ein weiteres Auseinanderklaffen der fachlichen Identitätsbildung und der „sozialpolitischen Inpflichtnahme" der Offenen Kinder- und Jugendarbeit.

Der Druck auf die Offene Kinder- und Jugendarbeit ist dabei enorm, denn das drohende Ghetto muss befriedet werden und dazu werden alle vorhandenen Ressourcen benötigt.

So haben wir es hier mit einer paradoxen Situation zu tun, denn gleichzeitig befördert der sozialräumliche Planungsansatz offensichtlich die Vernetzung der Offenen Kinder- und Jugendarbeit mit anderen Strukturen im Sozialraum, was im Zuge der Stadtteilorientierung auch immer gefordert worden ist, gleichzeitig sieht sich das Arbeitsfeld aber gerade dadurch zunehmender „Sozialpolitisierungstendenzen" ausgesetzt.

Es bleibt die Aufgabe, die notwendige gesellschaftliche Debatte über die Klärung der Funktion von Offener Kinder- und Jugendarbeit auf dem weiterhin sinnvollen Hintergrund sozialräumlicher Ausrichtung und unter Beibehaltung ihrer Eigenständigkeit zu wagen.

In Essen wird derzeit vor diesem Hintergrund und anhand der Erkenntnisse aus dem (Fach)Controlling ein konzeptioneller Entwicklungsprozess unter Beteiligung der freien Träger und der Jugendpolitik eingeleitet, der das Ziel hat, eine grundlegende Verständigung über die fachliche Ausrichtung des Arbeitsfeldes zu erzielen. Das Ergebnis steht noch aus.

11. Sozialräumliche Konzeptentwicklung als Qualitätsarbeit

(Ulrich Deinet)

In diesem Kapitel soll die Frage geklärt werden, welcher Zusammenhang zwischen der hier vorgeschlagenen sozialräumlichen Konzeptentwicklung und weiteren Bausteinen einer Qualitätsarbeit besteht. Aus Sicht der Praxis sind die Anforderungen eine anspruchsvolle qualitative Arbeit zu leisten gewaltig, sowohl von Seiten der Zuschussgeber als auch auf Grund des eigenen fachlichen Anspruchs an eine qualifizierte Kinder- und Jugendarbeit.

Die Frage „Was sollen wir eigentlich noch alles tun?" ist berechtigt, weil oftmals an Einrichtungen und Projekten gleichzeitig unterschiedliche Ansprüche gestellt werden, die abhängig sind von der aktuellen jugend- und fachpolitischen Situation in der jeweiligen Kommune oder beim Träger. Neben einer sozialräumlichen Konzeptentwicklung sollten Einrichtungen z.B. an einem Leitbild mitarbeiten, eine Leistungsbeschreibung formulieren und Projekte der Selbstevaluation in Angriff nehmen.

Diese Aufzählung erscheint vielleicht etwas übertrieben, in der Praxis erleben wir aber große Widerstände gegenüber immer neuen anspruchsvollen Projekten wie beispielsweise einer sozialräumlichen Konzeptentwicklung.

Wir sehen die hier vorgestellten Schritte einer sozialräumlichen Konzeptentwicklung nicht in Konkurrenz, aber im Vergleich zu anderen Bausteinen der Qualitätsentwicklung, wie sie in den letzten Jahren in zahlreichen Modellprojekten und in der Literatur beschrieben worden sind. Anlässe, theoretische Hintergründe und Zielsetzungen dieser unterschiedlichen Bausteine sind sehr verschieden und ihre Koordination vor Ort ist deshalb besonders schwierig. Wir sind überzeugt, dass es deshalb besonders darauf ankommt, ein Fingerspitzengefühl bzw. eine richtige fachliche Einschätzung dafür zu bekommen, was an Qualitätsentwicklung und Qualitätsarbeit vor Ort wirklich gebraucht wird, worauf man im Augenblick verzichten kann und welche Prioritäten gesetzt werden.

Anhand verschiedener Modellprojekte werden im ersten Teil dieses Kapitels unterschiedliche Bausteine einer Qualitätsarbeit vorgestellt und verglichen. Der zweite Teil stellt unterschiedliche Muster für Konzeptentwicklung und Qualitätsarbeit vor und beschreibt diese typisierend anhand vier verschiedener Typen. Der dritte Teil versucht Empfehlungen zu geben, die sich sowohl an Jugendhilfepolitik als auch an die Ebene von Einrichtungen und Projekten richten.

Wir möchten in diesem Teil unseren Ansatz sozialräumlicher Konzeptentwicklung nicht in Frage stellen, ihn aber im Vergleich zu anderen Bausteinen der Qualitätsarbeit einreihen und der guten fachlichen Einschätzung vor Ort überlassen, welcher Baustein zur Zeit im Augenblick der richtige ist.

11.1. Bausteine der Qualitätsarbeit in Modellprojekten

Die folgenden Modellprojekte sind alle erfolgreich abgeschlossen und deshalb in einem bestimmten Rahmen bewertbar. Alle drei Modellprojekte werden weitergeführt. Ihre Aktualität ist deshalb durchaus gegeben und sie dienen hier als Grundlage für einen Vergleich unterschiedlicher Bausteine.

Erkenntnisse aus der Beratungs- und Fortbildungspraxis der Kinder- und Jugendarbeit zeigen, dass komplexe Themen wie Konzeptentwicklung oder Selbstevaluation im Rahmen der üblichen zwei- bis dreitägigen Seminare oder in Einzelveranstaltungen nicht zu bearbeiten sind. Deshalb werden in einigen Bundesländern Modellprojekte und berufsbegleitende Fortbildungen mit dem Ziel durchgeführt, Schritte und Methoden einer Konzeptentwicklung/Qualitätsarbeit in einem kontinuierlichen und berufsbegleitenden Prozess zu realisieren und diese damit im pädagogischen Alltag zu verankern.

Im Folgenden werden Zielsetzung, Struktur und didaktische Elemente von drei Modellprojekten verglichen, die zum Teil recht unterschiedliche Zugänge, aber auch zahlreiche Übereinstimmungen aufweisen. Solche Projekte bestehen meist aus mehreren Fortbildungseinheiten (zwei- oder dreitägig) über einen Zeitraum von eineinhalb bis zwei Jahren. In den einzelnen Elementen werden methodische Bausteine vermittelt, die dann in den Zwischenzeiten vor Ort umgesetzt werden sollen. Dazu stehen je nach Struktur des Projektes fachliche Hilfestellungen in unterschiedlichem Umfang zur Verfügung. Eine solche Projektstruktur entspricht grundsätzlich der einer Zusatzqualifikation, z.B. im Bereich von Supervision und Beratung, d.h. es handelt sich nicht um einen universitären Ausbildungsblock oder einen Lehrgang an einem Institut. Statt dessen sollten pädagogische Praxis und Konzeptentwicklung/Qualitätsarbeit nebeneinander realisiert werden, insbesondere ohne die Praxis der Arbeit mit Kindern und Jugendlichen nachhaltig zu „stören“.

Der Vergleich bezieht sich auf die folgenden Modellprojekte:

- ein an der Akademie Arnoldshain durchgeführtes Projekt „Konzeptentwicklung in der Jugendarbeit“ (Mannheim-Runkel, Monika/Taplik, Ursula (1998; Hg.), Konzeptentwicklung in der Jugendarbeit. Reflexion und Dokumentation eines Modellprojektes zur berufsbegleitenden Fortbildung im Kreis Offenbach, Frankfurt a. M.,

– das vom Landesjugendamt Rheinland durchgeführte Projekt „Qualität in der Jugendarbeit gestalten“ (Christoph Gilles/ Heide Buberl-Mensing (2001): Qualität in der Jugendarbeit gestalten. Konzeptentwicklung, Evaluation und Fachcontrolling, Landschaftverband Rheinland, Köln)

und

– das vom Landesjugendamt Westfalen-Lippe mit der Fachhochschule Münster (Prof. Dr. von Spiegel) durchgeführte Modellprojekt zur Qualitätsentwicklung, Qualitätssicherung und Selbstevaluation „QQS“ (Spiegel 2000)

Vergleich der Ziele der Projekte

Modellprojekte	**Arnoldshain:** Konzeptentwicklung in der Jugendarbeit	**Rheinland:** Qualität in der Jugendarbeit gestalten	**QQS:** Qualitätsentwicklung/-Qualitätssicherung und Selbstevaluation
Ziele der Projekte	Entwicklung einer Konzeption, Steigerung der Selbstreflexivität; Förderung der Persönlichkeitsentwicklung der Professionellen; Verknüpfung von Erfahrungswissen und theoretischen Erkenntnissen; Verbindung von Konzept- und Organisationsentwicklung	Entwicklung eines ganzheitlichen Konzeptes für die Einrichtungen, Umsetzung des Konzeptes in die Praxis; kontinuierliche Überprüfung des Konzeptes (Arbeitsschwerpunkte, Angebote), Dokumentation der Konzeptarbeit und der Evaluation in repräsentativer Form.	Entwicklung von Arbeitshilfen zur Qualitäts- und Konzeptentwicklung sowie zur Selbstevaluation; Befähigung des Leitungspersonals zur Anleitung von Prozessen der Qualitätsentwicklung

Das Arnoldshainer Projekt ist noch am ehesten mit den in diesem Buch vorgestellten Ansätzen einer sozialräumlichen Konzeptentwicklung vergleichbar: So steht die Entwicklung und Verschriftlichung einer Konzeption im Vordergrund des Projektes mit sechs Einrichtungen der Offenen Kinder- und Jugendarbeit aus dem Kreis Offenbach. Neben der Konzeptentwicklung steht die Förderung professioneller Kompetenzen im Vordergrund.

Das Projekt des Landesjugendamtes Rheinland zielte insbesondere darauf ab, die Leitungskräfte der Einrichtungen zu qualifizieren und die Konzeptentwicklung mit den Teams gemeinsam durchzuführen. Dieses, auch mit Praktikern aus Einrichtungen durchgeführte Projekt hebt sehr stark auf Kompetenzen und Bausteine ab, die in der Praxis verwertbar sind.

Im Modellprojekt „QQS“ steht die von Hiltrud von Spiegel entwickelte Selbstevaluation im Vordergrund eines Vorhabens, das mit sieben Einrichtungen der Offenen Kinder- und Jugendarbeit aus Westfalen-Lippe unter Einbeziehung der jeweiligen JugendpflegerInnen durchgeführt wurde. Ein weiteres Thema ist die Befähigung zur selbstständigen Durchführung von Prozessen der Qualitätsentwicklung in diesem Projekt.

Didaktische Struktur der drei Projekte

Vergleicht man nun die didaktische Struktur der drei Projekte, so werden die skizzierten unterschiedlichen Profile sehr deutlich:

Modellprojekte	Arnoldshain	Rheinland	QQS
Fortbildungs-einheiten	Fünf Module: 1. Grundlagen einer Konzeptentwicklung 2. Sozialraumanalyse 3. Theorie-/Praxisverhältnis 4. Präzisierung der Entwürfe, Kommentierung durch Fachberater 5. Kollegiale Fachberatung der Konzeptentwürfe	Fünf Blöcke: 1. Schritte der Konzeptentwicklung, Methoden der Sozialraumanalyse 2. Zielentwicklung, (Zielpyramide) Produktbeschreibungen, Evaluationskonzepte 3. Theorie und Praxis von Leitung und Führung, Arbeiten im Team 4. Pädagogische Interventions- und Handlungsstrategien, Konflikt- und Kommunikationstraining Dokumentieren, veröffentlichen, präsentieren	Fünf Workshops: 1. Einführung, Ziele finden und formulieren 2. Operationalisierung der konzeptionellen Ziele 3. Beschreibung von Schlüsselsituationen und -prozessen als Möglichkeit der Qualitätssicherung 4. Selbstevaluation 5. Auswertung der Selbstevaluation, Auswertung des Gesamtprojektes

Gewichtung einzelner Bausteine

Das an der Akademie Arnoldshain durchgeführte Projekt „Konzeptentwicklung in der Jugendarbeit“ behandelt die Erstellung von Einrichtungskonzepten zentral. Demgegenüber wurden in den Projekten „QQS“ und dem des Landesjugendamtes Rheinland andere Bausteine einer Qualitätsarbeit thematisiert.

Diese unterschiedlichen Gewichtungen hängen nicht nur mit den spezifischen Zielsetzungen und Rahmenbedingungen der einzelnen Projekte zusammen, sondern auch mit der allgemeinen Erkenntnis, dass es im Rahmen einer Qualitätsarbeit fast unmöglich ist, alles gleichzeitig zu tun, d.h. alle Themen von einer Sozialraum- und Lebensweltanalyse bis zur Selbstevaluation zu bearbeiten. Weil dies nicht leistbar ist, besteht die besondere Herausforderung darin, zu entscheiden, welche Bausteine einer Qualitätsarbeit vorrangig bearbeitet werden müssen und welche eher zurückgestellt werden können.

Schwerpunkt könnte darauf gelegt werden, die jeweilige Konzeption über eine Sozialraum- und Lebensweltanalyse zu entwickeln, um Bedarfe zu ermitteln und Ziele für die Offene Kinder- und Jugendarbeit aus dem Sozialraum her zu formulieren. Werden dazu Methoden einer Lebensweltanalyse eingesetzt, die nicht nur für Kinder und Jugendliche eine beteiligende, sondern auch für die Hauptamtlichen eine aktivierende Funktion haben, scheint dafür ein Zeitraum von ein- bis anderthalb Jahren erforderlich zu sein, insbesondere wenn die Konzeption verschriftlicht werden soll.

Man kann aber auch davon ausgehen, dass in jeder Einrichtung prinzipiell eine Konzeption vorhanden ist, die überarbeitet werden kann. Dies war die Entscheidung des Projektteams „QQS". Hier wurde versucht, daran anknüpfend Methoden einer Qualitätsentwicklung und der Selbstevaluation einzuführen, die ebenso zeitaufwendig sind wie eine Lebenswelt- und Sozialraumanalyse (ein Workshop für die Schlüsselprozesse und zwei für die Selbstevaluation). Für die Konzeptionsentwicklung war entsprechend weniger Raum erforderlich, nämlich zwei Workshops.

Die beiden unterschiedlichen Vorgehensweisen einer Qualitätsarbeit haben eine interessante Schnittstelle bei der Formulierung von Zielen und deren Operationalisierung: Liegt ein Schwerpunkt auf der Entwicklung und Formulierung neuer Zielsetzungen als Herausforderungen für die Offene Kinder- und Jugendarbeit, so ist – wie im Beispiel Arnoldshain – eine detaillierte Sozialraum- und Lebensweltanalyse als Grundlage unbedingt erforderlich. Nur so können neue Bedarfe formuliert und daraus Zielsetzungen abgeleitet werden.

Demgegenüber ging es im Modellprojekt „QQS" vor allem darum, die Ziele „richtig" zu formulieren, zu operationalisieren und Indikatoren für die Struktur-, Prozess- und Ergebnisdimension zu finden. Bei diesem Vorgehen wurde deutlich, dass vorhandene Zielsetzungen von Einrichtungen auch fachlich hinterfragt werden müssen. Es gab insbesondere im Bereich der multikulturellen Arbeit Zielsetzungen, die von einem eher unreflektierten Integrationsgedanken ausgingen und fachlich wenig fundiert waren. Um solche Zielsetzungen zu korrigieren, wäre es aber wiederum erforderlich, im Rahmen einer Lebensweltanalyse die Bedarfe einzelner Zielgruppen zu erheben, sozialräumliche Bedingungen und Probleme einzuschätzen, dieses mit Erkenntnissen aus der Fachdiskussion anzureichern und daraus korrigierte Zielsetzungen zu formulieren. Danach erst kann es um eine angemessene Operationalisierung und die Formulierung von ergebnis-, struktur- und prozessbezogenen Indikatoren gehen. Allein die Arbeit der Operationalisierung zog sich im Projekt „QQS" über zwei Workshops und die entsprechende Arbeitszeit der Einrichtungen hin. Der Schwerpunkt lag dabei auf einer optimalen Operationalisierung, auf dem „Herunterziehen" der Wirkungsziele in Handlungsziele, Handlungsschritte und beobachtbare Indikatoren, die auch Grundlage für Verfahren einer Selbstevaluation sind.

Liegt der Schwerpunkt – wie in „QQS" – auf diesem Teil der Qualitätsarbeit, so kann einer Konzeptentwicklung nur wenig Raum gegeben werden. Vielmehr werden durchgearbeitete Konzeptionen für die Teilnahme am Modellprojekt vorausgesetzt. Es stellte sich allerdings heraus, dass diese Bedingung schwer zu erfüllen war. Dass eine der sieben Einrichtungen im Rahmen von „QQS" über keine schriftliche Konzeption verfügte, entspricht der gängigen Praxis. Und: Vorhandene schriftliche Konzeptionen sind überwiegend nicht auf der Basis einer Sozialraum- und Lebensweltanalyse entstanden.

Als Zwischenergebnis dieses Vergleiches kann festgestellt werden: Nicht alle Bausteine einer Qualitätsarbeit können zur gleichen Zeit bearbeitet werden. Sozialraum- und Lebensweltanalyse sind ebenso aufwendig wie die Operationalisierung von Zielen und die Entwicklung von Methoden der Selbstevaluation. Das Problem zu hoher Erwartungen an solche Modellprojekte durch Auftraggeber und beteiligte Institutionen muss deshalb kritisch betrachtet werden.

11.2. Muster für Konzeptentwicklung und Qualitätsarbeit

Die im Folgenden vorgestellten vier Muster sind idealtypisch und werden in der Praxis der Jugendarbeit so kaum zu finden sein. Dennoch sind wir überzeugt, dass sie sozusagen für Eckfälle in einem breiten Spektrum sehr unterschiedliche Anlässe und Rahmenbedingungen für Konzeptentwicklung und Qualitätsarbeit darstellen. Unser Eindruck ist, dass die jeweiligen Anlässe und Rahmenbedingungen sehr starken Einfluss auf Bausteine der Qualitätsentwicklung und Konzeptarbeit haben. Die Entscheidung dafür, welche Bausteine vor Ort in Einrichtungen und Projekten oder auch auf der Ebene eines Sozialraumes die richtigen sind, scheinen abhängig von diesen Rahmenbedingungen zu sein. Dabei ist es wichtig, sich darüber klar zu werden, welchen Erwartungen man ausgesetzt ist, welche Zielgruppen „bedient" werden müssen und wie die eigenen fachlichen Kriterien damit in Übereinstimmung zu bringen sind. Auch im Hinblick auf das hier vorgeschlagene Projekt einer sozialräumlichen Konzeptentwicklung gibt es gravierende Unterschiede zwischen einer einzelnen Einrichtung etwa im ländlichen Bereich, die in eine Konzeptentwicklung einsteigen will und einem Jugendamt in einer Großstadt, dessen Verwaltung durch neue Steuerungsmodelle eine intensive Organisationsentwicklung erfahren hat. In allen Modellen gibt es durchaus Chancen und Probleme, vor allem aber unterschiedliche Gewichtungen und Anforderungen an die Qualitäts- und Konzeptarbeit.

Modelle von Qualitätsarbeit und Konzeptentwicklung			
1. Qualitäts-entwicklung und neue Steuerungsmodelle	2. Qualitätsarbeit als Planungsprojekt der Jugendhilfeplanung	3. Breiter Prozess der Qualifizierung auf Einrichtungs- und Projektebene	4. Qualitätsarbeit als Prozess einzelner Einrichtungen

Qualitätsentwicklung und neue Steuerungsmodelle

Viele Kommunen arbeiten mit den so genannten neuen Steuerungsmodellen zur Reformierung ihrer Verwaltungen und zur Neugestaltung der Jugendämter. Hierbei stehen Prozesse der Organisationsentwicklung im Vordergrund, z.B. werden neue Fachbereiche Jugendhilfe und Schule oder Jugendhilfe und Soziales gebildet. Teilweise findet auch eine Umorganisation ganzer Verwaltungen statt, die Steuerungs- und so genannte operative Einheiten in unterschiedliche Systeme fassen, z.B. die Jugendarbeit in einen Stadtbetrieb Jugendfreizeitstätten. In diesem Zusammenhang stehen Produktbeschreibungen, Leitbildentwicklung, Kontraktmanagement und Budgetierung als wesentliche Elemente zur Verfügung, um die Jugendhilfe insgesamt besser steuern zu können. Die Umsetzung dieser Elemente ist unübersichtlich bis chaotisch: Inzwischen arbeitet etwa die Hälfte der Jugendämter in Nordrhein-Westfalen mit neuen Steuerungsmodellen, die aber immer in speziellen Varianten angewandt werden und so kaum vergleichbar sind. Vor- und Nachteile solcher Steuerungsmodelle sollen hier nicht erörtert werden, es geht vielmehr um die Frage, wie die Einführung neuer Steuerungsmodelle und Qualitätsarbeit sowie Konzeptentwicklung in Zusammenhang stehen. Es geht darum, dass die Einrichtungen und Projekte im Rahmen der neuen Steuerung – z.B. durch das Kontraktmanagement – gezwungen sind, sehr zielgenaue Angaben über Projekt und Maßnahmen zu machen und in einem Berichtswesen anhand von Indikatoren nachweisen zu müssen, wie zielgenau ihre Maßnahmen sind. Ein Fachcontrolling hat dabei die Funktion, Maßnahmen frühzeitig zu evaluieren und evtl. Anhaltspunkte für die Notwendigkeit einer Umsteuerung zu gewinnen. Qualitätsarbeit wird hier ganz im Sinne der neuen Steuerung verstanden und ist auf diese ausgerichtet. Konzeptentwicklung ist somit kein Ziel, sondern eher eine Grundlage für die Zusammenarbeit zwischen Einrichtungen, Maßnahmen, Abteilungen usw.

Qualitätsarbeit als Planungsprojekt der Jugendhilfeplanung

Wie im Kapitel zur Jugendhilfeplanung differenziert dargestellt, geht es darum, dass eine Kommune einen umfassenden Prozess der Bedarfsermittlung und Maßnahmeplanung in Bewegung setzt. Federführend ist hier meistens die Jugendhilfeplanung, die im Bereich der Jugendarbeit über die Entwicklung oder Neuauflage eines Jugendfreizeitstättenbedarfsplanes aktiv wird. Während früher oft eine Bestandserhebung im Sinne der Beschreibung vorhandener Einrichtungen im Vordergrund stand, geht eine sozialräumliche Jugendhilfeplanung von einer intensiven Bedarfsermittlung aus und fragt auf dieser Grundlage, welche Maßnahmen/Einrichtungen vorgehalten werden müssen. Zu den unterschiedlichen Formen einer Zusammenarbeit zwischen Jugendhilfeplanung und Jugendarbeit im Rahmen solcher Projekte werden im diesbezüglichen Kapitel unterschiedliche Modelle vorgestellt. Ausschlaggebend ist die Überplanung der vorhandenen Einrichtungen, die Einstellung auf neue Bedarfe und die Entwicklung neuer Schwerpunkte, die planerisch notwendig sind. Konzeptentwicklung ist Teil einer solchen Planungsstrategie, weil nach einer Bedarfsermittlung in einem Aushandlungsprozess zwischen öffentlichen und freien Trägern Schwerpunkte evtl. neu verteilt und Aufgaben abgesprochen werden. Ausdruck solcher Planungsentwicklungen sind verschriftlichte Konzeptionen von Einrichtungen und Maßnahmen, die genau beschreiben, welche Bedarfe mit welchen Maßnahmen gedeckt werden.

Die Modelle 1 und 2 sind eher mit dem Stichwort „topdown" zu beschreiben, weil sie meist durch einen Grundsatzbeschluss, z.B. zur Einführung neuer Steuerungsmodelle, in Bewegung gesetzt werden. Die Partizipation von Einrichtungen und Projekten an solchen Prozessen kann durchaus gewährleistet sein, die Anregung kommt jedoch eher „von oben".

Breiter Prozess der Qualifizierung auf Einrichtungs- und Projektebene

Innerhalb eines Trägers, aber auch trägerübergreifend arbeiten Einrichtungen und Projekte zusammen, um ihre Arbeit zu bilanzieren und mit den Methoden und Bausteinen einer Qualitätsarbeit ihre Leistungen zu verbessern. Dazu können etwa Methoden einer Selbst- oder Fremdevaluation gehören, die Beschreibung exakter Zielvorstellungen und Schwerpunkte oder die gemeinsame Erarbeitung einer Gesamtkonzeption für eine Kommune. Es gibt hier durchaus Verbindungen zu der Einführung neuer Steuerungsmodelle, wenn z.B. Einrichtungen und Projekte eigenständig ein Berichtswesen entwickeln und dieses auch als Muster einer Qualitätsentwicklung nutzen. Der Unterschied zu den Modellen 1 und 2 liegt darin, dass der Anstoß hier von der Einrichtungs- und Projektebene kommt und nicht von oben.

Qualitätsarbeit als Prozess einzelner Einrichtungen

Insbesondere im ländlichen und regionalen Bereich ist die Situation der Jugendarbeit dadurch gekennzeichnet, dass es z.B. in Mittelstädten nur eine Einrichtung gibt, die für die Kinder und Jugendlichen zuständig ist. Viele Einrichtungen machen sich deshalb selbstständig auf den Weg einer Qualitätsarbeit und sind dabei relativ unabhängig von kommunalen oder trägerspezifischen Prozessen. Bausteine können eine Eigenevaluation oder die Verschriftlichung einer Konzeptentwicklung sein, die mit Hilfe von außen oder eigenständig bearbeitet wird. Die Konzeptentwicklung steht hier meist im Vordergrund, weil es oft auch darum geht, über eine verschriftlichte Konzeption und deren öffentlichen Darstellung das Bild in der Öffentlichkeit zu verbessern und Legitimationsvorteile zu gewinnen.

11.3. Empfehlungen zur Qualitätsarbeit

Die folgenden Empfehlungen beziehen sich darauf, wie die sozialräumliche Konzeptentwicklung auf den unterschiedlichen Ebenen installiert und fachlich unterstützt werden kann.

Dabei spielt zunächst die Jugendhilfepolitik eine wichtige Rolle: Im deutschen System der Zweigliedrigkeit der Jugendhilfe ist der Jugendhilfeausschuss das Gremium, dass einerseits Rahmenbedingungen politisch festlegen kann und muss und andererseits ein öffentliches jugendpolitisches Forum darstellt, in dem Ergebnisse solcher Konzeptentwicklungen diskutiert werden können. Diese Rahmenbedingungen bieten Chancen und Probleme und wir empfehlen, die Chancen zu nutzen:

Sozialräumliche Konzeptentwicklung ist Teil von Jugendhilfepolitik

Unabhängig davon, welches Muster in einer Kommune oder einem Kreis für eine sozialräumliche Konzeptentwicklung gewählt wird, empfehlen wir auf jeden Fall dem Jugendhilfeausschuss, einen Grundsatzbeschluss zu fassen, in dem die strategische Ausrichtung des Verfahrens festgelegt wird. So kann ein jugendpolitischer Rahmen für einen nicht unaufwendigen Prozess aussehen, der eingebettet sein muss in die politisch strategische Steuerung der Jugendarbeit bzw. Jugendhilfe in einer Kommune. Auf Grund finanzieller Engpässe und drastischer Sparmaßnahmen ist die „Luft zum Teil zu dünn", um im Rahmen einer Konzeptentwicklung die eigene Arbeit kritisch infrage zu stellen, z.B. wenn als Ergebnis festgestellt wird, dass es zahlreiche Cliquen und Szenen im Stadtteil gibt, die von den Einrichtungen überhaupt nicht erreicht werden. Solche Offenheit ist nur möglich, wenn der jugendpolitische Rahmen dies ohne Konsequenzen für die Förderung möglich macht.

Konzeptentwicklung und damit auch die Aufdeckung eigener Unzulänglichkeiten, die Formulierung der Erwartungen von Zielgruppen, die möglicherweise zur Zeit noch nicht erfüllt werden können schafft Unsicherheiten, wenn gleichzeitig die jugendpolitischen Bedingungen für eine finanzielle Förderung diskutiert werden. Um aus diesem Dilemma herauszukommen und der fachlichen Entwicklung eine Chance zu geben, ist es notwendig, dafür einen geeigneten jugendpolitischen Rahmen herzustellen. Ein solcher Rahmen kann in einem Moratorium bestehen – etwa am Beispiel der Stadt Dortmund, wo der Jugendhilfeausschuss die Zuschüsse und die jugendpolitischen Rahmenbedingungen für 5 Jahre sozusagen eingefroren hat, um Trägern die Möglichkeit zu geben, Konzept- und Qualitätsarbeit zu leisten, ohne gleichzeitig um die Zuschüsse bangen zu müssen.

Der klare Wille der Politik ist deshalb eine wichtige Grundlage für die Gestaltung solcher Projekte. Eine Arbeitsgruppe nach § 78 SGB VIII oder eine vergleichbare Steuerungsgruppe können den Prozess und das Verfahren eines solchen Projektes unterhalb des Jugendhilfeausschusses planen und steuern. Eine solche Steuerungsgruppe ist der Ort, an dem Verfahren und Strukturen geplant und bearbeitet werden. Sie sollte so organisiert sein, dass sie überschaubar und handlungsfähig ist. Je nach Größe der Kommune sollten in der AG die Fachabteilung, die Trägervertreter, die Jugendhilfeplanung und die Mitarbeiter der Offenen Jugendeinrichtungen vertreten sein.

Rollen des öffentlichen und der freien Träger klären

Der öffentliche Träger nimmt in einem solch umfangreichen Prozess einer Konzeptentwicklung in einem Sozialraum meist mehrere Rollen ein, die zum Teil in Konkurrenz zueinander stehen: Er ist zum einen oft selbst Anbieter der Offenen Kinder- und Jugendarbeit durch eigene Einrichtungen, er ist Bewilligungsbehörde und gleichzeitig Berater und Förderer freier Träger und hat im Rahmen seiner Gesamtverantwortung (§ 79 Abs. 1 SGB VIII) auch die Jugendhilfeplanung sicherzustellen.

Diese Rollenüberschneidung kann in größeren Jugendämtern dadurch geklärt werden, dass unterschiedliche Rollen im Amt vergeben werden, z.B. die Abteilung Jugendarbeit tritt als Anbieter Offener Kinder- und Jugendarbeit auf, die Jugendhilfeplanung übernimmt die Rolle der Planung und Gesamtverantwortung.

Je nach Größe der Kommune kann es auch erforderlich sein, innerhalb eines Sozialraumes Arbeitsgruppen einzurichten, um die sozialräumlichen Bedingungen sowie Einrichtungen und Projekte zusammen zu bringen. Dies ist dann der Fall, wenn die AGP § 78 sich wie üblich auf das gesamte Gebiet der Kommune bezieht und eine sozialräumliche Konzeptentwicklung zunächst nur in einem oder mehreren Sozialräumen vorgesehen ist. An dieser Stelle zeigen sich deutliche Verbindungen zwischen dem gemeinsamen Vorhaben einer sozialräumlichen Konzeptentwicklung und anderen Bausteinen einer Qualitätsentwicklung in einem Sozialraum, z.B. wenn es darum geht, qualitative Standards oder Leitbilder für kommunale und freie Einrichtungen einrichtungsübergreifend zu entwickeln. Auf dieser Ebene muss auch der Begriff der Schwerpunkte von Einrichtungen geklärt werden: Diese ergeben sich nicht nur als einrichtungsspezifische Schwerpunkte, sondern auch auf Grund der gemeinsamen sozialräumlichen Planung und einer entsprechenden politischen Zielsetzung als ausgehandelte Schwerpunkte zwischen dem öffentlichen Träger, dem freien Träger und den Einrichtungen.

Die gemeinsame Konzeptentwicklung von Einrichtungen und Projekten in einem Sozialraum, wie in Kapitel 7 dargestellt, ist nur dann sinnvoll, wenn öffentliche und freie Träger kooperativ zusammenarbeiten. Eine wichtige Grundlage dafür ist die oben dargestellte Klärung der unterschiedlichen Rollen des öffentlichen Trägers. Aber auch innerhalb der freien Trägern muss es

Grundsatzentscheidungen und Klärungen geben, die eine gemeinsame Konzeptentwicklung im Sozialraum ermöglichen.

Schwerpunkte der Qualitätsarbeit „richtig" setzen

In der Auswertung von Modell- und Beratungsprojekten zur Qualitäts- und Konzeptentwicklung wird deutlich, dass man sich vor Ort für einzelne Bausteine entscheiden sollte, die nacheinander abgearbeitet werden können.

Wenn eine Einrichtung schlecht besucht wird und es in erster Linie darum geht, neue Zielgruppen zu erschließen und Angebote entsprechend zu verändern, sollte eine Konzeptentwicklung (incl. einer Lebensweltanalyse) den ersten Schwerpunkt bilden. Beginnt man im Rahmen der Qualitätsarbeit mit einer solchen qualitativen Bedarfserhebung, muss klar sein, dass man nicht gleichzeitig mit einer Selbstevaluation starten kann, weil der Aufwand viel zu groß ist – und auch, weil es nicht sinnvoll ist, Qualität zu überprüfen, die noch gar nicht entwickelt wurde.

Meine Empfehlung ist, dass man mit den einzelnen Bausteinen einer Qualitätsarbeit zwar nicht beliebig, aber dennoch pragmatisch umgehen und diese auf die Notwendigkeiten der Praxis beziehen sollte. Zentrale Elemente wie Sozialraum- bzw. Lebensweltanalyse, Formulierung und Operationalisierung von Zielen, die Beschreibung von Schlüsselprozessen und Selbst-Evaluation sollten aber auf Dauer Bestandteil einer Qualitätsarbeit sein.

Die Erfahrung aus Modell- und Beratungsprojekten zeigt, dass die Entscheidung für bestimmte Bausteine einer Qualitätsarbeit immer auch bedeutet, andere zu vernachlässigen.

Beginnen könnte man deshalb auch mit der Selbstevaluation einzelner Bereiche der Arbeit, insbesondere dann, wenn die Einrichtung oder Maßnahme von Kindern und Jugendlichen gut angenommen und besucht werden, so dass ein solches Projekt auch durchführbar ist. Die Selbstevaluation ist eine ganz wesentliche Grundlage nicht nur für die Qualitätsarbeit im Allgemeinen, sondern auch für die Anforderungen eines kommunalen Qualitäts- oder Wirksamkeitsdialoges (so wie in Nordrhein-Westfalen bereits eingeführt und in ähnlicher Weise auch in anderen Bundesländern geplant).

Methoden der Qualitätsarbeit effizient nutzen

Methoden der Qualitätsarbeit müssen für unterschiedliche Verfahren genutzt werden, um den Aufwand insgesamt überschaubar zu halten. So können etwa Methoden der Lebensweltanalyse (Deinet 1999) auch für eine Konzeptevaluation eingesetzt werden. Wenn man etwa das Fremdbild der Einrichtung nach einer konzeptionellen Veränderungen untersucht (mit der Fragestellung, ob und wie sich die Wahrnehmung der Einrichtung verändert hat), kann man diese Methoden eben auch zur Überprüfung und Bewertung der eigenen Arbeit einsetzen.

Ein anderer Synergieeffekt ergibt sich, wenn im Rahmen einer Evaluation mehrere Einrichtungen zusammen arbeiten und sich gegenseitig bei Auswertungen und Interpretation unterstützen und dadurch die Methodenvielfalt vergrößern.

So lässt sich auch der Aufwand für Durchführung und Auswertung solcher Methoden eher rechtfertigen, weil diese als Bausteine einer Qualitätsarbeit mehrfach genutzt werden können.

Die zunächst mühsame Fertigkeit der Operationalisierung von Zielen wird an vielen Stellen der Qualitätsarbeit ebenfalls wieder nutzbar, etwa bei der Beschreibung von Schlüsselprozessen oder dann, wenn für die Selbstevaluation Indikatoren als Bewertungsmaßstäbe gebraucht werden. Diese Erfahrung machten z.B. die Einrichtungsteams im Rahmen von „QQS“ (Spiegel 2000).

Einzelne Bausteine einer Qualitätsarbeit, die zunächst aufwendig erscheinen, können auf diese Weise effizient eingesetzt werden, ganz abgesehen von den Lerneffekten (z.B. der „Kunst“ der Operationalisierung), die durch die Wiederholung entstehen und auf die immer wieder zurückgegriffen werden kann.

Die Methoden der Lebensweltanalyse können auch zur Konzeptevaluation eingesetzt werden. Sie dienen dann nicht zur Maßnahmeplanung, sondern zur Überprüfung und Bewertung der eigenen Arbeit, wie dies im Rahmen von Projekten der Selbstevaluation (vgl. Spiegel 1993) vorgeschlagen wird. Die Ergebnisse der Methoden können in Bezug auf die Wirkungen der eigenen Arbeit ausgewertet werden und entsprechende Veränderungen begründen.

Damit werden die Methoden einer Lebensweltanalyse zu einem Baustein in der Qualitätsarbeit insgesamt. Im Rahmen einer kollegialen Evaluation könnten mehrere Einrichtungen zusammen arbeiten, dadurch die Methodenvielfalt vergrößern und sich gegenseitig bei Auswertungen und Interpretation unterstützen.

Die Möglichkeit der Nutzung der Methoden im Rahmen einer Selbstevaluation macht deutlich, dass diese sowohl zur Maßnahmeplanung als auch zur Evaluation eingesetzt werden können. Der Aufwand für Durchführung und Auswertung der Methoden kann deshalb eher gerechtfertigt sein, weil diese als Bausteine einer Qualitätsarbeit mehrfach genutzt werden können.

Ohne eine Operationalisierung und Evaluation der gewonnen Schwerpunkte und Ziele bleibt eine Konzeptentwicklung wirkungslos

Wenn über die hier dargestellten Methoden und Schritte einer sozialräumlichen Konzeptentwicklung neue Ziele und Schwerpunkte für Einrichtungen und Projekte gewonnen werden konnten, ergibt sich auch die Frage nach deren Bewertung und Einschätzung, d.h. Evaluation.

Hier schließt sich der Kreis zwischen sozialräumlicher Konzeptentwicklung und den kurz skizzierten weiteren Bausteinen einer Qualitätsentwicklung: Die über eine sozialräumliche Konzeptentwicklung gewonnenen Ziele müssen in Handlungsschritte usw. operationalisiert werden bis auf die Ebene von Indikatoren, die eine Evaluation möglich machen. Mit Hilfe von Evaluationsprojekten kann es gelingen, die Schwerpunkte zu überprüfen und deren Wirkung einzuschätzen. Dabei spielen – so wie in der Literatur dargestellt – quantitative und qualitative Aspekte eine Rolle und müssen zusammengefasst werden.

Literatur

Baacke, Dieter (1980): Der sozialökologische Ansatz zur Beschreibung und Erklärung des Verhaltens Jugendlicher, in: deutsche jugend, Heft 11/1980, S. 493ff.

Baacke, Dieter (1984): Die 6-12jährigen, Weinheim

Bommes, Michael/Scherr, Albert (2000): Soziologie der sozialen Arbeit. Eine Einführung in Formen und Funktionen organisierter Hilfe. Juventa Verlag. Weinheim und München

Böhnisch, Lothar (1994): „Gespaltene Normalität. Lebensbewältigung und Sozialpädagogik an den Grenzen der Wohlfahrtsgesellschaft", Weinheim und München

Böhnisch, Lothar (1996): Pädagogische Soziologie. Eine Einführung, München Weinheim

Böhnisch, Lothar (1993): Sozialpädagogik des Kindes- und Jugendalter, München, Weinheim

Braun, Karl-Heinz, Schule und Sozialarbeit in der Modernisierungskrise, in: „Neue Praxis", 2/1994, S. 107ff.

Deinet, Ulrich (1999): „Sozialräumliche Jugendarbeit. Eine praxisbezogene Anleitung zur Konzeptentwicklung in der Offenen Kinder- und Jugendarbeit", Opladen

Deinet, Ulrich/Sturzenhecker, Benedikt (2000) (Hg.): „Jugendarbeit auf dem Land", Opladen

Deinet, Ulrich/Sturzenhecker, Benedikt (1996) (Hg.): Konzepte entwickeln. Anregungen und Arbeitshilfen zur Klärung und Legitimation in der Reihe Praxishilfen für die Jugendarbeit; Weinheim

Deinet, Ulrich/Sturzenhecker, Benedikt (1998) (Hg.): Handbuch Offene Jugendarbeit, Münster

Freund, Thomas/Lindner Werner (2001) (Hg.): Prävention. Zur kritischen Bewertung von Präventionsansätzen in der Jugendarbeit, Opladen.

Friebertshäuser, Barbara: Feldforschende Zugänge zu sozialen Handlungsfeldern – Möglichkeiten und Grenzen ethnographischer Feldforschung, in Neue Praxis 1/96, S. 75ff.

Friebertshäuser, Barbara: „Ethnografische Methoden und ihre Bedeutung", in: Lindner, Werner (2000) (Hg.): „Ethnografische Methoden in der Jugendarbeit, Zugänge, Anregungen, Praxisbeispiele", Opladen, S. 33-54

Friebertshäuser, B./Prengel, A. (1997) (Hg.): Handbuch Qualitative Forschungsmethoden in der Erziehungswissenschaft, Weinheim und München

Giddens, Anthony (1995): „Konsequenzen der Moderne", Frankfurt a.M.

Gilles, Christoph/Buberl-Mensing, Heide (2001): Qualität in der Jugendarbeit gestalten. Konzeptentwicklung, Evaluation und Fachcontrolling. Eine Arbeitshilfe für die Praxis der Offenen Kinder- und Jugendarbeit, Landschaftverband Rheinland, Köln 2000

Hinte, Wolfgang (2001): Stadtteilbezogene Arbeit in multi-ethnischen Wohnquartieren, in: inter.jugend.kult Anforderungen an die Jugendarbeit in der multikulturellen Gesellschaft, Verein Jugendzentren der Stadt Wien, Wien

Hinte, Wolfgang/Lüttringhaus, Maria/Oelschlägel, Dieter (2001): „Grundlagen und Standards der Gemeinwesenarbeit", Münster

Hollenstein, Erich (2001): Bösartige Probleme: Neue Aufgaben für Gemeinwesenarbeit oder Stadtteilmanagement?, in: Archiv für Wissenschaft und Praxis der sozialen Arbeit, 32. Jahrgang, Heft 1/2001, S. 65-82

Holzkamp, Klaus (1973): Sinnliche Erkenntnis, Frankfurt a.M.

Kannicht, A.: „Herumhängen, Blödeln,Action machen“, in: deutsche jugend, 7/1993, S. 311ff.

Kleedorfer, Jutta (1999): „Partizipation – gibt's das schon?“, in: Verein Jugendzentren (Hrsg.) „Sozialpädagogik und Jugendarbeit im Wandel – auf dem Weg zu einer lebensweltorientierten Jugendförderung, Wissenschaftliche Reihe, Band I, Wien

Koch, Josef /Lenz, Stefan (1999): „Zusammenarbeit statt Abgrenzung. Kooperationschancen und Arbeitsperspektiven zwischenen Hilfen zur Erziehung und der (offenen) Jugendarbeit“, in: Mitteilungen des Landesjugendamtes, Nr. 141, S. 65-69, Münster

Koch, Josef u.a. (2002): Mehr Felxibilität, Integration und Sozialraumbezug in den erzieherischen Hilfen. Zwischenergebnisse aus dem Bundesmodellprojekt INTEGRA Internationale Gesellschaft für erzieherische Hilfen, Frankfurt a.M.

König, E./Bentler, A.: Arbeitsschritte im qualitativen Forschungsprozeß – ein Leitfaden in: Friebertshäuser/Prengel (1997) (Hg.): Handbuch Qualitative Forschungsmethoden in der Erziehungswissenschaft, Weinheim und München, S. 88ff.

Krings-Heckemeier, T. M./Pfeiffer, U. (1998): Überforderte Nachbarschaften. Soziale und ökonomische Erosion in Großsiedlungen, Köln-Berlin, S. 144

Krisch, Richard: „Fremdbilderkundung; Strukturierte Stadtteilbegehung“, in: Deinet, Ulrich (1999) (Hg.): „Sozialräumliche Jugendarbeit. Eine praxisbezogene Anleitung zur Konzeptentwicklung in der Offenen Kinder- und Jugendarbeit“, Opladen, S. 81ff.

Krisch, Richard: „Zur Anwendung von Methoden sozialräumlich orientierter Lebensweltanalysen in der Jugendarbeit“, in: Lindner, Werner (2001) (Hg.) „Ethnographische Methoden in der Jugendarbeit“, Opladen

Krisch, Richard: Entwicklungen zur fachlichen Qualifizierung und Sicherung der offenen Jugendarbeit in den Jugendzentren in Wien. In: Deinet, Ulrich/Sturzenhecker, Benedikt (1998) (Hg.): Handbuch Offene Jugendarbeit. Münster, S. 373-380

Krisch, Richard: „Strukturierte Stadtteilbegehung“. In: Deinet Ulrich (Hg.): Sozialräumliche Jugendarbeit. Opladen. S. 92ff.

Krisch, Richard: Herausreichende Arbeit eines kleinräumigen Jugendtreffs. In: Deinet Ulrich (2000): Sozialräumliche Jugendarbeit. Opladen. S. 127ff.

Lessing, Hellmut: „Jugendarbeit als Wi(e)deraneignung von Arbeit, Umwelt und Kukltur. in: „deutsche jugend“, 10/1984, S. 450ff.

Leontjew, A. N. (1983): Problem der Entwicklung des Psychischen, Frankfurt a.M.

Lindner, Werner: „Von der ‚Unwirtlichkeit‘ zur ‚Unwirklichkeit‘ der Stadt. Die pädagogische Vermittlung zwischen Jugendlicher Stadt- und Medienerfahrung“, in: „Neue Praxis“ 2/98, S. 150ff.

Lindner, Werner: „Jugendliche und Jugendarbeit im Kontext der gegenwärtigen Sicherheitsdebatte“, in „deutsche jugend“, 4/1999 S. 153-162

Lindner, Werner (2000): „Grenzen der Sozialraumorientierung in der Jugendarbeit“, unveröffentlichtes Manuskript, Hannover

Lindner, Werner (2001) (Hg.): „Ethnographische Methoden in der Jugendarbeit“, Opladen

Lutz, M. Behnken, I./Zinnecker, J.: Narrative Landkarten – Ein Verfahren zur Rekonstruktion aktueller und biographisch erinnerter Lebensräume, in: Friebertshäuser/Prengel (1997) (Hg.): Handbuch Qualitative Forschungsmethoden in der Erziehungswissenschaft, Weinheim und München, S. 431ff.

Mannheim-Runkel, Monika/Taplik, Ursula (1998) (Hg.): „Konzeptentwicklung in der Jugendarbeit. Reflexion und Dokumentation eines Modellprojektes zur berufsbegleitenden Fortbildung im Kreis Offenbach“, Frankfurt a.M.

Merchel, Joachim „Beratung im „Sozialraum". Eine neue Akzentsetzung für die Verortung von Beratungsstellen in der Erziehungshilfe?", in: Neue Praxis, 31. Jahrgang 2001/Heft 4, Seite 369-387

Müller, Burkhard: Prävention – verhindern und befähigen, Versuch zur Entwirrung eines Begriffes in: Neue Praxis, 3/2001, S. 287-295.

Ortmann, N.: „Die Stadtteilerkundung mit Schlüsselpersonen; Nadelmethode; Jugendkulturenkataster; Leitfaden-Interview mit Schlüsselpersonen", in: Deinet, Ulrich (1999) (Hg.): „Sozialräumliche Jugendarbeit. Eine praxisbezogene Anleitung zur Konzeptentwicklung in der Offenen Kinder- und Jugendarbeit", Opladen, S.74ff.

Ortmann Norbert: „Planung in der offenen Jugendarbeit – nicht zwangsläufig phantasielos", in: deutsche Jugend. 7/91. S. 396ff.

Reutlinger, Christian (2002a): „Stadt" in: Handbuch Kinder und Jugendhilfe, Weinheim und München, S. 255-271

Reutlinger, Christian (2002b): Unsichtbare Bewältigungskarten von Jugendlichen in gespaltenen Städten. Sozialpädagogik des Jugendraums aus sozialgeografischer Perspektive, Opladen, (i.E.)

Rolff, Hans-Günter/Zimmermann, Peter (1985): Kindheit im Wandel. Eine Einführung in die Sozialisation im Kindesalter, Weinheim/Basel

Schäfer, Gerd E. (1986): Spiel, Spielraum und Verständigung, Weinheim und München

Scherr, Albert: Konzeptionsentwicklung als Mitarbeiterqualifizierung und Qualitätssicherung in der Offenen Jugendarbeit in: Monika Mannheim-Runkel/Ursula Taplik (1998) (Hg): Konzeptentwicklung in der Jugendarbeit, Reflexion und Dokumentation eines Modellprojektes zur berufsbegleitenden Fortbildung im Kreis Offenbach, Frankfurt/Main

Scherr, Albert (1997): Subjektorientierte Jugendarbeit. Eine Einführung in die Grundlagen emanzipatorischer Jugendpädagogik, Juventa Verlag, Weinheim und München

Schröder, Achim (1995): Feldforschung in Jugendkulturen – WQie man sich einen verstehenden Zugang zu deren Bedeutung verschaffen kann, in: Neue Praxis 6/1995, S. 560ff.

Schröder, Achim/Leonhardt, Ulrike (1998): „Jugendkulturen und Adoleszenz. Verstehende Zugänge zu Jugendlichen in ihren Szenen", Neuwied

Schütz, Alfred (1974): Der sinnhafte Aufbau der sozialen Welt. Eine Einleitung in die Verstehende Soziologie, Frankfurt a.M.

Schütz, Alfred/Luckmann, Thomas (1979): Strukturen der Lebenswelt, Bd. 1u.2, Frankfurt a.M.

Schumann Michael: Sozialraumanalyse und Ethnographie in Jugendhilfe und Jugendarbeit? In: deutsche Jugend 5/1995

Schumann Michael: „Sozialräumliche und biographische Perspektiven in der Jugendarbeit. Versuch einer pädagogischen Standortbestimmung", In: Neue Praxis, Heft 5/1994

Schumann, Michael: Wirksamkeitsdialog und Qualitätsentwicklung in der Offenen Kinder- und Jugendarbeit, in: Deutsche Jugend 1998, Heft 7-8, S. 328ff.).

Spiegel, Hiltrud von (1993): Aus Erfahrung lernen. Qualifizierung durch Selbstevaluation, Münster

Spiegel, Hiltrud von (1997): „Offene Arbeit mit Kindern – (k)ein Kinderspiel", Münster

Spiegel, Hiltrud von: Erfolg? Qualitätskriterien und ihre Prüfung in der Offenen Jugendarbeit, in Deinet/Sturzenhecker (1997) (Hg.): Handbuch Offene Jugendarbeit, Münster

Spiegel, Hiltrud von (2000) (Hg.): Jugendarbeit mit Erfolg. Arbeitshilfen und Erfahrungen zur Qualitätsentwicklung und Selbstevaluation. Ein Modellprojekt des Landesjugendamtes Münster, Münster

Stadtentwicklung Wien, MA 18 – Stadtentwicklung und Stadtplanung 2002: Mehr Platz! Für Kinder. Beteiligung und Umsetzung – Pilotprojekt Leopoldstadt. Werkstattbericht Nr. 47. Wien

Sturzenhecker, Benedikt: PISA und die Offene Jugendarbeit. Thesen zur Diskussion, in „deutsche jugend" 4/2002, S. 184-186

Sturzenhecker, Benedikt: „Prävention ist keine Jugendarbeit. Thesen zu Risiken und Nebenwirkungen der Präventionsorientierung“, in „Sozialmagazin“ 1/2000, S. 14-21

Sturzenhecker, Benedikt: „Cliquenportrait“, in: Deinet, Ulrich (1999): „Sozialräumliche Jugendarbeit. Eine praxisbezogene Anleitung zur Konzeptentwicklung in der Offenen Kinder- und Jugendarbeit“, Opladen, S. 80f.

Thiersch, Hans: „Lebensweltorientierte soziale Arbeit und Forschung“, in: Thomas Rauschenbach, Werner Thole (1998) (Hg.) „Sozialpädagogische Forschung“, Weinheim und München, Seite 81ff.

Thole, Werner: „Die Sozialpädagogik und ihre Forschung. Sinn und Kontur einer empirisch informierten Theorie der Sozialpädagogik, in: Neue Praxis 3/99, S. 224ff.

Thole, Werner (2000): „Kinder- und Jugendarbeit“, Weinheim und München

van der Loo, Hans/van Reijen, Willem (1992): „Modernisierung Projekt und Paradox“, München

Verein Jugendzentren (1999) (Hg.) „Sozialpädagogik und Jugendarbeit im Wandel – auf dem Weg zu einer lebensweltorientierten Jugendförderung, Wissenschaftliche Reihe, Band I, Wien

Verein Stadtforum für Kinder (1994) (Hg.): Lebensraum Stadt aus Kindersicht. Ein lexikalisches Lesebuch für Kinder und Erwachsene. Wien

Verein Stadtforum für Kinder (1995) (Hg.): Lebens- und Spielraum Mödling aus Kindersicht. Maria Enzersdorf

VSOP Verein für Sozialplanung e.V. (1998): Fachpolitische Stellungnahme. Sozialraumanalyse und Sozialraumplanung, Speyer

Winkler, Michael (1988): Eine Theorie der Sozialpädaogik, Stuttgart

Zeiher, Helga: „Die vielen Räume der Kinder. Zum Wandel räumlicher Lebensbedingungen seit 1945“, in: Preuss-Lausitz, Ulf u.a. (1983): „Kriegskinder, Konsumkinder, Krisenkinder“, Berlin

Projektberichte

Wiesbaden

„Konzeption der Offenen Arbeit mit Kindern der Stadt Wiesbaden. Ein Bericht über die Konzeptentwicklung, Landeshauptstadt Wiesbaden, Amt für Soziale Arbeit, Postfach 3920 65029 Wiesbaden)

Driescher Hof, Aachen

Rothkopf, Guido: „Ein Projekt zur Weiterentwicklung der Konzeption des Kinder- und Jugendzentrums Driescher Hof“, in: Landesjugendamt Westfalen-Lippe (Hrsg.): Bausteine einer Qualitätsentwicklung für die Offene Kinder- und Jugendfarbeit“, Münster 2000, S.67-78

Gevelsberg

„Konzeptentwicklung in der Kinder- und Jugendarbeit `Konzept 2001 plus´ für Einrichtungen und Dienste der Stadt Gevelsberg“. (Landesjugendamt Westfalen-Lippe, Münster 2001)

Rastatt

Qualitätsentwicklung in der Offenen Jugendarbeit, sozialräumliche Konzeptentwicklung Kinder- und Jugendtreff, kommunale Jugendförderung Rastadt, Kinder- und Jugendtreff, Herrenstr. 28, 76437 Rastatt, August 2001

Autoren

Christoph Berse, Dipl. Sozialpädagoge, seit 1979 beim Jugendamt der Stadt Essen, zunächst praktisch in der Offenen Kinder- und Jugendarbeit in einem Kinder- und Jugendhaus und als Bezirksjugendpfleger tätig, seit 1991 in der Jugendhilfeplanung.

Ulrich Deinet, Dipl. Pädagoge, Dr. rer. soc., Referent in der Fachberatung Jugendarbeit im Landesjugendamt Westfalen-Lippe, Lehrbeauftrager an der Universität Dortmund

Richard Krisch, Mag. Soziologe, Pädagogischer Referent des Vereins Wiener Jugendzentren, Lehrbeauftragter an der Bundessozialakademie Wien und der Fachhochschule St. Pölten

Rose, Lotte, Dipl. Pädagogin, Dr. phil., Professorin für Kinder- und Jugendarbeit am Fachbereich „Soziale Arbeit und Gesundheit" der Fachhochschule Frankfurt a.M.

Scherr, Albert, Dr. phil. habil, Professor am Fachbereich Sozialpädagogik der Fachhochschule Darmstadt und Privatdozent am Institut für Soziologie der Universität Karlsruhe